文博视野下的
历史文物研究

朱　笛◎著

燕山大学出版社

·秦皇岛·

图书在版编目（CIP）数据

文博视野下的历史文物研究 / 朱笛著. —秦皇岛：燕山大学出版社，2023.2
ISBN 978-7-5761-0492-9

Ⅰ. ①文… Ⅱ. ①朱… Ⅲ. ①历史文物－研究－徐州 Ⅳ. ①K872.533.4

中国国家版本馆 CIP 数据核字（2023）第 029603 号

文博视野下的历史文物研究
WENBO SHIYE XIA DE LISHI WENWU YANJIU
朱 笛 著

出 版 人：陈 玉			
责任编辑：王 宁		策划编辑：王 宁	
责任印制：吴 波		封面设计：朱 笛 刘韦希	
出版发行：燕山大学出版社		电 话：0335-8387555	
地 址：河北省秦皇岛市河北大街西段 438 号		邮政编码：066004	
印 刷：英格拉姆印刷(固安)有限公司		经 销：全国新华书店	

开 本：710mm×1000mm 1/16		印 张：16.75	
版 次：2023 年 2 月第 1 版		印 次：2023 年 2 月第 1 次印刷	
书 号：ISBN 978-7-5761-0492-9		字 数：240 千字	
定 价：67.00 元			

自　序

　　中华民族历史悠久、源远流长，勤劳智慧的中国人，在漫长的历史发展进程中留下了数之不尽的物质瑰宝和精神财富，这些瑰宝财富都属于人类创造的文化遗产。

　　据联合国教科文组织 1972 年通过的《保护世界文化和自然遗产公约》，文化遗产为"从历史、艺术和科学观点来看具有突出的普遍价值的建筑物、碑雕和碑画，具有考古性质成份或结构、铭文、窟洞以及联合体"，例如中国的故宫；"从历史、艺术和科学角度看在建筑式样、分布均匀或环境风景结合方面具有突出的普遍价值的单立或连接的建筑群"；"从历史、审美、人种学或人类学角度看具有突出的普遍价值的人类工程或自然与人联合工程及考古地址等"，例如中国的长城、秦始皇陵。2003 年《保护非物质文化遗产公约》又将人类精神层面的无形的艺术形式、文化的遗存，即"非物质文化遗产"涵盖其中。而无论是有形的物质文化遗产还是无形的非物质文化遗产，均是人类活动和自然环境的见证，蕴含民族、国家的文化基因、文明个性、深层智慧以及精神面貌，具有承载过去、展现现在、昭示未来的特质。

　　中国的文化遗产是伟大祖国悠久历史沉淀的财富，也是促进中华文化传承和增强国家凝聚力的重要载体。在新时代文博事业蓬勃发展的进程中，"让文物活起来"成为我国文博工作的重大历史使命。而"让文物活起来"的关键就是要讲好文物的故事，挖掘文化遗产的深层内涵，唤起民众的情感共鸣，增强民众的归属感和文化认同，进而维系整个社会共同体的内在凝聚力。

　　"讲好中国故事"也是增强文化自信的重要途径。文化自信是国家、民族发展中更基础、更广泛、更深厚、更深沉、更持久的力量。我国传统文化是民族文化发展的根源，在文化自信的建构过程中，要不断激发国人更好地继承中华文化基因，更加坚定地站在中华文化的立场，更深刻地把握文化的深厚内涵、底蕴，不断以更强大的自信展现中华文化风貌。

从"以人为本"的理念出发，在智能科技新媒体时代，为了满足人民群众日益增长的文化需求，在原有文化传播基础上不断融入时代发展的新文化和新元素，通过互联网大数据平台分析，不断深入挖掘文化遗产信息，建立长效的反馈机制，创新合适的传播平台，打造更具影响力的文化遗产传播品牌。同时，挖掘自身优势，结合文化创意，探寻合理利用文化遗产资源的有效方法，在合理而有序、凸显优势发展的基础上，实现可持续发展之路。

本书从一个文博人的视角出发，记录了在从业过程中探索发掘文化遗产价值的尝试。上篇"历史上的环钏研究"，主要通过环钏类装饰品探求人类发展历程中普遍存在的保护性圆形的观念，以及这一观念产生的原因、发展规律及其孑遗。中篇"文史管窥"，则利用文献资料、考古资料、传世文物资料等，对古代政治、刑法、后妃制度以及风俗、文物等进行梳理和考据。下篇"与时俱进的文博探索"，则是结合时代发展潮流和新媒体发展趋势以及最新文博动态，对徐州地区文博事业发展前景的展望。

本书尝试通过将文化遗产融入生活、回归社会、服务人民，讲好中国故事，丰富中国故事的文化内涵，更好地展示一个真实、立体、全面的中国。

目　　录

上篇　历史上的环钏研究

中篇　文史管窥

下篇　与时俱进的文博探索

上篇

历史上的环铘研究

第一章 概　　述

在人类历史上，环形饰物是非常重要且不可忽视的装饰品。圆形被看成最重要、最普遍的符号。圆形象征永恒，以源自古代埃及，流行于地中海地区的吞噬世界之蛇观念为代表[①]。古埃及人认为这种吞噬世界的蛇首尾相连呈圆环状，意味着生命的永恒，人们创造出缠绕成圆形的蛇的形象来象征时间的轮回、永生以及大自然神秘的能量。圆形与古代的宇宙观联系密切。在古人眼中，整个宇宙都以圆的形式存在，所以圆形所容纳的就是整个宇宙。《吕氏春秋》卷三《圜道》曰："天道圜，地道方。圣王法之，所以立上下。何以说天道之圜也？精气一上一下，圜周复杂，无所稽留，故曰天道圜。"汉高诱注曰："杂，犹匝无所稽留，运不止也。"[②]《说文解字》六篇"囗"部"圜"条，清段玉裁注曰："圜，环也。"[③] 圆形也代表天体，太阳、满月多以圆盘形状出现。圜，即圆，《康熙字典》卷四释"圜"曰："与圆同。《说文》天体也，全也，周也。"在苏美尔、埃及和墨西哥的宗教绘画中，人们常赋予发光、带翅膀或燃烧着的圆盘以宇宙力论的色彩，象征太阳的力量或创世并使万物兴旺的宇宙能量[④]。古代亚述人信奉的主神阿舒尔（Asshur）便是由一个带着雄鹰翅膀的太阳圆盘表示的[⑤]。古代波斯人信奉的神祇同样以带翅膀的圆

[①] 参见［日］滨本隆志著，钱杭译：《戒指的文化史》，上海书店，2004 年，第 116 页。

[②] ［汉］高诱注：《吕氏春秋》卷三《季春纪第三》，上海书店，1992 年，第 31 页。

[③] ［汉］许慎撰，［清］段玉裁注：《说文解字注》六篇，上海古籍出版社，1981 年，第 277 页。

[④] 参见［英］特里锡德著，石毅译：《象征之旅——符号及其意义》，中央编译出版社，2001 年，第 100 页。

[⑤] 参见［英］特里锡德著，石毅译：《象征之旅——符号及其意义》，中央编译出版社，2001 年，第 100 页。

环表示，人们曾在阿契美尼德时代波斯波利斯（Persepolis）城遗址会议大殿的门框上的壁画发现过这位主神的浮雕（见图 1-1）[1]。

图 1-1　阿契美尼德时代波斯波利斯城遗址壁画

一、圆形的神秘意义

圆形在文化中被赋予了一系列神秘的象征意义。6—15 世纪的西方艺术家，喜欢用圆形的光环象征神性。佛教中的曼陀罗道场，也是一个被圆形环绕的方形图案，象征着由物质层次向精神世界的升华过程。梵语中"曼荼罗（mandala）"一词，即为"圆形"的意思。世界各民族宗教仪式中，通常都有围绕圣物（一般为圣坛、圣柱、圣石等）行走的程序，这种仪式被认为是人们模仿宇宙星体运行的方式，以表达对宇宙力量的崇敬。其中，以伊斯兰教的圣地麦加朝圣最为典型。朝圣者必须绕"天房"（黑色幕布覆盖的神圣的方形建筑）七周[2]。道教中象征阴阳的太极图，同样呈圆形。根据太极阴阳相生相克的原理，八卦推演变化无穷，寓意世间万物的相对平衡与运动变化。太极也是道家的一件法宝，可以镇邪驱魔。中世纪欧洲的炼金术理论认为方制

---

① ［美］戴尔·布朗主编，王淑芳译：《波斯人：帝国的主人》，华夏出版社，2002 年，第 125 页。
② 参见［英］特里锡德著，石毅译：《象征之旅——符号及其意义》，中央编译出版社，2001 年，第 149 页。

圆（即用许多方形组成一个圆，尽管此法按几何学的原理根本不可能实现），象征着尘世间的灵魂想达到神的完美境界难于登天[①]。圆亦代表无穷无尽、运转不止的状态。《礼记·经解》郑玄注曰："环佩，佩环、佩玉也，所以为行节也。《玉藻》曰："进则揖之，退则扬之，然后玉锵鸣也。环，取其无穷止，玉，则比德焉。"[②]《周易·系辞下》曰："圣著之德圆，而神卦之德方。"晋韩康伯注曰："圆者，运而不穷；方者，止而有分。"[③]圆的无穷无尽，也正是宇宙的属性，故传统的宇宙观认为天圆地方。

圆，意味着拱卫和包围。早期人类的居住遗址呈圆形或半圆形的布局，为环卫之势。世界各地的古建筑也多是圆形结构。英格兰南部威尔特郡索尔兹伯里附近的巨石阵（Stonehenge）由 30 块直立的石头组成，形成一个直径 30 米的圆形（见图 1-2）[④]。古代爱琴海沿岸基克拉迪群岛的史前人类遗址，布局也呈圆环形。19 世纪 80 年代英国学者詹姆斯·西奥多·本特是第一个在时代约为前 3500—前 2000 年间在基克拉迪特岛上进行系统挖掘的人。"基克拉迪特"在希腊语中的意思是"呈环状的"，这反映出诸岛屿环绕阿波罗神殿的所在地——德洛斯岛排列的位置[⑤]。岛上的原始居民选择在被诸岛环绕拱卫的地区修建太阳神神庙，也正是出于圆形具有拱卫和防护的内涵，所以将其用于宗教建筑上。

---

① 参见［英］特里锡德著，石毅译：《象征之旅——符号及其意义》，中央编译出版社，2001 年，第 150 页。

② ［汉］郑玄注，［唐］孔颖达疏：《礼记正义》卷五十《经解》，上海古籍出版社，1990 年，第 844 页。

③ ［晋］韩伯注，［唐］陆德明音义，［唐］孔颖达疏：《周易注疏》卷十一《系辞》，上海古籍出版社，1989 年，第 258～259 页。

④ 参见［英］特里锡德著，石毅译：《象征之旅——符号及其意义》，中央编译出版社，2001 年，第 148 页。

⑤ 参见［美］戴尔·布朗主编，李旭影译：《爱琴海沿岸的奇异王国》，华夏出版社，2002 年，第 64～70 页。

图 1-2　英格兰南部威尔特郡索尔兹伯里巨石阵平面图

二、民间文化中的圆形含义

圆形在民间文化中也占有一席之地。中国民间工艺美术中常用的九连环装饰造型，其造型为回环往复的九个相互连接的圆环组合，寓意延绵不绝、生命延续①。圆形也是人类重要的装饰纹样，尤其被用在服饰上。切卡诺夫斯基（Czekanowski）在其所著的《德国中非科学考察的成果》中介绍了非洲卢旺达的装饰品纹饰，其中有曲线纹样，如半圆形、螺旋形和圆形。据说，在那些圆形的纹饰中，粗线条的圆圈代表臂环，而细线条的圆圈则代表手镯②。我国侗族服饰的圆圈图案也很有特色，例如传统的芦笙踩堂服、小儿背带、男孩彩帽、妇女胸襟绣上的圆形纹饰。他们有时在圆圈中用五色彩线绣扇形，有时则从圆周向四方绣数条彩线，犹如霞光四射，而此类圆形图案是古代太

---

① 伍小东编著：《中国吉祥图案》，广西美术出版社，1993 年，第 111 页。

② 参见［德］弗朗兹·博厄斯著，金辉译：《原始艺术》，上海文艺出版社，1989 年，第 103 页。

阳图腾崇拜的传承，是太阳的象征①。

由此可见，在世界各民族、各地区人类文化中，圆形均被认为是蕴含着神圣象征意义的图形。圆形既能表示实体物质，如宇宙天体等，也代表神圣、永恒、轮回、圆满等象征意义，这些象征意义深刻地影响着人类社会。在圆形诸多的象征意义中，保护性质的意义尤其受到人们的重视。

圆形含有各种象征意义，其中以保护和防御意义最为突出。圆形的保护性意义主要源自其闭合完整的外形结构。圆形的轮廓，正如固若金汤的城墙，将空间分成内外两个隔离的部分——圆周内的部分和圆周外的部分。圆周内，即圆形所包含的内部空间，被完全维护起来，这也便是圆形发挥保护作用的用武之地。几乎所有的文化群体，对圆形保护性质的象征意义都有一致的认同。人类对于早期居住结构的选择，明显体现出圆形的防御和保护特点。仰韶文化前期单个聚落整体形态布局，以新安县荒坡遗址为例，在该遗址居住区周围有环壕，环壕内部有房屋，环壕外有陶窑。西安半坡和临潼姜寨的遗址平面布局也与此类似。环壕聚落也是仰韶文化半坡类型聚落形态的定式②。这种环壕聚落平面布局明显带有拱卫的趋势，可见圆形的保护性质是人类早期的一种较为统一的认识。

三、圆形在妆饰方面的应用

人们对于圆形保护性质的应用，也体现在服饰方面，尤其是佩饰。个人对于保护性圆形的使用往往表现为戒指、手镯、项链、皮带、头冠等形式③。正如前文所述，装饰品的实用目的是首先出现的，其次才是审美目的。纵观历史，无论装饰品被制作得如何精美，其最初的实用目的都或多或少地隐含其中。圆形的保护性质通过佩戴于身体上的各种圆形佩饰体现出来。这种保护性质与其说是实际意义上的物理保护，毋宁说是象征意义的保护和防御。而这种象征意义的保护又直接与原始巫术密切相关。

① 参见刘锡诚、王文宝主编：《中国象征辞典》，天津教育出版社，1991年，第337页。
② 赵春青著：《郑洛地区新石器时代聚落的演变》，北京大学出版社，2001年，第68页。
③ 转引自［日］滨本隆志著，钱杭译：《戒指的文化史》，上海书店，2004年，第99页。

世界上装饰品繁盛的地区主要集中在地中海沿岸、两河流域、远东及欧洲大陆，而环钏类装饰品在这些地区是最为常见的佩饰。古埃及人崇尚天然材质的佩饰，几乎所有人，无论生前还是死后，无一例外都佩戴装饰品。古埃及装饰品造型独特，且蕴含强烈而神秘的象征意义。法老的佩饰无疑可以代表埃及装饰品艺术的最高成就。手镯、戒指或其他饰物上装饰着圣甲虫，这在古埃及是太阳的象征，也代表生命的延续[1]。古埃及第十八王朝法老图坦卡蒙墓葬出土的饰以釉陶和彩色玻璃的金版（见图1-3：1）[2]，其上雕刻法老和王后的全身像，他们的手腕均佩戴环钏。古埃及第十八王朝后期法老哈列姆黑布墓中的壁画，画中的法老王手臂、手腕皆佩戴环钏，向神敬献奠酒（见图1-3：2）[3]。

1　　　　　　　　　　　　　2

图 1-3　埃及壁画佩戴环钏的人像

1 古埃及第十八王朝法老图坦卡蒙墓出土金版

2 古埃及第十八王朝后期法老哈列姆黑布墓壁画献酒图

---

[1] 参见［英］特里锡德著，石毅译：《象征之旅——符号及其意义》，中央编译出版社，2001年，第135页。

[2] 参见［意］乔齐奥·利塞著，陈西中译：《埃及艺术鉴赏》，北京大学出版社，1992年，第54页。

[3] ［意］乔齐奥·利塞著，陈西中译：《埃及艺术鉴赏》，北京大学出版社，1992年，第50页。

　　古代地中海地区流行蛇图腾文化，蛇受到人们的膜拜，它旺盛的生命力受到人们的敬畏赞美，所以人们常以蛇的形象作为佩饰的题材。蛇形象的佩饰在古希腊、古罗马以及古埃及文化中十分常见，它被当成护身符，并成为戒指、项链、手镯造型的主题。人们曾在被火山灰掩埋的庞贝古城遗址中发现过数件蛇形金钏。金蛇被塑造成弯曲的螺旋形状，既是对蛇形象的模仿，也便于手臂佩戴（见图1-4：1）[①]。雅典贝纳基博物馆收藏的一件1世纪的金蛇戒指，金蛇蜷曲呈螺旋状，尾部卷曲（见图1-4：2）[②]。据说蛇形的金戒指在古罗马时代十分普遍，各个社会阶层的男女均可佩戴。人们对蛇如此崇拜，与对古代主司健康的守护神伊吉亚（Igea）和阿斯科莱比奥（Asclepio）的信仰有关。人们对蛇无比敬畏，故将这种神圣的动物形象制成装饰品佩于身上，希望借此获得庇佑，并带来好运。

1　　　　　　　　　　　　2

图1-4　地中海地区的蛇形配饰

1 意大利庞贝古城遗址出土的蛇形金钏
2 希腊雅典贝纳基博物馆藏蛇形金戒指

　　爱琴海岛屿的克里特文明，其中壁画上的男子臂腕、脚踝均佩戴环钏

---

① ［美］戴尔·布朗主编，张燕译：《庞贝——倏然消失了的城市》，华夏出版社，2002年，第128页。

② Angelos Delivorrias. Dionisis Fotopoulos , Greece at The Benaki Musuem. Bemaki Musuem, 1997,p.162.

（见图 1-5：1）[①]。大英博物馆收藏的一尊亚述王石像，国王的手臂同样佩戴着环钏（见图 1-5：2）[②]。欧洲北部出现的属于欧洲凯尔特人（Celts）文化系列的拉坦诺文化[③]，最著名的便是其多变的装饰品及其纹饰。考古发掘多是在凯尔特武士墓葬中发现带有鲜明凯尔特特色的环钏手镯，其纹饰除了各种常见的圆形外，还出现了一种从圆形向球形转变的变种纹饰，如球形和漩纹等（见图 1-6）[④]。

1

2

图 1-5 佩戴环钏的男子像

1 爱琴海克里特壁画
2 大英博物馆藏亚述王石像

① Nanno Marinatos. Minoan religion: Ritual, image, and symbol. The University of South Carolina Press, 1993, p. 72, fig.61.
② 《世界博物馆全集：1. 大英博物馆》，锦绣出版社，1987 年，第 17 页。
③ 拉坦诺文化（La Tène culture），瑞士一处铁器时代文明，拉坦诺为瑞士东端的考古遗址。
④ 参见［日］滨本隆志著，钱杭译：《戒指的文化史》，上海书店，2004 年，第 134 页。

图 1-6　瑞士东部拉坦诺文化凯尔特人遗址出土的青铜佩饰

　　保护性质的圆在凯尔特文化中体现得淋漓尽致，从图 1-6 可以看出，此类佩饰是由铁丝绕卷呈圈状或漩纹状的复杂形制，其中的漩纹特征，按照卷入内侧的组合方式可看作汇集了向心力能量，被认为是凯尔特人巫咒性世界观的浓缩。从凯尔特人的青铜手镯可以观察到，其是从铁丝圈状的单纯款式向漩纹状复杂款式发展的许多变种。考古发掘这一文化特征体现了从圆形向球形的变化，开始出现改变了的球形或漩纹①。这种缠绕如弹簧的结构在其他民族古代服饰文化中也可以看到。

　　以金属缠绕制成的圈状或螺旋状的装饰品，在其他文化中也十分常见。内蒙古伊克昭盟（今鄂尔多斯市）战国时代的匈奴墓葬（M1）中出土弹簧式耳环一对。耳环出土时位于头骨两侧，一只缠绕三圈，另一只缠绕五圈（见图 1-7：1）②。类似的耳环还在内蒙古宁城县南山根村和河北省怀来县北辛堡镇春秋战国时代的墓葬中发现。宁城县南山根村石椁墓③（时代相当于西周晚期—春秋早期）出土的金环（M101：126）呈扁椭圆形，环的接口处稍宽，直径为 5.1～5.5 厘米，重 10.5 克。另外两件器型相同，都是由金丝绕成的小圆环，其中：M101：127 环直径约为 3.1 厘米，重 5.9 克；M101：128 环已经松

①　［日］滨本隆志著，钱杭译：《戒指的文化史》，上海书店，2004 年，第 133～134 页。
②　田广金：《桃红巴拉匈奴墓》，《考古学报》，1976 年第 1 期，第 131～144 页。
③　辽宁省昭乌达盟文物工作站、中国社科院考古研究所：《宁城县南山根的石椁墓》，《考古学报》，1973 年第 2 期，第 27～39 页。

散，直径约为 3 厘米，重 3.4 克。内蒙古宁城县甸子乡小黑石沟村夏家店上层文化（时代相当于春秋早期）出土的大小金丝耳环，同式两副四件，均呈螺旋状（见图 1-7：2）[①]。

除耳环外，项圈、手镯等佩饰也是以金、银和青铜制作成漩涡形状（弹簧形状）。辽宁省朝阳市朝阳县魏营子村西周墓（M7101）曾出土"条脱式金臂钏"一件，考古发掘简报描述道："系用扁窄的金条盘成，约两圈余"[②]，时代相当于西周早期。

贵州赫章可乐考古发掘出土的大量青铜环钏，也有呈类似弹簧状的螺旋结构者（见图 1-7：3）[③]。这些环钏在发掘过程中往往与青铜短剑等武器并出，由此推测这是属于夜郎武士的墓葬，而那些青铜环钏则是武士们的遗物。可乐考古发掘的墓葬数量众多，时代跨度较大，大约自战国开始一直延续到东汉中后期。墓葬的主人应该是魏晋以后文献中所称的"僚人"[④]。

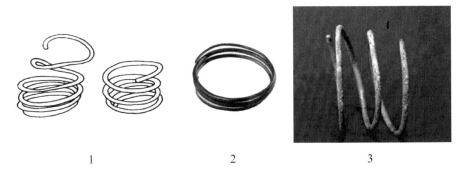

1   2   3

图 1-7　考古所见螺旋缠绕式装饰品

1 内蒙古伊克昭盟桃红巴拉匈奴墓出土的弹簧式耳环

2 内蒙古宁城县甸子乡匈奴墓出土的金丝耳环

3 贵州赫章可乐僚人墓出土的弹簧状钏

① 于建设主编：《赤峰金银器》，远方出版社，2006 年，第 5、15 页。

② 辽宁省博物馆文物工作队：《辽宁朝阳魏营子西周墓和古遗迹》，《考古》，1977 年第 5 期，第 306～309 页。

③ 李虹主编：《可乐考古与夜郎文化》，贵州民族出版社，2003 年，第 49 页。

④ 贵州省博物馆等：《赫章可乐发掘报告》，《考古学报》，1986 年第 2 期，第 199～251 页。

　　总之，圆形是很容易被人们接受的形状，在各种装饰品中，环钏是比较引人瞩目的圆形佩饰。圆形在世界各地人类文化中都有深厚的内涵，其中圆形的保护性和防御性象征意义在历史上各个人类文化群体中被普遍认同。人们将具有保护性意义的圆形，以各种圆环状佩饰的形式表现出来并应用，如戴在手臂上的环钏、戴在手指上的戒指等，都是出于这样的保护目的。

第二章　人类历史上的环钏

　　圆是所有几何图形中唯一没有被线条分割的图形，而且圆周上的每个点都完全一样。与其他几何图形相比，圆形在人类文化中被赋予了太多的意义，几乎世界各地、各民族对圆这一图形都有相近的认识。环钏圆形的结构，既与人类生理结构相适应，又是一种神秘的几何图形。原始艺术都带有象征的特点，而圆形的象征意义，又与史前人类的原始信仰密切相关。

第一节　环钏释义

一、环钏的名称

　　《现代汉语词典》（第7版）对"环"的定义：圆圈形的东西。环钏，即镯，是指佩戴在手臂或脚踝部位的圆形装饰品的通称。《汉语大词典》中列出了两种解释：①套在手腕或脚腕上的环形装饰品；②先秦时代军队中使用的用来指挥军队行进的六种金属乐器之一，这六种军乐器包括钟、镈、錞、镯、铙、铎。

　　环，《尔雅·释器》曰："璧大六寸谓之宣。肉倍好谓之璧，好倍肉谓之瑗，肉好若一谓之环。"晋郭璞注曰："宣，《汉书》所云瑄玉是也。肉，边也；好，孔也。"宋邢昺疏曰："边、孔适等若一者名环。"[1] 好，为璧孔，即孔的直径。肉，是全径去孔后剩下的部分，即环状的部分所占的宽度的总和。

---

[1] 周祖谟撰：《尔雅校笺》卷中《释器》，江苏教育出版社，1984年，第74页。

故所谓"环"本指玉璧之孔边相等者，后也泛指一切圆形而中间有孔之物。宋高承《事物纪原》卷三《环》引《瑞应图》曰："黄帝时，西王母献白玉环，舜时又献之。则环当出于此。"[①] 虽则并不可信，却说明玉石质的环钏出现时代较早，为研究环钏的起源提供了线索。

在大多数情况下，"环"通常指代佩饰，如戴在手臂上者，称为臂环；带在手指上者，则称为指环；带在脚腕上者，称为脚环等。魏曹植《美女篇》曰："攘袖见素手，皓腕约金环。"[②] 晋傅玄《有女篇》曰："珠环约素腕，翠羽垂鲜光。"[③] 所言"金环""珠环"即指戴于手腕之饰。"环"的古今含义几乎没有差别，在现代汉语中仍多指代圆形中间有孔的物体。

钏，即手镯。清陈元龙撰《格致镜原》卷五十五《香奁器物类》"钏"条引《事物绀珠》曰："钏，手镯，桀以金玉为之。"又引明徐炬《事物原始》曰："《风俗通》曰：钏，臂环也，即今妇女之臂镯。"[④] "钏"一字出现较晚，《尔雅》及《说文解字》中都未曾收录，宋高承《事物纪原》卷三《旗旒采章部》"钏"条曰："《通俗文》曰：环臂谓之钏，后汉孙程十九人立顺帝有功，各赐金钏、指环，则钏之起，汉已有之也。"[⑤] 认为"钏"之起应该不晚于东汉。"钏"是古代对装饰手臂的环形佩饰的风雅的通称，历来为文人墨客青睐，经常用于诗词歌赋。南朝梁刘孝绰《咏姬人未肯出诗》诗曰："帷开见钗影，帘动闻钏声。"[⑥] 唐虞世南《中妇织流黄》诗曰："衣香逐举袖，钏动应鸣梭。"[⑦] 宋周邦彦《蝶恋花·美盼低迷情宛转》词曰："爱雨怜云，渐觉宽金钏。"[⑧] 但随着时间的推移，"钏"逐渐成为历史名词，现代汉语中并不常用。

---

① ［宋］高承撰，［清］李果订：《事物纪原》卷三，中华书局，1989年，第152页。
② ［魏］曹植：《美女篇》，见［南朝］徐陵编，吴兆宜注，穆克宏点校：《玉台新咏笺注》卷二，中华书局，1985年，第62页。
③ ［晋］傅玄：《有女篇》，见［南朝］徐陵编，吴兆宜注，穆克宏点校：《玉台新咏笺注》卷二，中华书局，1985年，第74页。
④ ［清］陈元龙撰：《格致镜原》，广陵古籍刻印社，1989年，第625页。
⑤ ［宋］高承撰，［清］李果订：《事物纪原》卷三，中华书局，1989年，第252页。
⑥ 逯钦立辑佚：《先秦魏晋南北朝诗》卷十六《梁诗》，中华书局，1982年，第1843页。
⑦ ［唐］虞世南：《中妇织流黄》，见《全唐诗》卷三十六，中华书局，1960年，第472页。
⑧ ［宋］周邦彦：《蝶恋花·美盼低迷情宛转》，见《全宋词》，中华书局，1965年，第624页。

古环钏并称，泛指一切圆形且中心有孔的装饰品，自宋代开始，环钏类装饰品又被通称为"镯"。南宋吴自牧《梦粱录》中已有"金镯"之称。民俗学者杨荫深认为："今所谓镯实即古之所谓钏。……不知何时改称为镯。按，钏古时男女亦均同饰，后世始专属于女人。"[1] 镯，本义是指古代指挥军队行进的乐器。《周礼·地官·鼓人》曰："鼓人，掌教六鼓四金之音声……以金錞和鼓，以金镯节鼓，以金铙止鼓，以金铎通鼓。"汉郑玄注曰："镯，铃也，形如小钟，军行鸣之以为鼓节。"《司马赋》曰："军行鸣镯。"[2] 明顾起元《客座赘语·女饰篇》亦曰："饰于臂曰手镯。镯，铃也。《周礼》：鼓人以金镯节鼓。形如小钟，而今相沿用于此，即古之所谓钏。又曰钗臂，曰臂环，曰条脱，曰条达，曰跳脱者是也。"[3] "镯"字原指形似铃的乐器，但时至宋元，则成为环钏的通称，与其本义大相径庭。后世因袭之，明清时常常"钏镯"并称。时至今日，"钏"已消失在历史的长河中，变成历史名词，而"镯"却一直沿用下来，人们早已习以为常。除《梦粱录》中已有"金镯"之说外，元陶宗仪《南村辍耕录》卷二十三记载了一则《鬼爷爷》的故事，其中写到："又一夕，其妻臂上失去金钏金镯，急告知。"[4] 可见宋元时期，"镯"已与"钏"同义，多指佩于臂腕上的环状装饰品。

关于"镯"的字义发生变化的原因，明陆容在其所著《菽园杂记》中探究过这一问题。《菽园杂记》卷二曰："镯，本铃也，今以名钏属。"同书卷八又曰："镯音蜀，又音浊。《周礼》：鼓人以金镯节鼓。注云：铃也，形如小钟。《韵书》又云温器。今人名臂环为镯，音浊，盖方言也。近考之，蠋，桑虫，一名蚅。《尔雅》：蚅乌蠋。《诗》：蜂革金厄。注云：金厄，接辔之环，形似乌蠋，以金为之。今女人金银臂环累累有节，而拳曲正如蠋形。镯当作蠋，音虽少异，其义甚明。"[5] 陆容认为，称环钏为"镯"乃是方言，"镯"实应为"蠋"，是一种形体似钏的昆虫，正因这种形状上的相似性，故有此称

[1] 杨荫深编著：《事物掌故丛谈》，上海书店影印，1986年，第212页。
[2] ［汉］郑玄注，［唐］贾公彦疏：《周礼注疏》卷十二《鼓人》，上海古籍出版社，1990年，第188～189页。
[3] ［明］顾起元撰：《客座赘语》卷四《女饰》，中华书局，1985年，第111页。
[4] ［元］陶宗仪：《南村辍耕录》卷二十三《鬼爷爷》，中华书局，1980年，第287页。
[5] ［明］陆容撰：《菽园杂记》，中华书局，1985年，第16、104～105页。

谓。古人有字体通假的习惯，"镯"是为"蠋"的假借字，想必是因为环钏多以金属制作，故有此假借。陆容的解释虽然不能使人绝对信服，但也不能说不合逻辑，因此也是较为合理的解释。

二、环钏的象征意义

人类佩戴环钏的历史可以追溯到史前时代，世界各地的史前人类文化遗址中都曾发现过环钏类装饰品。旧石器时代，人类的技术手段相当原始落后，对于石器的加工仅限于打制，故早期的装饰品制作相当粗糙简陋。旧石器时代的环钏，多是利用大型动物骨骼或牙齿制成。骨骼和牙齿呈天然的管状结构，只要经过简单的切割，即成圆环，而无须钻孔。

随着人类石器加工技术的进步，出现了磨制石器及管钻法，于是磨制精细的玉、石制环钏应运而生。新石器时代人类遗存中普遍存在玉石钏环。上海青浦区福泉山良渚文化遗址出土的玉镯，直径 8 厘米，由两节对称的半环组成，可以调节口径大小（见图 2-1：1）[①]。环钏由两个半圆形环合并而成，半环的两端各钻一孔，用以相互连接。其出土时正在人骨腕部，说明这是实用器，而不是祭神的礼器。类似的环钏在山东曲阜西夏侯遗址和江苏邳州市四户镇大墩子遗址中也曾发现。浙江杭州余杭区瑶山良渚文化祭祀遗址出土的玉镯，整件手镯的外径为 8.2 厘米，内径为 6 厘米，高为 2.6 厘米，镯面雕有四组兽面纹饰浮雕（见图 2-1：2）[②]。

新石器时代的玉琮，是祭祀天地的礼器瑞玉，其外方内圆的结构，代表了天圆地方的观念，同时也代表着神权和世俗权力。从外形来看，玉琮也是一种圆环。良渚文化遗址同样发现过数量众多的玉琮（见图 2-1：3、4）[③]。

[①] 浙江省考古研究所、上海市文物管理委员会、南京博物院编著：《良渚文化玉器》，文物出版社、两木出版社，1990 年，第 204 页。

[②] 浙江省考古研究所、上海市文物管理委员会、南京博物院编著：《良渚文化玉器》，文物出版社、两木出版社，1990 年，第 206 页。

[③] 浙江省考古研究所、上海市文物管理委员会、南京博物院编著：《良渚文化玉器》，文物出版社、两木出版社，1990 年，第 204 ～ 206 页。

1   2

3   4

图 2-1　良渚文化遗址出土的玉器

1 上海青浦区福泉山出土的玉镯（M9 : 20）

2 杭州余杭区瑶山出土的玉镯（M1 : 30）

3 上海青浦区福泉山出土的玉琮（M40 : 110）

4 上海青浦区福泉山出土的玉琮（M9 : 20）

第二节　环钏的护身内涵

在现代社会，各种佩饰似乎都是女子专属，除了作为婚姻的象征和标志的戒指外，男子极少佩戴装饰品。然而与这种情况不同的是，历史上，许多佩饰是男女通用的。圆环形佩饰具有保护和防御的意义，在世界各地普遍存在，其中要数环钏最引人瞩目。

一、环钏的物理保护

正如前文论述的那样，装饰品使用的动机源于实用目的，是人类为了更好地生存和发展而采取的一种获得神秘力量的手段。同时，人类装饰品在很大程度上体现了保护性圆的象征意义，所以说环钏是对手臂的保护，这是毋庸置疑的。马克思、恩格斯曾说，劳动创造了人本身。劳动是人类头脑心智发展的前提条件，是人类进化过程中的决定性因素，然而在这一过程中，手臂的作用是不可忽视的。

人类适应自然环境的过程，也是人类体质发生演化的过程。人类与其他动物的许多区别是与复杂器官的产生相关的。直立行走是人类区别于其他哺乳动物的重要特征，而直立姿势的产生又与人类体质特征的演变密切相关。人类学家认为，两足行走的出现大概是与手使用器物同时发生的，拇指能使人类准确地把握器物，这样人类就具有了比其他灵长类动物更自如地使用器物的能力[1]。

直立人从能人进化而来，再继续向智人进化。直立人的化石在年代上大约从 100 多万年前一直延续到 30 万年前，这一阶段是人类进化史上的重要环节，所有现代人均属于智人。人类学家认定，虽然人类在生理功能上已经泛化，但人类仍拥有若干特有的生理特征。这些特征包括直立姿势、两足行走、能与四指对握的大拇指（使人能更准确地持物）、巨大而复杂的大脑等。

手的使用，在人类进化过程中起到举足轻重的作用，同时，也起到无可

---

[1]［美］拉尔斐·比尔斯著，秦文山等译：《文化人类学》，河北教育出版社，1993 年，第 127～128 页。

替代的作用。双手的实践，为人类生存创造了条件——狩猎采集、灌溉农耕、制造工具，甚至是格斗防身，无时无刻都离不开双手，所以人类对手臂的保护慎之又慎，也便可以理解了。手臂戴环钏，就不会直接将其裸露在外，故能保护手臂免于受自然界多刺植物的侵害，也能在作战中保护肢体。

通过前文的论述可知，古代武士的墓葬中经常发现环钏之类的装饰品。古代凯尔特武士的墓葬中曾发掘出大量的青铜手镯，据说佩戴这些手镯，可以保佑他们在战场上平安无事，将肉体与灵魂牢固相连。波斯阿契美尼德时代的壁画、浮雕上的武士、弓箭手、侍卫等人手臂上也普遍佩戴环钏。环钏还常常与冷兵器并出，贵州赫章可乐 M341 中隐约可见墓主人双臂曲于胸前，手臂的位置各有十枚青铜环钏；其胸前还放置有一柄短剑和一柄铜戈（见图 2-2）①。正是因为圆形的保护性质是通过环钏象征性地体现出来的，因此也便容易理解环钏为何在世界各地古老文化中普遍存在。

图 2-2　贵州赫章可乐 M341

---

① 李虹主编：《可乐考古与夜郎文化》，贵州民族出版社，2003 年，第 10 页。

大多数学者认为环钏类装饰品所起到的保护作用是具有巫术性质的，是通过巫咒实现保护目的的，而在实际使用中，则起不到真正的物理防护的作用。这固然是合乎逻辑的解释，但是若考虑装饰品最初的实用目的，同时对照考古发掘实物便会知道，环钏不仅如后世那样存在象征性的保护意义，其最初也是实用的防御物。

环钏曾经是真正的手臂防护物，这是可以肯定的。至今尚能在印度、摩洛哥和索马里等地看到作为防护用具的饰腕手镯、护臂环等大型环钏，这些东西乍一看是装饰品，但实际上在紧急情况下却可以发挥防身武器的作用。古代印度的弓箭手，在其左臂上缠上皮革制成的带子，梵语为 tala-tra，有时也写作 tala-trāṇa。梵语 tala 是手掌的意思，而 tra 和 trāṇa 的意思则分别是保护、救助和保护，铠甲、盔甲。两者意思相近，都带有保护、防护的意义①。从这一词语的构成便不难看出，缠缚 tala-tra 的目的是在拉弓射箭时保护手臂。

Tala-tra 的具体形制可以从现藏于费城艺术博物馆的印度泰米尔纳德邦出土的朱罗王朝时代（1—13 世纪）的拉克什曼纳青铜像上一窥大概。拉克什曼纳是印度史诗《罗摩衍那》中的英雄罗摩的兄弟。铜像的姿势说明他举起的左手曾经持弓，放低的右手曾经持箭，《罗摩衍那》也曾将罗摩描述成这种手持弓箭的姿势（见图 2-3：1）②。拉克什曼纳盛饰装扮，双臂佩戴数件环钏，其中位于手腕部者，边缘较宽，且排列紧密，将手腕严密地包起来。推想 tala-tra 缠缚在弓箭手左臂上，也应该就是这样的效果吧。

印度莫亨朱达罗村的一件哈拉巴文化时期（前 2500—前 1750 年，又名印度河文明时期）的女子铜塑像。雕像的左臂上戴满了环钏手镯，从手腕处开始，一直延伸到上臂靠近腋下的位置，完全被环钏严密地覆盖（见图 2-3：2）③。如果说拉克什曼纳像上的环钏仅仅是象征性地表示 tala-tra，那么这尊青铜像左臂上的环钏则更接近 tala-tra 的实际形制。古代的弓箭手用 tala-tra 将左臂整个缠缚起来，以便在左手持弓、右手控箭时保护左臂不受弓箭误伤。

---

① 参见林光明、林怡馨编译：《梵汉大辞典》，嘉丰出版社，2004 年，第 1270、1294～1295 页。
② 参见［美］罗伊·克雷文著，王镛等译：《印度美术简史》，中国人民大学出版社，2003 年，第 12～15 页。
③ 世界博物馆编委会：《印度国立博物馆》，锦绣出版社，1989 年，第 13 页。

1 　　　　　　　　　　　　　　　　　　　　　　　　2

图 2-3　印度青铜人像
1 费城艺术博物馆藏朱罗王朝时代拉克什曼纳青铜像
2 印度莫亨朱达罗村出土的哈拉巴文化时期女子铜塑像

　　拜占庭帝国时代，人们曾发明过一种质地十分坚硬的护腕手镯，希腊国家考古博物馆现藏一件拜占庭时代的手镯就属于这种形制（见图 2-4）[①]。手镯由两块较宽的金片焊接而成，表面镶嵌瓷釉；镯身朝一头逐渐削尖，以便佩戴时与手腕贴合。这种表面较宽且嵌有坚硬釉质层的手镯的确能保护手腕不受伤害。

———————————

① ［英］普兰温·克斯格拉芙著，龙靖遥等译：《时装生活史》，东方出版社，2004 年，第 91 页。

图 2-4 希腊国家考古博物馆藏拜占庭时代护腕手镯

贵州赫章可乐考古发掘也曾发现过具有物理防护功能的青铜环钏。其中被命名为"铜臂甲"（the bronze armed armour）者（见图 2-5：1），整体长度约为 20 厘米，佩戴时可以将前臂完全罩上，能够保护手臂，减少作战时刀剑的伤害。另外，还有几件镶嵌绿松石的宽边铜钏（见图 2-5：2）。这种宽边铜钏往往成组佩戴，一只手臂可带数枚，排列紧密，其物理防护功能一如"铜臂甲"①。

1　　　　　　　　　　　2

图 2-5 贵州赫章可乐考古出土的青铜环钏

1 贵州赫章可乐出土的"铜臂甲"
2 贵州赫章可乐出土的铜钏

① 李虹主编：《可乐考古与夜郎文化》，贵州民族出版社，2003 年，第 61 页。

格罗塞曾介绍过原始民族戴在四肢上的各种带子、绳索之类的配饰，也不尽是为了装饰。土著人缠在手臂上的皮带其实是一种护身符，比如雅拉（Yara）族人在手臂上系着松鼠皮制成的皮带就是出于这样的目的，而布须曼人在腿胫部缠系皮带则是为了防止荆棘刺伤，这些都是出于防护目的而非装饰[①]。我国西南地区的佤族，至今尚且保留着一种保护腿脚的胫饰。佤族女子以藤篾编制环形的箍状物，一般是与绑腿配合使用，直径约 16 厘米，套在小腿或大腿上，每人戴数个至数十个不等，而未成年的女子每长一岁便增加一圈。这种藤制胫饰即可以起到护腿的作用，也是一种精致的装饰品。高山族泰雅、塞夏、阿美等部落中，男子都有佩戴臂环的传统，或以布条缠缚，缀以猎获的山猪牙和贝壳，或以铜丝绕卷而成，通常是在参加祭祀庆典时佩戴[②]。不得不说，这种主要为保护作用同时兼有装饰功能的胫圈饰和臂环饰物，同环钏的发明和应用有很多相似之处。

经过这样分析，应该可以说明环钏不仅是装饰品，而且也确实具备实际意义的物理防护功能。事物的实用功能总是先于其装饰目的，服装如此，佩饰亦如此。

二、环钏的象征保护

圆形的保护性意义，除了其物理结构外，原始人对超自然力量的崇拜也渗透其中。前文论述的装饰品具有的保护意义，很大程度上是象征性质的保护，正如原始人将猛兽的尖牙利齿穿孔挂佩在身上，希望由此获得猛兽的力量，保护自身，佩戴环钏也是自我保护的一种方式。寻求超自然力量的保护，成为幸存者，是人类求生本能的反应和制动。环钏本身虽也具有物理保护的功能，然而对于相信万物有灵的原始人来说，仅有这样的保护是不够的。于是，环钏被赋予了更加神秘的力量，它的保护力也随之无限增长。

人类古老且神秘的信仰认为，通过进行特定的仪式能够获得超自然的力

---

① 参见［德］格罗塞著，蔡慕晖译：《艺术的起源》，商务印书馆，1987年，第 74 页。
② 宋兆麟等主编：《中国民族民俗文物辞典》，山西出版社，2004年，第 111 页。

量，进而达成所愿。原始民族都历经各自的蒙昧时期，此时人类的心智尚未成熟，体格亦不健全，加之外界的重重制约，为了求生，先民便求助于神秘力量。本质上看，神秘主义就是一种实用行为，能实现原本可望而不可即的愿望，达到人力所不能为的效果。罗伯特·路威曾说："人类感觉他在宇宙中的荏弱无力时，就要皈依超自然。"[1] 人类对超自然力量的依赖，反映出人类的脆弱。人类的劣势是没有厚实的毛皮、锋利的爪牙、强大的力气等唯有猛兽在严酷的自然界得以生存的先天条件。于是，先民通过随身佩戴猛兽的尖牙利齿等，希望借此获得与之等同的力量。

上文中论述的人类各个文化群体中普遍存在的绕圣物行走的仪式，也是借用圆形的保护性象征意义的结果。环钏所蕴含的保护性质，更多的是一种象征性质的保护，而非物理性质的保护。波斯的武士、侍卫和弓箭手等，双腕无一例外都佩戴环钏。法国卢浮宫珍藏的波斯苏萨出土的前 6 世纪—前 4 世纪浮雕（见图 2-6）[2]，从中可见这些环钏如此纤细，显然只具有象征性保护的意义。

图 2-6 波斯苏萨出土的弓箭手浮雕

---

① ［美］罗伯特·路威著，吕叔湘译：《文明与野蛮》，生活·读书·新知三联书店，1992年，第 235 页。
② 《世界博物馆全集：10. 罗卢浮博物馆》，锦绣出版社，1987 年，第 160 页。

即使生活在现代，与世隔绝的土著人仍然对保护性圆环持有坚定的信念，一如其古老的祖先。杜·查鲁（P. B. Du Chaillu）写到："一个土人脖子上挂着铁项圈时，就认为自己是刀枪打不透的。如果护符没有表现出应有的功效，这也丝毫不能动摇他对它的信仰。这个土人会想到是某个居心叵测的妙手巫师作了什么强有力的'反符'的牺牲。"[①] 在接受过现代文明教化的人眼中，土著部落的成员笃信环钏的巫咒保护性质，看似荒诞不经，然而历史上人类都曾对环钏的神力笃信不疑。

中国古代也有以环钏类装饰品保护佩戴者的传统。旧时民间即认为戴环钏之类的佩饰，能够驱邪避秽，长命富贵，并逐渐形成影响深远的民俗，流传至今。民间给儿童佩戴手环足钏等圆环形装饰品便是这种观念的体现。从本质上分析，此即源自人类对保护性圆形象征意义的认知。这一传统由来已久，汉代巴蜀地区就有类似的先例。1957 年，四川天回山东汉墓出土的说唱陶俑，头戴软帽，袒胸露腹，右手执槌，左手捧鼓，左上臂戴一珠串臂饰（见图 2-7：1）[②]。 1963 年四川成都郫县（今郫都区）宋家林东汉墓出土的站立说唱俑，顶戴帩头，赤膊，下着浅裆长裤，装扮与前者类似，唯左上臂所戴环钏，推测应为金属材质（见图 2-7：2）[③]。两件陶俑人物的装扮大致看来是汉装，其左上臂均戴一枚环钏，应该是当地的风俗。而这种风俗则应与巴蜀之地巫风浓厚、人们重巫重祭的民风有关，说明环钏的保护性质在汉代巴蜀地区体现得较为明显。当然，也不排除西南巴蜀地区民族成分复杂，当地汉人的生活习俗和服饰受其影响。但是与汉人相比，环钏的巫咒性质在其他民族文化中表现得更加突出，因此，对于生活在自古重巫的巴蜀之地的人们来说，环钏正是一种法力无边的巫咒物，故男子手臂戴钏也许正是巴蜀地区汉代的地方风俗。

早在 1944 年，四川锦江发现了一座晚唐墓，出土一件空心银镯。中空的

① 参见［俄］路先·列维-布留尔著，丁由译：《原始思维》，商务印书馆，1981 年，第 57 页。
② 中国陵墓雕塑全集编辑委员会编：《中国陵墓雕塑全集》第 3 卷《东汉三国》，陕西出版集团、陕西人民美术出版社，2009 年，第 118 页。
③ 中国陵墓雕塑全集编辑委员会编：《中国陵墓雕塑全集》第 3 卷《东汉三国》，陕西出版集团、陕西人民美术出版社，2009 年，第 118、120 页。

部分装有一张唐印纸本《陀罗尼经咒》。印本中央为一方栏，栏中有一坐于莲花座的六臂菩萨，手中各执法器，栏外围绕有一圈梵文以及梵文的咒文和佛教供品等[1]。研究者根据印本上残存的汉书"成都府成都县"推断该墓时代应在唐玄宗天宝十五年（756 年）之后。1983 年西安西郊丰镐路自来水一厂唐墓，出土一件装有彩绘绢画咒经的镏金铜臂钏[2]。此臂钏宽 1 厘米，直径 7.9 厘米，右侧铆接一铜盒，盒与钏相接的一侧呈长方形，平面呈半圆形，有盖，高 4.5 厘米，宽 2.4 厘米，经卷就置于其中。经卷上绘一尊三眼八臂菩萨，颈饰项圈，两腕戴钏，也是佛教密宗供奉的菩萨。此墓出土的环钏明显带有巫咒保护的性质，而这种巫咒保护又与唐代流行的佛教密宗信仰结合，反映出唐代巴蜀地区人们重巫重佛的特点。

1   2

图 2-7　东汉佩戴环钏人俑

1 四川成都天回山出土的东汉说唱陶俑

2 四川成都郫县（今郫都区）宋家林出土的东汉站立说唱俑

---

[1] 王德庆：《江苏铜山东汉墓清理简服》，《考古通讯》，1957 年第 4 期，第 33～38 页。

[2] 陕西省博物馆：《西安西郊出土唐代手写经咒绢画》，《文物》，1984 年第 7 期，第 50～52 页。

第三节　环钏与日常生活

通过上文的论述分析可知，装饰品起源于实用目的，但在实际使用过程中逐渐摆脱实用作用而带有象征意义。随着时代的发展和人类社会的进步，装饰品的象征意义也逐渐淡化，其装饰功能却日益显现。环钏在使用过程中也发生了类似的变化，起初具有物理防护作用；其后则成为具有巫咒保护作用的配饰，并被认为具有超自然的神力；最终环钏的装饰意义变得越来越突出并取代了巫咒保护性意义，纯粹的装饰功能几乎成为人们佩戴环钏的唯一目的。尽管如此，这种象征意义的保护却并未完全消失，而是更加隐讳地蕴含其中或是含蓄地若隐若现，这在民俗文化中体现得较为明显。

一、环钏的装饰功能

环钏自古以来就是装饰性极强的佩饰，不但能增加佩戴者的外形美感，同时也彰显佩戴者的身份地位，这一点为世界所公认，毫无疑义。在现代社会，环钏之类的装饰品显然是女子的专属，倘若加之于男子，不但不会有美感，反而极有可能会有负面效果。然而，通过对世界上装饰品较为发达的地区如地中海沿岸、两河流域、远东以及欧洲大陆进行考察，便不难发现在古代社会，环钏是男女通用的装饰品。

在古代社会，人们纷纷用各种佩饰自我装扮，特别是上层社会的人，富丽堂皇的环钏是身份和地位的象征。古代波斯国王手臂所佩戴的环钏，是其尊贵地位的重要标志。被波斯强大武力征服的地区，往往将精雕细琢的环钏作为贡品向国王呈献。阿契美尼德王朝波斯波利斯城遗址浮雕壁画中有表现波斯帝国版图之内民族向国王进贡的场景，其中西徐亚人呈给国王的贡物即为臂钏（见图2-8∶1）[1]。奥克苏斯宝物中包括一件制作精美的金臂钏，其接

---

① 参见［美］戴尔·布朗主编，王淑芳译：《波斯人：帝国的主人》，华夏出版社，2002年，第143页。

头处有一对狮身鹰首的怪兽（见图 2-8:2）[1]。观察亚述（Assyria）[2] 国王阿甫里二世浮雕塑像，他肘部戴着蛇状花纹的腕环，两个手腕上分别戴有石榴形装饰，据说这体现了国王的财富和地位（见图 2-8：3）[3]。

图 2-8　古代波斯王国的环钏

1 阿契美尼德王朝波斯波利斯城遗址浮雕壁画西徐亚人进贡臂钏
2 波斯奥克苏斯臂钏
3 亚述王阿甫里二世浮雕塑像

《正字通·金部》"钏"条曰：（钏）"古男女同用，今惟女饰用之。"[4] 宋高承《事物纪原》卷三《旗旒采章部》"钏"条曰："环臂谓之钏，后汉孙程

① 参见［美］戴尔·布朗主编，王淑芳译：《波斯人：帝国的主人》，华夏出版社，2002年，第 143 页。
② 亚述（Assyria）是亚细亚西南部底格里斯–幼发拉底河上游的古国，前 2500 年以阿修尔地方为中心形成王国。前 612 年被梅达阿和卡尔迭阿联军所灭。
③ ［日］千村典生著，孙基亮等译：《图解服装史》，中国纺织出版社，2002 年，第 8 页。
④ 参见［清］张玉书等编：《康熙字典》"金"部"钏"条注引《正字通》，上海书店，1990 年，第 1449 页。

十九人立顺帝有功，各赐金钏、指环，则钏之起，汉已有之也。"[①] 至少说明，东汉时环钏还是男女通用，否则汉顺帝也不会赏赐有功者以金钏和指环。此外，上文论述成都天回山和郫县宋家林出土的说唱俑左臂上均戴钏，同样也能证明钏在古时男女通用。

　　1960 年江苏无锡发现的元初钱裕夫妇合葬墓，其中在东室男性墓主人棺椁内发现一件"金箍饰"（见图 2-9）[②]。这件金箍饰应该就是臂钏，其整体呈扁形，高 4.3 厘米，直径为 6 厘米；面上凸出 8 道弦纹，开口处有扣缝。无锡元初墓出土的箍形钏饰应该是实用器，为墓主人钱裕生前所有之物，可以说明环钏"古男女通用"所言不虚。

图 2-9　江苏无锡元初钱裕夫妇墓出土的金箍饰

　　一般来说，包括环钏在内的装饰品大致经历了由"男女通用"到"今唯女子"的发展过程。对于装饰品为女子专用的原因的探讨，鲁道夫斯基（B. Rudolphskyi）在《难看的人体》一书中曾说："在动物界中，雄性将自己的身体装饰起来以吸引雌性。引诱雌性的与其说是雄性的力量或是主动性，还不如说是其外表。人类社会恰与动物世界相反，对身体加以刻意装饰的是女子。在传统的两性间的竞争中，衣服与饰品配件就是女性的武器。"[③] 鲁道夫斯基的解释是建立在装饰品的审美价值基础之上的，他认为女子佩戴装饰品，乃是出于"女为悦己者容"的目的。古代社会男尊女卑，女子处于依附的地位，她们梳妆打扮首先是要以自我美化的方式来博取生存条件，其次也是为了展示其所依附者（主人）的财富。凡伯伦曾指出："在现代文明的生活方式中，在理论上妇女仍然处于经济上依赖男子的地位，在高度理想化的意义下，或者可以说她们仍然是男子的动产。妇女……之所以要这样打扮，老实说，就是因为她们处于奴役的地位，她们

① ［宋］高承撰，［清］李果订：《事物纪原》卷三《旗旗采章部》，中华书局，1989 年，第 252 页。

② 无锡市博物馆：《江苏无锡市元墓中出土一批文物》，《文物》，1964 年第 12 期，第 52～60 页。

③ 转引自［日］滨本隆志著，钱杭译：《戒指的文化史》，上海书店，2004 年，第 148 页。

在经济职能的分化中接到的任务是，为她们的主人的支付能力作出证明。"[1]他认为女子梳妆打扮、佩戴装饰品其实最主要的目的是在执行显示财富的任务，而这一任务的执行是由女子的依附地位决定的。许地山先生认为女子的装饰品其实是一种表示臣服和奴役的标志。女子所用的手镯、指环、耳环等物件，现代人都认为那是艺术品；其实从历史来看，这些东西都是女子作为奴隶的记号[2]。在希伯来语中，Ne-zem 既有耳环、鼻环的意思，同时也表示奴役。因为根据古代希伯来人的风俗，凡是奴隶服役到期满后不愿离开主人者，主人便可以在家神面前给奴隶穿耳，以此表明其永远服从主人的决心[3]。《释名·释首饰》曰："穿耳施珠曰珰，此本出于蛮夷所为也。蛮夷妇女轻淫好走，故以此珰锤之也。"[4]蛮夷穿耳施珰其实也正是一种受奴役的记号，用于限制女子的自由行动。

尽管如此，环钏的装饰意义却是客观存在的。环钏不但给人以视觉上的美感，在听觉上也使人愉悦。中国古代女子衣袖宽大，即使佩戴环钏也往往被衣袖遮蔽，在不经意的举手投足之间隐约可见，已经是十分难得，故其装饰功能似乎被相应地削弱了。然而，多以金属制成的环钏，在听觉上弥补了这种遗憾。南朝梁刘孝绰《咏姬人未肯出诗》曰："帷开见钗影，帘动闻钏声。"[5]梁简文帝萧纲《赋乐名得箜篌》诗曰："钏响逐弦鸣，衫回半障柱。"[6]其《咏新燕诗》又曰："入帘惊钏响，来窗碍舞衣。"[7]可见，环钏即使在视觉上稍逊，然"钏动""钏响"给人听觉上的补偿，也算是心理上的慰藉吧。

---

[1] ［英］凡伯伦著，蔡受百译：《有闲阶级论》，商务印书馆，1964 年，第 132 页。

[2] 参见许地山著：《女子的服饰》，见李宽双等编：《人生四事》，湖南出版社，1995 年，第 28 页。

[3] 参见许地山著：《女子的服饰》，见李宽双等编：《人生四事》，湖南出版社，1995 年，第 28 页。

[4] ［汉］刘熙撰，［清］王先谦撰集：《释名疏证补》卷四《释首饰》，上海古籍出版社，1984 年，第 242 页。

[5] ［唐］欧阳询撰，汪绍楹校：《艺文类聚》卷十八《人部》，中华书局，1965 年，第 328 页。

[6] ［唐］欧阳询撰，汪绍楹校：《艺文类聚》卷四十四《乐部》，中华书局，1965 年，第 787 页。

[7] ［唐］欧阳询撰，汪绍楹校：《艺文类聚》卷九十二《鸟部》，中华书局，1965 年，第 1597 页。

此外，环钏不但是精美的装饰品，也代表了财富。古罗马时期以法律的形式限制女子佩戴黄金饰品的数量，但后来随着古罗马军队在欧亚地区的征伐和掠夺，黄金储备飞速增长，此禁令也随之自解。尽管如此，人们却不能否认环钏蕴含着美好的寓意，装饰着人们的生活，带给人以心灵上和感官上的愉悦。

从历史来看，女子佩戴装饰品，并不单纯出于装饰审美的目的，精致贵重的装饰品也曾是禁锢女子自由的枷锁，是父权家长制社会中女子从属依附地位的标志。不过，随着时代的进步，以环钏为代表的各种装饰品几乎成为单纯出于审美目的而使用的配饰。

二、环钏与婚姻

婚姻是人类各种社会关系中最重要的一类，婚姻仪式也是人类社会各种仪式中最重要和最具象征性的一类。保护性质的圆的观念在人类社会普遍存在，而在婚姻中则表现为各种形式的装饰品。

（一）婚姻中的圆形佩饰

圆形代表永恒、和谐和圆满，婚姻中的圆形象征物，正是借助圆形的这些保护性质，对婚姻的一种祝福和祈祷。西方文化中有关婚姻的图案，包括四种传统的象征意义：紧握双手代表婚姻中的男女，石榴象征多子多孙，麦穗意味着繁荣和再生，所有的一切都包含在一个由麦穗组成的圆形之中，这象征着天长地久（见图2-10：1）[1]。印度教的婚姻习俗，新郎要在新娘的脖颈处用丝带打个结，此举也是通过借助保护性质的圆形来寓意婚姻的和谐美满[2]。

婚姻中的圆形装饰品不胜枚举，但应用最广泛、影响最深远的佩饰当数

---

[1] 参见［英］特里锡德著，石毅译：《象征之旅——符号及其意义》，中央编译出版社，2001年，第36页。

[2] 参见［英］特里锡德著，石毅译：《象征之旅——符号及其意义》，中央编译出版社，2001年，第36页。

戒指。戒指历史悠久，流传至今的最古老的戒指源自埃及。这些戒指上雕刻
有圣甲虫或是图章，作为护身符和私人印章使用（见图2-10:2）[1]。3世纪左右，
戒指被普遍用作凭证，尤其是作为人们缔结契约的证明，许多戒指的戒面被
雕刻成印章，而在这种契约凭证传统基础之上，戒指日后就成了缔结婚姻这
一特殊的"契约"的证明[2]。

1   2

图2-10　西方文化中的戒指及其象征

1　西方婚姻象征图
2　古埃及印章戒指

　　古罗马人将戒指应用于婚姻风俗，作为订婚和结婚的象征，这样的风俗
一直延续至今。根据《罗马法》记载，当时人们在缔结婚约时会相互赠送戒
指。古罗马学者普林尼（Pliny）在《博物志》一书中记载，这种订婚戒指曾
经是铁质的[3]。

　　在现藏于米兰布雷拉美术馆的一幅拉斐尔的画作《圣母的婚礼》中，祭
司正命令玛利亚与约翰把手互相靠近，让约翰将戒指戴到玛利亚的手指上。
虽然是宗教绘画，但所表现的内容场景却是欧洲文艺复兴时代的风俗画卷

① ［英］特里锡德著，石毅译：《象征之旅——符号及其意义》，中央编译出版社，2001年，
第135页。
② 参见［日］滨本隆志著，钱杭译：《戒指的文化史》，上海书店，2004年，第49页。
③ 参见［日］滨本隆志著，钱杭译：《戒指的文化史》，上海书店，2004年，第48～49页。

（见图 2-11）①。

图 2-11　［意］拉斐尔：《圣母的婚礼》

　　人类佩戴的各种装饰品，其本质都是保护佩戴者免受各种灾祸的护身符。在具备了这样的前提条件后，装饰品的审美作用方才被人们所关注。所以实用和美观两者在此并不矛盾，任何事物的产生，其实用功能都要早于其装饰功能。戒指在人类社会的发展历程中，其属性发生了几番变化：戒指起初是保佑个人平安无恙的护身符，这一点与前文论述的装饰品的起源互相印证；因为它是人们随身携配之物，与佩戴者的所属关系十分明确，故也被当成代表个人信用的印章和凭证；而随后被用作婚姻证物，则说明婚姻在某种

① 张弘苑主编：《世界名画全集》，京华出版社，2001年，第123页。

程度上来说也是人类的一种契约形式，不但是婚姻双方男女的契约，更是家族的契约。人类学家路威认为，婚姻本身便是两个家族间建立的契约①。

西方社会注重契约的关系，所以将原本代表个人信用和契约关系的戒指用作缔结婚姻的纽带，并成为一直流传后世的古老传统。现代社会的戒指习俗与西方国家的影响密切相关，日本便是在明治维新后逐渐引入的，而在古代少见戒指的风俗，仅仅是作为巫术祭祀活动的法器。既然是契约，当然要有缔结契约的信物，戒指就是这样产生的。起初是人与神的神圣契约的信物，而此事转嫁到人与人之间的平等契约，所以神圣的意味不言而喻。路威更加直截了当，他说："婚姻是一种契约。"② 现代人普遍接受戒指作为婚姻的象征，是对西方国家戒指传统的继承和认可。与西方社会以戒指作为婚姻象征的传统不同，东方社会并没有这种习俗。例如日本，春城秀尔认为，自圣德太子确定官位十二阶制度以后，日本便进入了一个不用耳饰、颈饰和腕饰等附属装饰品的时代，在此后一直持续了1100年。虽然绳文、弥生、古坟时代出土过少量戒指，但却并不能证明戒指在古代日本曾经达到相当流行和普及的程度。尤其是冲之岛祭祀遗址出土的戒指，考虑到它所在的位置，与其说它是单纯的装饰品，还不如说它是包含着强烈巫咒意义的象征物③。中国古代的戒指，虽然并未发挥其契约凭证的作用，也不曾以戒指作为婚姻的象征，但是却有以戒指为定情物的习俗，例如汉末诗人繁钦《定情诗》曰："何以致拳拳？绾臂双金环。何以道殷勤？约指一双银。""约指"即戒指。中国古代戒指的起源似乎与宫廷嫔妃制度有关，是装饰品实用功能早于装饰功能的另一种证明，在此之后，戒指方才逐渐演变成为纯粹的装饰品，并快速流行起来。

钏环没有发挥戒指具有的契约功能，至少其影响力不如戒指那样广泛深远，为全世界所接受。虽然除戒指外，欧洲国家也曾有以环钏作为聘礼的例子，如滨本隆志的《戒指的文化史》中引用德国的古老法律文献《萨克森法

① ［美］罗伯特·路威著，吕叔湘译：《文明与野蛮》，生活·读书·新知三联书店，1992年，第 125 页。
② ［美］罗伯特·路威著，吕叔湘译：《文明与野蛮》，生活·读书·新知三联书店，1992年，第 132 页。
③ 参见［日］滨本隆志著，钱杭译：《戒指的文化史》，上海书店，2004 年，第 204 页。

典》（1224—1225 年），法典上记载了当时为新娘准备的嫁妆，其中包括羊、鹅、毛线、衣服、桌布、毛巾、亚麻布、弥撒书、椅子以及戒指、手镯等等，基本上都是实用物品①。其中，戒指显然是西方男女缔结婚姻的物件，而手镯则是新娘美丽的装饰品。

（二）环钏致情

环钏曾在古代婚姻风俗中发挥过重要的作用，即使无关婚姻，环钏也是古代男女之间表达情感的媒介。

我国古代男女两情相悦往往赠以环钏，颇有定情的意思。汉末诗人繁钦《定情诗》曰："何以致拳拳？绾臂双金环。""何以致契阔？绕腕双条脱。"② 唐沈亚之《定情乐》诗曰："感郎双条脱，新破八幅绡。"③ 描述的正是男子向心仪的姑娘赠送"金环"和"条脱"以寄相思。其实，不唯男子会向心上人赠送环钏，女子同样也会赠送环钏给钟情之人。《真诰·运象篇》中曾记载东晋人羊权巧遇仙女萼绿华一事："萼绿华者，自云是南山人，不知是何山也。女子，年二十。上下青衣，颜色绝整，以升平三年十一月（东晋穆帝年号，359 年）一日夜降羊权。自此往来，一日之中，辄六过来耳。云本姓杨，赠权诗一篇，并致火浣布手巾一枚、金玉条脱各一枚。条脱乃太而异精好。"④ 此事虽为仙道之说，看似不经，但从另一方面也说明当时社会上存在女子赠环钏定情的事例。此外，绿华赠条脱一事，历来为后人津津乐道，李商隐引以而赋《中元作》一诗，诗曰："羊权须得金条脱，温峤终虚玉镜台。"⑤ 乐雷发《游紫霞洞歌》亦曰："绿华赠我金条脱，安期分我红景丹。"⑥

---

① 参见［日］滨本隆志著，钱杭译：《戒指的文化史》，上海书店，2004 年，第 57 页。
② 丁保福编：《全汉三国晋南北朝诗》，中华书局，1959 年，第 194 页。
③ ［唐］沈亚之：《定情乐》，见《全唐诗》卷四百九十四，中华书局，1960 年，第 5590 页。
④ ［梁］陶弘景辑，［日］吉川忠夫、麦谷邦夫编，朱越利译：《真诰校注》卷一《运象》，中国社会科学出版社，2006 年，第 1 页。
⑤ ［唐］李商隐著，［清］冯浩笺注，蒋凡点校：《玉溪生诗集笺注》，上海古籍出版社，2007 年，第 702 页。
⑥ ［清］厉鹗辑撰：《宋诗纪事》卷六十七，上海古籍出版社，1983 年，第 1678 页。

　　即使在现代，许多国家和少数民族仍然保留着环钏致情的传统，视环钏为结婚、订婚或有了心上人的标志。环钏在印度、巴基斯坦以及孟加拉国风俗文化中有重要的意义，从其风土人情中就能轻易地体会到这一点。在巴基斯坦，女子的手镯不但是精美的装饰品，还是女子身份的标志，尤其是对于已婚女子来说，手镯就是其已婚身份的标志。手镯的种类繁多，如金、银、铜、铁、象牙、珍珠、玻璃、塑料等，姑娘在结婚时娘家的陪嫁中必有手镯，手镯的质量视家庭情况而定。新娘的婆家也必须赠送若干手镯。婚礼上，娘家和婆家赠送的手镯要分别戴在新娘的左右小臂上。已婚的女子便"镯不离腕"，常年佩戴手镯。但是，孀居的女子是绝对不能佩戴任何手镯的，一旦丈夫去世，首先要做的事便是摘下手镯，并将其打碎[1]。印度最有影响力的宗教——印度教，十分重视婚姻仪式，婚礼环节中在举行擦姜黄仪式时，除了给准新人全身擦上名为"比迪"的姜黄和芥子油的混合物外，还要将他们的双手各绑上一只手镯，手镯上饰有小贝壳、槟榔、铁圈和姜黄，象征吉祥如意，并能驱鬼辟邪。在举行帕德仪式时，新娘的舅父还给新娘准备沙丽、手镯和脚环等[2]。《中国民族民俗文物辞典》中介绍了佤族女子较为奇特的手镯腕饰。她们的环钏用银、铝或铜片做成，宽窄大小不一，最宽的达 10 厘米，最窄的有 3～4 厘米；镯面镂刻花草、田地、水波等花纹，以扁圆实心为多；每对重约 200 克，多作为老人传给后代的礼物，亦为男青年送给情人的信物。在广西金秀瑶族自治县，男女都戴手钏，此风俗至今不衰。手钏也是男女青年的定情信物，也可被老人用作重大事件的信物[3]。

（三）聘以环钏

　　环钏也是中国古代婚嫁中的重要聘礼。《太平御览》卷七一八《服用部》

① 参见孟燕著：《耳环·项链·戒指——五彩缤纷的服饰习俗》，四川人民出版社，1992年，第 116 页。
② 王树英著：《印度文化与民俗》，四川民族出版社，1987 年，第 132 页。
③ 参见宋兆麟等主编：《中国民族民俗文物大辞典》，山西人民出版社，2004 年，第 69、103 页。

"钏"条引《东宫旧事》曰："皇太子纳妃有金钏二双。"① 据《隋书·经籍志》载："晋《东宫旧事》十卷。"② 可见，最晚到晋代，钏已成为嫁娶中重要的聘礼之一，这种传统一直影响着后世。《隋书·林邑传》曰："每有婚媾，令媒者赍金银钏、酒二壶、鱼数头，至女家。"③《宋史·礼志》"诸王纳妃"条曰："宋朝之制，诸王聘礼，赐嫁白金万两。……黄金钗钏四双、条脱一副。"④ 南宋吴自牧《梦粱录》卷二十《嫁娶》曰："且论聘礼，富贵之家当备三金送之，则金钏、金镯、金帔坠者是也。若以铺席宅舍，或无金器，以银镀代之。否则贫富不同，亦从其便。此无定法耳。"⑤ 宫廷和民间皆以环钏为固定的聘礼之一，唯一的区别只是环钏品质各有优劣而已。

不唯我国如此，其他国家也有以环钏为聘礼的嫁娶风俗。《太平御览》卷七一八《服用部》"钏"条引《交州记》曰："波斯王以金钏聘斯调王女也。"⑥《交州记》约成书于晋代，此时相当于波斯的阿契美尼德时代，正如前文所述，波斯向来有举国戴钏的风俗，尤其是波斯王，更以环钏作为其尊贵地位的标志，故以钏聘娶，应该正是情理之中。

环钏成为固定的聘礼，应该与先时其为定情物密切相关。此外，圆形佩饰的保护性质也是人们将其列为聘礼的重要原因之一。

古代婚姻程序有"六礼"，依次为纳采、问名、纳吉、纳征、请期、亲迎。"六礼"并非一成不变，时易事迁，迨及宋代已经将其简省合并为"三礼"。《宋史·礼志》曰："士庶人婚礼。并问名于纳采，并请期于纳成。"⑦ 于是只存纳采、纳吉、纳征和亲迎"四礼"。《朱子家礼》又将纳吉简省，仅保留纳采、纳征和亲迎"三礼"。 明代因袭"三礼"，《明史·礼志》载明代分别于洪武元年（1368 年）和嘉靖十年（1531 年）两次规定，遵循《朱子家

---

① ［宋］李昉等撰：《太平御览》卷七一八《服用部》，中华书局影印本，1960 年，第 3183 页。
② 《隋书》卷三十三《经籍志》，中华书局，1973 年，第 967 页。
③ 《隋书》卷八十二《林邑传》，中华书局，1975 年，第 1832 页。
④ 《宋史》卷一一八《礼志》，中华书局，1977 年，第 2735 页。
⑤ ［宋］吴自牧等撰：《梦粱录》卷二十《嫁娶》，山东友谊出版社，2001 年，第 281 页。
⑥ ［宋］李昉等撰：《太平御览》卷七一八《服用部》，中华书局影印本，1960 年，第 3183 页。
⑦ 《宋史》卷一一五《礼志》，中华书局，1977 年，第 2740 页。

礼》规定的纳采、纳币（纳征）和亲迎"三礼"。《明史·礼志九》曰："宋制与唐同，《朱子家礼》昏币用色缯，贫富随宜，少不过两，多不过十。更用钗钏、羊酒、果实等物，今拟国朝庶人昏娶。"①

"六礼"中的第四道程序"纳征"是由男方家庭提供聘礼，遣媒人送往女方家中。起初，纳征的物品较为质朴，《仪礼·士昏礼》曰："纳征，玄纁、束帛、俪皮，如纳吉礼。"②及至东汉，纳征已增至三十物之多。宋郑樵《通志》卷四十四《公侯大夫士婚礼》条曰："后汉众百官六礼，辞大略因于周制而礼物凡三十种，各有谒文，外有赞文。"又按曰："后汉之俗，聘礼三十物者，以玄纁、羊、雁、清酒、白酒、粳米、稷米、蒲苇、卷柏、嘉禾、长命缕、胶、漆、五色丝、合欢铃、九子墨、金线、禄得、香草、凤凰合利兽、鸳鸯受福兽、鱼麋乌丸子、妇阳燧鑽凡二十八物，又有丹为书。"③长命缕和五彩丝具有特殊的意义，与汉代的阴阳五行思想密切相关，两者蕴含类似的吉祥寓意。汉应劭《风俗通义》曰："五月五日，以五彩丝系臂，一名长命缕，一名续命缕，一名辟兵缯，一名五色缕，一名朱索，辟兵及鬼，命人不病温。"④五彩丝也蕴含着美好的心愿。《西京杂记》卷三《戚夫人侍儿言宫中事》曰：（七月七日）"以五彩缕相羁，谓为相连爱。"⑤。可见，东汉婚礼纳征中的长命缕和五彩丝作为聘礼，显然是寄寓了美好的寓意，人们希望借此保佑新人幸福安康、百年好合。

除了有驱邪避秽和祈求姻缘，五彩丝也是乞巧的重要道具。旧历以七月七日为牵牛、织女二星相会之时，俗以当夕穿针"乞巧"。南朝梁宗懔《荆楚岁时记》曰："七月七日，为牵牛织女聚会之夜。是夕，人家妇女结彩缕，穿七孔针……有喜子网于瓜上，则以为符应。"⑥宋张敦颐《六朝事迹编类》卷

① 《明史》卷五十五《礼志》，中华书局，1964年，第1403～1404页。
② ［汉］郑玄注，［唐］贾公彦疏：《仪礼注疏》卷四《士昏礼》，上海古籍出版社，1990年，第41页。
③ ［宋］郑樵撰：《通志》卷四十四《礼》，中华书局，1987年，第588～589页。
④ ［汉］应劭撰，王利器校注：《风俗通义校注》，中华书局，1981年，第605页。
⑤ ［汉］刘歆撰，［晋］葛洪集，向新阳、刘克任校注：《西京杂记校注》，上海古籍出版社，1991年，第138页。
⑥ ［梁］宗懔撰，宋金龙校注：《荆楚岁时记》，山西人民出版社，1987年，第54～55页。

四"层城观"条曰:"《舆地志》云:齐武帝七月七日使宫人集此。是夕穿针以为乞巧之所,亦曰穿针,在台城内。"① 所谓"喜子"即蜘蛛,《尔雅·释虫》"蟏蛸长踦"条晋郭璞注曰:"小蜘蛛长脚者,俗呼为喜子。"宋邢昺引陆机疏曰:"荆州河南人谓之喜母。此虫来着人衣,当有亲客至,有喜也。"② 宋罗愿《尔雅翼》卷八"瓜"条曰:"荆楚之俗,七月七日,牵牛织女会,乃设瓜果于庭中。有喜子网于瓜上,则以为得巧,以织女主瓜云。"③ 七夕乞巧这一古老的风俗,历久弥新,已经深刻融入中华民族传统文化中。

无论是七夕乞巧还是驱邪避秽,抑或是婚礼纳征的重要对象,五彩丝(长命缕)都包含着美好的祝福。纳征中的五彩丝(长命缕)是供新人系缠于手臂的,这样的风俗与前文介绍的印度教婚礼上新郎在新娘脖颈处系结丝带的风俗类似,因此,也可视为保护性圆形的应用。后世以钏为婚嫁聘礼的风俗也许正是受到汉晋以来五彩丝(长命缕)为纳征之物的启发吧。

(四)聘礼"三金"

钏环是古代嫁娶必不可少的聘礼之一,甚至缺少环钏,婚礼也不能如期举行。《太平广记》卷八十《方士五》讲述了一则五代时蜀国术士何奎之事,曰:"我为嫁娉,少环钏钗篦之属,尔能致之乎?"④ 可见,时人早已将环钏视为嫁娶中一项不可或缺的重要聘礼。

而世俗竞尚浮华,对环钏等贵重聘礼的索求,成为一时流俗。《说郛》卷二十五《杭州流俗》曰:"行都人多易贫乏者,以其无常产、借夫借钱造屋、弃产作亲,此浙西人之常情,而行都人尤甚。其或借债,等得钱首先饰门户,则有漆器装折,却日逐籴米而食。妻孥皆衣敝衣,跣足而带金银钗钏。"⑤ 这样竞逐虚荣的社会风气,使人们生活困窘,也使婚姻发生了质变。于是,人们常常对古代社会的嫁娶聘礼、嫁妆产生误解,认为聘礼的出现往

---

① [宋]张敦颐撰,张忱石点校:《六朝事迹编类》卷四《楼台门》,上海古籍出版社,1995年,第55页。
② [清]郝懿行撰:《尔雅义疏》卷十五《释虫》,上海古籍出版社,1983年,第1155页。
③ [宋]罗愿撰,石云孙等点校:《尔雅翼》,黄山书社,1991年,第84页。
④ [宋]李昉等编:《太平广记》卷八十《方士五》,中华书局影印本,1981年,第513页。
⑤ [元]陶宗仪撰:《说郛》卷二十五《杭州流俗》,上海古籍出版社,1988年,第454页。

往将女子降低到一个可以买卖的地位，而嫁妆则被看成收买丈夫的手段。当然，这样的观念并非正确，无论是聘礼还是嫁妆，都不能代表将配偶视为商品。但是，与早期人类社会曾经出现过的掠夺式婚姻相比，聘礼显然是高度发达的文化模式[①]。聘礼和嫁妆在努力为婚姻提供坚固的经济基础上，团结了新娘和新郎的家庭，以保证婚姻的持久和圆满。而对婚姻的保护显然也正是人们选择将环钏作为聘礼的重要原因之一，环钏所具有的保护性象征意义再一次得到体现。

南宋吴自牧《梦粱录·嫁娶》所言"三金"，乃指金钏、金镯和金帔坠三件佩饰，此三者是宋代以来婚嫁聘礼中重要的组成部分。"三金"中的金钏、金镯虽都可泛指环钏，但此处单独列出，显然是各有所指。"金镯"是指一般意义上的环钏，不足为奇，但"金钏"在此处则是特指古代一种形制特殊的环钏——条脱。条脱在前文中也曾多次出现。简言之，条脱不是我国固有的佩饰，而是域外的舶来品，从其名曰"条脱"便不难推测。后文将对其来源单独展开论述，此处暂略。

霞帔坠（金帔坠）则是一种历久不衰的佩饰，其所指的是悬挂在霞帔底部的缀饰，其目的是使霞帔平展下垂。帔是一种细长的织物，套于颈肩，垂于胸腹，东汉刘熙《释名·释衣服》曰："帔，披也。披肩背不及下也。"清王先谦引《二仪实录》注曰："三代无帔说，秦有披帛，以缣帛为之，汉即以罗，晋永嘉中制缝晕帔子。是披帛始于秦，帔始于晋也。"[②]古代女子披帛，霞帔即由披帛发展而来，但又不同于披帛。"霞帔"一词始见于唐代，宋程大昌《演繁露》"霞帔"条曰："唐睿宗召司马承祯问道，遂赐绛霞红帔以还。公卿赋诗送之，今世之谓霞帔者殆起此耶。"[③]自宋代以后，霞帔成为女子礼服的一种重要装饰。宋高承《事物纪原》卷三"帔"条引《实录》曰："三代无帔说；秦有披帛，以缣帛为之；汉即以罗；晋永嘉中，制绛晕帔子；开元中，

---

① 参见［美］拉尔斐·比尔斯等著，骆继光等译：《文化人类学》，河北教育出版社，1993年，第333页。

② ［汉］刘熙撰，［清］王先谦撰集：《释名疏证补》卷五《释衣服》，上海古籍出版社，1984年，第257页。

③ ［宋］程大昌：《演繁露》，见陶宗仪纂：《说郛》卷五十七，中国书店，1988年，第402页。

令三（根据上下文语境，'三'应该是'王'字之误）妃以下通服之。是披帛始于秦，帔始于晋矣。今代帔有二等，霞帔非恩赐不得服，为妇人之命服；而直帔通用于民间也。唐制，士庶女子在室搭披帛。出适披帔子，以别出处之义，今仕族亦有循用者。"① 可见，霞帔是有一定身份地位的女子（命妇）使用的礼服佩饰。

故宫南熏殿所藏《历代帝后像》，其中有宋宣祖昭宪皇后像，人物冠凤冠、着鞠衣、加霞帔大带。《中国历代妇女装饰》一书根据画像，复原出北宋皇后霞帔图（见图2-12：1）②。从图中可见，悬挂于霞帔末端的霞帔坠，其主要的功能就是保持霞帔平展下垂。同时，霞帔坠本身精雕细琢，也是增加服饰整体美感的装饰品。《岐阳王世家图集》中所绘明代命妇朱佛女画像，人物亦凤冠霞帔，霞帔末端缀挂一坠（见图2-12：2）③。从中人们能够直观地观察到霞帔具体的佩戴情形。

考古发掘也曾多次发现宋代的霞帔坠实物，南京幕府山北宋墓曾出土一件金质霞帔坠，高8.5厘米，宽5.7厘米，外轮廓呈心形，透雕凤凰牡丹图案（见图2-12：3）④。此外，江苏武进蒋塘南宋墓，一共出土三件鎏金银质霞帔坠⑤。福州南宋淳祐三年（1243年），黄升墓亦出土银霞帔坠⑥。元明两代也均有霞帔坠出土，其中明代藩王墓出土的霞帔坠以湖北钟祥梁庄王墓出土的凤纹金帔坠为代表（见图2-12：4）⑦。其外形呈桃形，中空，尖端衔一钩（此钩应是为便于悬挂于霞帔而设），器体两面均为镂空的凤纹。明代对霞帔的使用有严格的规定。《明史·舆服志》记载了上自皇后、公主下到各级命妇衣冠服饰，而霞帔则是身份等级的重要标志。与明代相比，宋代霞帔的使用则较

---

① ［宋］高承撰，［明］李果订，金圆、许沛点校：《事物纪原》卷三，中华书局，1989年，第150页。
② 周汛、高春明著：《中国历代妇女装饰》，上海学林出版社，1991年，第240页。
③ 杨泓、孙机著：《寻常的精致》，辽宁教育出版社，1996年，第50页。
④ 南京市博物馆：《南宋幕府山宋墓清理简报》，《文物》，1982年第3期，第28～30页。
⑤ 陈晶、陈丽华：《江苏武进村前南宋墓清理纪要》，《考古》，1986年第3期，第247～260页。
⑥ 福建省博物馆：《福州北郊南宋墓清理简报》，《文物》，1977年第7期，第1～17页。
⑦ 湖北省文物考古研究所等：《湖北钟祥明代梁庄王墓发掘简报》，《文物》，2003年第5期，第4～23页。

为宽松，《宋史·舆服志》载南宋后妃常服曰："大袖，生色领，长裙，霞帔，玉坠子；背子、生色领皆用绛罗，盖与臣下不异。"[1] 霞帔成为女子礼服的组成部分，始自宋代，因为是初创阶段，尚未形成严格的等级制度，也正因如此，民间嫁娶才会出现包括金帔坠在内的"三金"。

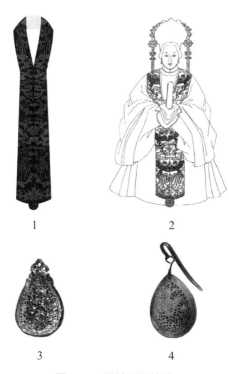

1   2

3   4

图 2-12　霞帔及霞帔坠

　　1 北宋宣祖昭宪皇后霞帔（复原图）

　　2 明代命妇朱佛女像

　　3 南京幕府山宋墓出土的霞帔坠

　　4 湖北钟祥明代梁庄王墓出土的凤纹金帔坠

　　明代虽然对服饰等级有严格的规定，《大明律》对服饰僭越的行为也有严厉的惩处，但是对于民间庶人婚礼冠服的使用管理却较宽松。《明史·舆服

---

① 《宋史》卷一五一《舆服志》，中华书局，1978 年，第 3535 页。

志》曰："庶人衣冠。明初，庶人婚，许假九品服。"①《明史》卷五十五《礼志》"庶人婚礼"条又曰："朱子《家礼》无问名、纳吉，止纳采、纳币、请期。洪武元年定制用之；下令禁指腹、割衫襟为亲者。凡庶人娶妇，男年十六，女年十四以上，并听婚娶。婚常服，或假九品服，妇服花钗大袖。其纳采、纳币、请期，略仿品官之仪。"②庶人婚嫁可以借穿九品服，在一定程度上满足了人们的虚荣心。

环钏是中国古代婚嫁聘礼中重要的组成部分，无论是宫廷还是民间，对此十分讲究，从《梦粱录》中关于民间嫁娶聘礼的论述就可以看出，甚至无环钏不成婚。而历代史书《舆服志》《车服志》所载各个王朝皇室婚姻中也有不同等级的环钏的聘礼，说明在整个社会中普遍存在这样的风气，影响既广泛又深远。

三、环钏护身功能

历史上，女子在社会中普遍没有独立的人格，无论东西方皆然。女子始终处于依附的地位。即使以"民主"为标榜的古罗马共和国，其真正的情形却是奴隶意志丧失、孩子意志欠缺、女子意志无效。女子不能参与选举投票，不能担任元老院议员，不能当官任职③。女子在普遍缺乏政治地位的前提下，在经济上也是受制于人，尽管如此，以环钏为代表的装饰品却给女子以切实的保障。

（一）女子"钗钏"

钗与钏是中国古代女子最常用的装饰品。钗是女子绾发首饰，《康熙字典》"金"部"钗"条注引《玉篇》曰："钗，妇人歧笄也。"④钗也是女子成年的标志，《礼记·内则》曰：（女子）"十有五年而笄。"⑤《礼记·士昏礼》

① 《明史》卷六十七《舆服志》，中华书局，1964年，第1649页。
② 《明史》卷五十五《礼志》，中华书局，1964年，第1403页。
③ Richard A.Bauman,Women and Politics in Ancient Rome. Routledge, 1992, pp.152-158.
④ ［清］张玉书等编：《康熙字典》，上海书店，1994年，1449页。
⑤ ［汉］郑玄注，［唐］孔颖达正义：《礼记正义》卷二十八《内则》，上海古籍出版社，1990年，第537页。

亦曰："妇人十五许嫁，笄而礼之，称字。"① 一般来说，女子 15 岁便开始改变发型，绾发贯钗（笄），以示其成年并可以出嫁。钗兼有实用和装饰两种功能。即使是贫寒人家的女子也必是"荆钗布裙"。唐王建《失钗怨》诗曰："贫女铜钗惜于玉，失却来寻一日哭。嫁时女伴与作妆，头戴此钗如凤凰。"② 可见钗对古代女子的重要性，对于贫女来说，即便是铜钗也弥足珍贵，遗失了自然会心痛。同时，因为钗是古代女子人人皆有之物，故其也被当作女子的代称，如"拙荆"便是古人对妻子的谦称。白居易《酬思黯戏赠同用狂字》诗曰："钟乳三千两，金钗十二行。"自注曰："思黯……歌舞之伎颇多。"③ 显然是以"金钗"作为歌姬舞女的代称。清龚自珍《驿鼓三首·其二》诗曰："钗满高楼灯满城，风花未免态纵横。"④ 也是以"钗"代指女子。

环钏亦是古代女子最为常见的佩饰，寻常人家的女子自然如唐刘禹锡《竹枝词九首·其九》诗曰："银钏金钗来负水，长刀短笠去烧畲。"⑤ 或是如唐元稹《相和歌辞·估客乐》诗曰："鍮石打臂钏，糯米吹项缨"。⑥ 所谓"鍮石"，是一种含杂质的金属，《太平御览》卷八一三《珍宝部》引《广志》曰："鍮石，似金亦有与金杂者，淘之则分。"⑦ 银和鍮石并非特别的珍贵材料，故一般女子以之为环钏。而贵族女子，则通常以金玉为环钏，至于《南史·废帝东昏侯宝卷传》曰：（潘妃）"虎魄钏一双，直百七十万。"⑧ 这显然是暴殄天物了。

唐宋之际，女子还曾流行以琉璃为环钏佩饰。《新唐书·五行志》称唐末"世俗以尚以琉璃为钗钏。近服妖也"⑨。《新唐书·车服志》亦曰："庶人女嫁

① ［汉］郑玄注，［唐］贾公彦疏：《仪礼注疏》卷六《士昏礼》，上海古籍出版社，1990 年，第 59 页。
② ［唐］王建著，尹占华校注：《王建诗集校注》卷一，巴蜀书社，2006 年，第 40 页。
③ ［唐］白居易著，顾学颉校点：《白居易集》卷四十五，中华书局，1979 年，第 767 页。
④ ［清］龚自珍著：《龚自珍全集》第九辑，上海人民出版社，1975 年，第 443 页。
⑤ ［宋］郭茂倩辑：《乐府诗集》卷八十一《竹枝》，上海古籍出版社，1992 年，第 688 页。
⑥ ［唐］元稹撰：《元氏长庆集》卷二十三《乐府》，上海古籍出版社，1994 年，第 123 页。
⑦ ［宋］李昉等撰：《太平御览》卷八一三《珍宝部》，中华书局影印本，1960 年，第 3615 页。
⑧ 《南史》卷五《废帝东昏侯宝卷传》，中华书局，1975 年，第 104 页。
⑨ 《新唐书》卷三十四《五行志》，中华书局，1975 年，第 879 页。

有花钗，以金银琉璃涂饰之。"①《宋史·五行志》亦曰："绍熙元年，里巷妇女以琉璃为首饰。《唐志》琉璃钗钏有流离之兆，亦服妖也，后连年有流徙之厄。"② 考古发掘曾发现宋代的玻璃饰物，湖南长沙南宋墓曾出土南宋时代的玻璃簪，呈细长的圆柱状，长约 7.9 厘米（见图 2-13：1）。1974 年，浙江衢州南宋史绳祖墓中还发现了玻璃方胜形和西瓜子形玻璃饰件，这些玻璃饰件可以与文献记载相印证（见图 2-13：2）。暂不论以琉璃为环钏是否为"服妖"，但从这些事例可反映出古代女子对钗钏的偏爱，她们积极寻找制作环钏的新材料。

1   2

图 2-13　考古出土南宋琉璃饰物

1 湖南长沙南宋墓出土的玻璃簪

2 浙江衢州南宋史绳祖墓出土的玻璃饰件

不唯中原汉女对环钏钟爱有加，其他民族的女子也都垂青于环钏。《梁书·诸夷传》曰："（高昌）女子头发辫而不垂，着锦缬缨珞环钏。"③《宋书·索虏传》曰："关中盖吴反逆，扇动陇右氐、羌，彼复使人就而诱劝之，丈夫遗以弓矢，妇人遗以环钏。"④ 氐羌女子若非对环钏十分偏爱，又怎能轻易被收买，应该算是投其所好吧。《隋书·附国传》曰："其俗以皮为帽，……项系铁锁，手贯铜钏。"⑤《新唐书·回鹘传》曰：（白霫）"以赤皮缘衣，妇贯铜钏。"⑥ 甚至殡葬礼仪中也使用环钏。《旧唐书·堕婆登国传》曰："其死者

①《新唐书》卷二十四《车服志》，中华书局，1975 年，第 524 页。

②《宋史》卷六十五《五行志》，中华书局，1978 年，第 1430 页。

③《梁书》卷五十四《诸夷》，中华书局，1973 年，第 811 页。

④《宋书》卷九十五《索虏传》，中华书局，1974 年，第 2346 页。

⑤《隋书》卷八十三《附国传》，中华书局，1975 年，第 1858 页。

⑥《新唐书》卷二一七《回鹘传》，中华书局，1975 年，第 6145 页。

口实以金，又以金钏贯于四肢，然后加以婆律膏及龙脑等香，积柴以燔之。"①虽然此乃堕婆登国习俗，但也体现出了环钏具有的保护性巫咒意义。

古时女子可以说是钗钏不离身，钗钏既是实用的物件，也是装饰，甚至死后也随之下葬。《南史》卷十六《王玄象传》载王玄象好发人冢地："剖棺见一女子，年可二十，姿质若生，卧而言曰：我东海王家女，应生，资财相奉，幸勿见害。女臂有玉钏，破冢者斩臂取之，于是女复死。"②此事虽为不经之谈，但从中可见女子环钏不离身的事实。《旧唐书》卷一一〇《崔光远传》曰：（李奂）"将士肆其剽劫妇女，有金银臂钏，兵士皆断其腕以取之，乱杀数千人。"③这些逃难的女子，倘若不是平日一直随身佩戴钗钏，谁会在慌乱之际临时去搜罗这些身外之物，所以这也从侧面证明，钗钏为女子随身佩戴之物，也正因为如此，才给乱军以可乘之机，横刀劫掠。

（二）环钏的经济保障

环钏虽然且以装饰功能为主，但对于女子来说，环钏何尝不是其生活的保障。古时男尊女卑的社会现实，不但使女子处于依附地位，更使其在经济上受制于人，甚至其穿戴的服饰也只是为了取悦他人和展示主人的财富。所幸，女子一般都环钏不离身，在经济困窘时以环钏易物，以解燃眉之急。《太平御览》卷七一八《服用部》"钏"条曰："（王昭）好学，常有鬻异事书于市者，其母将为买之，搜索家财不足其价，唯箧中有金钏数枚，既而叹曰：何爱此物，令吾子不有异闻乎？促令货易之。"④唐杜甫《喜闻官军已临贼境二十韵》诗曰："家家卖钗钏，只待献春醪。"⑤此诗乃肃宗至德二年（757年）郭子仪收复京师长安时所作，百姓纷纷变卖钗钏劳军，颇有些箪食壶浆的意味。此事一则说明了钗钏为女子常见佩饰，无论家境如何，都会拥有若干；

① 《旧唐书》卷一九七《堕婆登传》，中华书局，1975 年，第 5273 页。

② 《南史》卷十六《王玄象传》，中华书局，1975 年，第 468 页。

③ 《旧唐书》卷一十一《崔光远传》，中华书局，1975 年，第 3319 页。

④ ［宋］李昉等撰：《太平御览》卷七一八《服用部》，中华书局影印本，1960 年，第 3183 页。

⑤ ［唐］杜甫著，［清］钱谦益笺注：《钱注杜诗》卷十，上海古籍出版社，2009 年，第 323 页。

再则也说明了钗钏为体己家私，具有应急功能，一旦人们的生活陷入困难，环钏便是基本生活的保障。

许地山先生论述过装饰品为女子被奴役的标志，但也承认装饰品在另一方面也为女子的生活提供了现实的保障。耳环和手镯等，实际上是奴役人的工具。但是大约在掠婚（抢夺婚）时代后，人们便开始用贵重的材料去制作这些东西。那时的女子虽说是由父母选择配偶，但父母的财产一点都不能带去，父母因为爱子的缘故，便用贵重的材料去制作这些装饰品，一来可以留住那些象征服从的记号，二来也可以使子女间接地继承家业。现在的印度人还有类似这样虽不成文却心照不宣的做法，印度女子也是不能继承父母的家业的，到了要出嫁的时候，父母就用金磅或是银钱给她做装饰，将这些金钱串联起来当作饰品佩戴。如此，也就没有人说那是父母的财产了。印度的新妇满身用"金磅链子"围住，也是和用贵重材料去做装饰一样，不过印度人的方法妥当而间接，不像用金银去打首饰这样费周折便了[①]。总之，这也说明女子的首饰就是她的私房身家。

钗钏之类的佩饰，或是源于父母家族的馈赠，或是来自配偶的给予，虽然是美丽的装饰，但是因为它是由贵重的材料制作的，也便具有了同货币一样的支付功能。由此可见，在私有制社会，女子虽然是依附者，在经济上也不独立，然而却可以通过婚嫁中的聘礼或是父母长辈的馈赠而在一定程度上获得和继承一部分财产。

黄金自古以来就是人类梦寐以求的财富，也是在任何条件下都通用的天然货币。古代女子的环钏虽然制作材料多样，或为金银铜铁，或为玉石琉璃，或是更为奇异的琥珀等，但最为常见的仍是"金钏""金环"。黄金这种贵金属，直接可以进入流通领域，所以金环、金钏便自然具有了存储财富的功能，女子随身佩戴环钏，等于将大部分身家随身携带。

女子能够自主掌握一部分财富，能够为其生活提供有限的保障。然而，女子一旦拥有了一定数量的财富，便会引起父权家长制国家的警觉。前215年罗马共和国颁布奥庇安法，以立法的形式禁止女子佩戴超过半盎司以上的黄金装饰品。冠冕堂皇的缘由是国家要聚敛财富、储备黄金，以便支持军队

---

① 参见许地山：《女子的服饰》，见李宽双等编：《人生四事》，湖南出版社，1995年，第29页。

进行军事战略扩张。后来，随着军队在占领地区的劫掠搜刮而积聚了巨额财富，奥庇安法也终于在20年后（前195年）正式废除[①]。国家立法限制女子佩戴黄金佩饰的数量，并非出于反对骄奢、追求质朴的高尚目的，而是对女子掌控的财富数量的限制甚至是剥夺，其中反映出父权家长制度下女子缺乏自主权和经济地位。

可见在古代社会，环钏的意义不单是一件装饰品，也是妇女地位的标志，女子无论出身如何，家境是否贫富，都一律佩戴环钏，作为贴身不离的物品。未嫁少女如此，譬如东海王氏女；嫁作人妇亦如此，甚至在死后也不离左右。《南史·王玄象传》以及《搜神后记》等书都有亡故女子臂有玉钏等的记载。至于《旧唐书》载乱兵劫掠士女，断腕取钏，说明逃难的女子多随身佩戴环钏。古代"出妻"是可以保留随身佩戴的环钏的，唐张籍《离妇》诗曰："与我古时钏，留我嫁时衣"[②]，描述的是"出妻"弃妇的情形。"古时钏"不一定就是当初嫁娶时的聘礼之一，也许就是离妇从娘家带来的妆奁，或许还是其未出阁时的故物。总之，说明环钏作为女子的随身佩饰，女子本人对其有很大的自主权，可以按照自己的意愿处理，尤其是当婚姻失败时，这也许便是她以后生活的依靠了。

（三）民俗中的环钏

前文论述过保护性圆形在人类社会中普遍存在，并被应用于人类生活的方方面面。装饰品中也体现出了这种保护性的圆形，例如环钏之类的佩饰，兼有实际意义上的物理防护功能和象征意义的巫咒保护功能。随着时代的发展，环钏的形制历经演变，逐渐成为精致美丽的装饰品，其所蕴含的保护功能也逐渐集中在其象征性的保护上。

虽然各类装饰品不是天生为女子专属，但女子却显然是装饰品的主要消费者。《正字通》曰：（环钏）"古男女通用，今唯女子饰。"[③] 环钏亦大多

---

① 杨共乐编：《罗马共和国时期》，商务印书馆，1998年，第57页。

② ［唐］张籍著，李冬生注：《张籍集注》，黄山书社，1988年，第10页。

③ 参见［清］张玉书等撰：《康熙字典》"金"部"钏"条注引《正字通》，上海书店，1990年，第1449页。

是女子的装饰品。人们普遍认为女子佩戴装饰品的目的主要是审美方面的满足——无论是在男尊女卑的社会，女子无奈而"为悦己者容"；还是现代社会新女性所倡导的"女为悦己容"，体现的都是佩饰的装饰功能。佩饰能给女子增加画龙点睛的亮点，这显然是有目共睹的事实。至于装饰品的经济价值，人们更多地会联想到买卖婚姻的特性，女子又不得不面对身份私属的残酷事实，以及装饰品的象征服从和隶属。

然而，抛开私有制和买卖婚姻，为何不能将带有保护性质的装饰品看成对女子的保护？以环钏为代表的装饰品，为何不能就被视为女子的护身符？环钏的保护性质，前文已经论述，古代的武士、弓箭手、卫兵，甚至是国王都以其作为护身符，保护性圆形的观念并没有性别的差异，所以环钏也理应作为女子的护身符。与男子相比，女子在体质、体力方面均有明显的劣势。古代凯尔特勇士嗜血而勇猛，他们钟爱动物题材的纹饰和佩饰，如狼、熊和龙。狼生性凶猛残暴，令人望而生畏，但也正因如此，狼的形象在凯尔特人的文化中备受推崇，以狼头为装饰的手镯和项链就很受欢迎；熊迟钝笨拙，然而一旦发起怒来，就会变成致命杀手；而龙更是神力和超自然力的代表。这些猛兽纹饰或装饰在盾牌、头盔等兵器上，或装饰于环钏手镯等佩饰上，象征使用者和佩戴者的勇气和无畏精神，这也是凯尔特英雄的标志。将狼、熊、龙这些猛兽作为佩饰尤其是环钏手镯的主题，是凯尔特人对交感巫术的应用。勇士们希望获得等同于这些猛兽的力量，在战斗中取胜，同时也是对自我的保护。至今还流传着许多凯尔特传说，比如魔力无边的戒指等，反映出古代凯尔特人对于圆形装饰品巫咒保护痴迷不已。号称"不死的波斯勇士"，他们的手臂上也佩戴着纤细的环钏，显然不是为了物理防护，而是要以此获得神灵的护佑。凯尔特勇士和波斯战士尚且以环钏为护身符，保佑肉体与灵魂牢固相连，则对于在体力、体质上远不及他们的女子来说，显然更为迫切地需要以环钏作为她们的护身符。从环钏的象征性保护方面来看，这也许便是环钏的最积极的意义了吧。

女子的弱势地位，是由客观的生理条件决定的，但更大程度上是由父权家长制社会造成的。"正统"的思想可以强调女子的柔弱，顺从"男强女弱""男尊女卑"。不过，前文论述的环钗对女子的经济作用，何尝不是一种更为切实的保障？佩戴首饰的出发点，从男权的角度来看是为了使女子服从，并刻意地去强调这点。《丑陋的人体》中探讨女子佩饰而男子则否的原因，其中一个重要的依据就是女子卑微的地位，迫使女子不得不为悦己者容，而穿耳附珠最初也是限制女子自由行动的枷锁。然而在实际应用上，环钏等却为女子提供了经济方面的储备，故不仅仅是女子象征意义上的护身符。

女子的弱势地位，既受客观的生理因素的限制，也受到历史原因的影响。然而，人们对于幼小的孩子也都有保护的本能和义务。即使在动物界，无关伦理约束，保护幼小也是一种重要的生物本能。

装饰品中圆形象征性的保护也被施用于儿童，至今仍存在给儿童戴手镯、脚钏和挂项圈的风俗，就是这种象征性保护的体现。鲁迅先生曾在《故乡》中描述中国 20 世纪初的民间风俗，少年闰土的形象："紫色的圆脸，头戴一顶小毡帽，颈上套一个明晃晃的银项圈，这可见他的父亲十分爱他，怕他死去，所以在神佛面前许下愿心，用圈子将他套住了。"[①] 给儿童戴项圈，体现出保护性圆形的观念，人们相信用圆环状的佩饰能将孩子圈在安全的范围之内（前文分析过圆形的内径，是安全的范围）。项圈还常常与锁片搭配，挂于儿童的脖颈上，称作"项锁"或"项圈锁"。徐珂《清稗类钞·服饰类》曰："嘉庆时，扬州玉肆有颈圈锁一，式作海棠四瓣。当颈一圈，弯长七寸。"[②] 锁，又称长命锁、寄名锁等。项圈锁作为儿童的颈饰多见于明清。根据民间的风俗，父母恐孩子夭殇，特选择子女众多的人家作孩子的寄父、寄母，亦有寄名与诸神或僧尼者。寄名之后，即以锁形饰物挂在孩子颈间，表示借助神灵之力辟邪。一般孩子出生后不久即佩戴这种饰物，直至成年后方解去。项圈与锁如此搭配，"圈锁"的意味就更加明确了，意味着父母将儿童牢牢地守护住，远离疾病和灾难，得以长命百岁。

儿童是弱小的群体，尤其是需要保护的人。除了戴在脖颈上的项圈，在儿童的四肢——双手腕和双脚腕佩戴环钏也被认为有同等的保护作用。清徐珂《清稗类钞·服饰类》"足钏"条曰："足之有钏，闽、粤之男女为多，以银为之。男长大，即卸之。女非嫁后产子不除也，而缠足者则无。"[③] 清沈复

① 鲁迅著：《故乡》，见《呐喊》，人民文学出版社，1973 年，第 66 页。
② ［清］徐珂撰：《清稗类钞》之《服饰类》，中华书局，1986 年，第 6223 ～ 6224 页。
③ ［清］徐珂撰：《清稗类钞》之《服饰类》，中华书局，1986 年，第 6226 页。

《浮生六记·浪游记快》亦曰："有着短袜而撮绣花蝴蝶履者，有赤足而套银脚镯者。"① 所言乃是岭南女子装扮，因其常赤足，故在脚腕上戴镯。至于汉女，因其囿于礼法，顾及男女之大防，且五代以后汉女又多缠足，故少有足腕戴钏者。

至今，居住于我国西南、东南等地区的少数民族儿童佩戴类似的脚钏和手环。布依族、壮族的孩童若多病爱哭，即被认为是孩童的魂魄被鬼怪摄去，故会请武士为其"破番"（意为"锁命"）。具体的做法是，巫师一边念咒，一边把病儿的手用针扎出血，然后用红、白、黑三色棉线拧为一股，分成三段，分别系在其手腕、脚踝和脖颈上，以此锁住魂魄，有时也会用银镯或铜镯代替。居住在贵州台江县施洞、反排等地的苗族男女幼童，手上都会佩戴带有响铃的环钏。而体弱多病的孩子，按照巫师的旨意，要戴一条小银链或是银铜混绞而成的手镯，以防魂魄出走。哈尼族的幼儿也在手上戴细细的银圈，目的是保魂辟邪②。居住在广西环江的毛南族认为小孩体弱多病，是因为有鬼附身，又因为鬼怕银，故银能驱鬼，因此制成银项圈，挂在体弱多病的小孩脖颈之上，驱鬼护身③。在广西瑶族地区，民间称手镯为"保命圈"。瑶族少年男女，一旦身体衰弱或是得了大病，久治无效，其父母便会设法打制一只或是一对银制手镯，为患儿带上，以求祛病辟邪，保佑其长命百岁。这种保命圈须有不同姓氏的12名成年男子捐资打造，并选择吉时佩戴，一旦戴上保命圈，一般便不再脱下，伴随一生，死后随葬④。

儿童佩戴项圈锁片、手环、脚钏的形象在传世绘画中多有体现。北宋佚名所作《小庭婴戏图》，其中玩耍的诸小儿双腕均套一环钏，而其中一小儿颈戴项圈锁片，垂在胸前若隐若现（见图2-14：1）⑤。此画作是当时社会生活场景的真实写照，生动地体现出北宋时期的民间风俗。此外，宋苏汉臣所绘《货郎

---

① ［清］沈复著：《浮生六记》卷四《浪游记快》，江苏古籍出版社，2000年，第57页。
② 参见杨鹍国著：《符号与象征——中国少数民族服饰文化》，北京出版社，2000年，第132～133页。
③ 参见刘锡诚、王文宝主编：《中国象征辞典》，天津教育出版社，1991年，第329页。
④ 参见刘锡诚、王文宝主编：《中国象征辞典》，天津教育出版社，1991年，第103页。
⑤ 刘人岛主编：《中国传世人物名画全集》，中国戏剧出版社，2001年，第137页。

图》《冬日婴戏图》以及宋陈宗训的《秋庭戏婴图》（见图 2-14：2）[1] 等，表现的也是画中诸孩童皆项挂缨珞项圈，双腕各戴一环钏的装扮。其中，也有在双脚腕处也各戴一环钏者。环钏等装饰品的保护性作用在画中体现得淋漓尽致。

1

2

图 2-14　传世绘画《戏婴图》

1 北宋·佚名《小庭婴戏图》

2 北宋·陈宗训《秋亭戏婴图》

---

[1] 中国古代绘画鉴定组编：《中国绘画全集》卷 3《五代宋辽金卷》，浙江人民美术出版社、文物出版社，1997 年，第 141 页。

给儿童带上保护性质的圆环形佩饰是由来已久的风俗。《晋书·傅畅传》曰："畅字世道。年五岁，父友见儿戏之，解畅衣，取其金环与侍者，畅不之惜，以此赏之。"[1] 傅畅身上所配金环应该就属于带有保护性质的佩饰，其功能应该与后世的孩童身上佩戴的环钏相同。《宋史》卷四百六十五《郑兴裔传》曰："军妇杨杀邻舍儿，取其臂钏而弃其尸。"[2] 这个遭遇不幸的孩子手臂上的环钏也应是其父母长辈为了保其长命安康而特意准备的，也许与傅畅身佩的金环类似。

值得注意的是，项圈在世界各大古老文明遗迹中均可觅其踪影，从美索不达米亚、地中海流域至欧亚草原青铜时代的骑马民族遗存都有项圈存世。希腊历史学家阿里安（Arrian）曾经在《亚历山大远征记》中记录，波斯国王居鲁士葬于帕萨伽代成的陵墓，其尸身上原装饰有大量的黄金制品，包括颈饰、臂饰以及镶嵌宝石的黄金缀饰[3]。希罗多德也曾说过，波斯王薛西斯的1万精兵，均披挂大量的黄金饰物，以昭示其英武过人。类似的传统在欧亚大陆青铜时代的草原骑马民族也存在，无论男女均披金戴银。2000年，俄罗斯图瓦共和国北境南西伯利亚萨彦——阿尔泰地区发掘的一座贵族夫妇合葬墓葬（阿尔赞2号坟冢），该墓的绝对年代在前7世纪，主椁室中出土了大量金器，其中就包括男女墓主人随身佩戴的金项圈。男性墓主所戴金项圈上部呈圆柱状，表面浮雕山羊、野猪、虎等搏斗的复杂场景，前部为弯曲的四方体；女性墓主人的项圈则呈月牙形，两端由金链相连（见图2-15：1）[4]。

类似的弯月状项圈，在乌克兰第聂伯罗彼得罗夫斯克州也曾出现过。此件希腊工艺的金项圈时代约为前4世纪，造型精美绝伦，整体呈宽扁的月牙形，分成三条花纹带，装饰有透雕纹饰，两末端装饰狮头，狮口附环，狮颈饰花纹带，连一段金丝编制的短链子，用合页将两末端接到项圈本体上。透雕纹饰包括表现斯基泰人的生活场景，如制羊皮、挤羊奶等，以及源自西亚

---

① 《晋书》卷四十七《傅畅传》，中华书局，1974年，第1333页。
② 《宋史》卷四六五《郑兴裔传》，中华书局，1978年，第13594页。
③ ［古希腊］阿里安著，［英］E. 伊利夫·罗布逊英译，李活译：《亚历山大远征记》，商务印书馆，2017年，第250～251页。
④ 马健：《黄金制品所见中亚草原与中国早期文化交流》，《西域研究》，2009年第3期，第50～64页。

的有翼神兽——飞翔的格里芬，两两相对的骏马，体现出斯基泰人的审美取向——不同于希腊人对于骏马的珍爱，斯基泰人却将其置于格里芬的爪牙之下（见图 2-15：2）。

 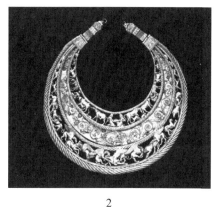

1   2

图 2-15　项圈

1 阿尔泰 M2 出土的金项圈
2 斯基泰金项圈

　　骑马民族普遍存在佩戴大量装饰品的风俗。大英博物馆所藏青铜时代的凯尔特人的遗存，宽大的金项圈是较为常见的金银饰品。古罗马历史学家狄奥多罗斯（Diodorus）曾记录欧洲的凯尔特人喜欢聚敛大量黄金，将其打制成各种装饰品，不但女人佩戴，男人也不例外，他们在手臂和手腕处套上臂环，脖子上也戴着硕大的金项圈。欧亚草原的骑马民族披挂贵重饰物的传统与其游牧迁徙、居无定所的生活习性密切相关。他们将贵金属制成精美的装饰，等于将财富随身携带。而对于热衷征战攻伐的武士而言，厚重的黄金项圈不但是财富和荣耀的象征，也是不可或缺的护身装备。

　　在我国境内考古发掘北方匈奴和西南羌人的遗存均发现有项圈实物，说明匈奴人和羌人也有佩戴包括项圈在内的装饰品的传统，这应该与骑马民族的影响有关。但是中原地区佩戴项圈的传统，就目前所见资料显示，则最迟始于唐代。1958 年陕西耀县（今铜川市耀州区）柳林唐代窖藏出土一批时代约唐宣宗大中年间（即 9 世纪中期）的银器。这批唐代银器包括一件银项圈，呈薄身月牙形状，两端云头，长 14.5 厘米，宽 3 厘米，通体光素，无任何纹饰①。说明中原地区至晚在唐代已经有佩戴项圈的习俗。佩戴者以未成年的婴孩居多，成年男子则未见有佩戴，这一点与西方明显不同。

中原汉人佩戴项圈很可能与佛教的传播有关。随着佛教东渐，带有犍陀罗风格的佛教造像也逐渐出现在人们的视野中。受希腊影响的犍陀罗造像，在服饰方面也继承了地中海风格。该造像美国弗吉尼亚美术馆藏一件贵霜时代弥勒造像，整体带有强烈的希腊罗马艺术风。该造像上身袒露，下身着裙，肩披天衣，足蹑攀带鞋，右手抬举，左手持瓶，其脖颈间的项饰有两种，一种为较长的项链，另一种则为宽扁状项圈（见图 2-16：1）②。自西晋、十六国时期开始，我国佛教造像活动兴起，类似的造像多有存世。日本藤井有邻馆藏一件陕西三元原出土的十六国时期的鎏金菩萨立像，其颈部饰物繁复，包括一条下垂的长项链和一件宽扁状项圈（见图 2-16：2）③。通过比较，不难发现两者的相似之处。

造像活动产生了大量佛教偶像，这些外来的神祇在接受人们膜拜的同时，其异域装扮也令人大开眼界，项圈很可能由此被人们认知，而时至唐代，便已然变成俗世的装饰品。唐代的项圈大多呈宽扁的月牙状，在形制上与斯基泰项圈、犍陀罗菩萨佩戴的项圈类似，其直接来源应该正是犍陀罗菩萨造像。因其别具一格的优美形制，又属菩萨庄严，给孩童佩戴则自然而然带有菩萨护身的意味。后世民俗认为项圈能保佑孩童健康成长，远离疾病灾祸，大概也由此衍生。

---

① 刘向群、朱捷元：《陕西省耀县柳林背阴村出土一批唐代银器》，《文物》，1966 年第 1 期，第 46～47 页。

② Vincent Arthur Smith. Arts of India. Parkstone Press, 2003, p171.

③ 黄春和著：《汉传佛像时代与风格》，文物出版社，2010 年，第 42 页。

1   2

图 2-16   佛教造像

1 弗吉尼亚美术馆藏贵霜时代弥勒造像

2 藤井有邻馆藏我国十六国时期鎏金菩萨像

除作为孩童辟邪的护身符外,年轻女子也将项圈作为颈间的装饰品,但这也已是后话。虽然在《簪花仕女图》中出现一位颈戴项圈的宫妃,但相关研究者或认为该画绘制时代晚于唐,且画面中或混入后人补笔,鉴于此,便不能确定画面反映的内容是否是唐代的真实情况。然而,从服饰史的角度分析,自唐而始,女子逐渐重视颈部装饰。西安韦顼墓石椁线刻图中,其中就有一位颈配珠串的侍女(见图 2-17:1)[①]。此外,1985 年陕西咸阳长武县郭村唐墓出土的一件彩绘双环髻女俑,在颀长的脖颈间也有一件珠串饰物(见图 2-17:2)[②]。白居易《霓裳羽衣舞歌》有"钿璎累累佩珊珊"之言,用以描绘盛饰华服的大唐仕女,或可与之相互印证。也正是因为唐代女子开始佩戴颈饰,项圈才逐渐成为大众化的装饰品。

---

① 李杰著:《勒石与勾描:唐代石椁人物线刻的绘画风格学研究》,人民美术出版社,2012 年,第 35 页。

② 陕西省咸阳市文物局编:《咸阳文物精华》,文物出版社,2002 年,第 87 页。

1   2

图 2-17　佩戴项饰的唐仕女

1 韦顼墓石椁线刻侍女
2 咸阳郭村唐墓出土的彩绘女俑

　　宋元时期，项圈形制上大体上继承了唐代宽扁状的特点，佩戴项圈者仍以孩童、仕女居多。与此同时，另有一类项圈，整体趋向纤细，在此基础上又增加一枚长命锁，将这件外来的装饰品与固有的民俗结合起来，成为带有辟邪护身意味的吉祥物。传世的宋元婴戏类绘画中常见童子项戴长命锁项圈的形象。明清时期则以此类长命锁项圈最为常见，唐伯虎绘《洞箫侍女图》中美人颈配金锁项圈，金锁缀于胸前，与满头珠翠相互呼应，装饰效果显著。

　　此外，清代爱竹轩年画中的童子也佩戴类似样式的长命锁项圈，对儿童而言，这是保佑其长命百岁的护身符。项圈和长命锁的固定组合，具有长命富贵的美好意义，这种民俗深入人心，绵延至今。小孩子佩戴环钏项圈之类的装饰品，包含了长辈希望他们长命安康的吉祥寓意，也具有驱邪避秽的作用。小孩子一旦成年，尤其是男子，便不再佩戴这些长命护身符了。徐珂《清稗类钞》所言："足之有钏，……男长大，即卸之。女非嫁后产子，不除也。"男孩成年后踏入成人社会，自然不会继续使用"惟女子饰用"的东西；而女子则大可不必褪去，当然，这不一定尽为"非嫁后产子，不除也"的原因。时至今日，民间仍然有给儿童佩戴手足环钏的风俗，手镯、脚环和项圈，寄寓了长辈美好的祝福和心愿，这正是对传统的继承和保留。

第三章　环钏与中外交流

　　前文论述环钏的历史，曾提及条脱、钗臂、缠臂金、随求，它们虽然同属于环钏类的手臂装饰品，但其形制却与中国古代传统的环钏迥异。学者曾推测其为源自异域的舶来品，笔者深受启发，通过文献史料、考古材料以及传世文物等，试图对其渊源作一番考证。

　　我国和西亚诸国自古以来就有密切的交往。佛教的传入和流行是文化交往最深刻和最具影响力的事件。伴随着佛教自西而来，与其相关的事物也被夹带着传入。我国古代的环钏类装饰品种，其中不乏形制特殊、名称奇特者，比如条脱、钗臂和随求。实际上，条脱、钗臂、随求之类环钏的出现，正是佛教东传的结果。

第一节　缠绕式条脱

　　条脱是形制特殊的腕部装饰品，是用一条细长的金属丝（或金属条）盘绕成若干圈，形成如弹簧状的结构，此外还另在首尾两端用纤细的金属丝缠绕，这样一方面可以调节条脱各圈的松紧，另一方面还能将首尾固定，防止整体松散。从南京太平门外曹国山明代墓葬（见图 3-1）[1] 以及南京太平门外明正德十二年（1517 年）徐俌夫人墓出土的条脱实物，可以观察到条脱的基本形制。

---

① 南京市博物馆编：《明朝首饰冠服》，科学出版社，2000 年，第 156 页。

图 3-1　南京曹国山明代墓出土的金条脱

目前考古发掘所得最早的条脱实物发现于贵州平坝马场，其中三座东晋南朝时代的墓葬中都发现有银制或铜制条脱，均为细长的金属丝螺旋盘绕而成[①]。这种以纤细的金属丝缠绕而成的条脱一直到唐宋仍不乏其例。但是自元代起，便开始以宽扁的金属片制作，并一直影响后世。

"条脱"一词始见于东汉末，东汉繁钦在《定情诗》曰："何以致契阔？绕腕双条脱。"[②] 条脱也写作"跳脱"和"跳达"，《玉台新咏》收录此诗则写作："何以致契阔？绕腕双跳脱。"[③] 而在梁宗懔《荆楚岁时记》和唐徐坚等撰《初学记》中引用此诗，却为："何以致契阔？绕腕双跳达。"[④] 对于条脱、跳脱、跳达，古代学者或认为是在流传转引过程中产生的笔误，清陈元龙《格致镜原》卷五十五香奁器物"钏"条引述《枕谈》语："条脱……一作条达，又作跳脱，盖转写之误也。"[⑤] 或认为是因为条、跳二字，脱、达二字读音相似，故可以通用，明人方以智《通雅》卷三十四曰"条脱"条曰："此类物名

① 贵州省博物馆考古组：《贵州平坝马场东晋南朝墓发掘简报》，《考古》，1973 年第 6 期，第 345～355 页。

② 丁保福编：《全汉三国晋南北朝诗》，中华书局，1959 年，第 194 页。

③ ［南朝］徐陵编，［清］吴兆宜注，穆克宏点校：《玉台新咏笺注》卷一，中华书局，1985 年，第 40 页。

④ ［唐］徐坚等著：《初学记》，中华书局，1962 年，第 74 页。

⑤ ［清］陈元龙撰：《格致镜原》卷五十五，广陵古籍刻印社，1989 年，第 625 页。

本无正字，皆以声呼，何拘之有？"①

条脱也称为"钏"，《通雅》卷三十四引《卢氏杂说》曰："文宗问宰臣：条达是何物？宰臣未对。上曰：《真诰》言安妃有金条脱，为臂饰，即今钏也。"② 钏源于东汉，宋高承《事物纪原》曰："钏，《通俗文》曰：'臂环谓之钏，后汉孙程等十九人立顺帝有功，各赐金钏、指环，则金钏之起，汉已有之。'"③ 从中可知，至少在此时，钏尚为男女通用，否则，顺帝也不会将此物赏赐给有功的宦者。此后，钏（条脱）却逐渐成为女子专用的装饰品。《康熙字典·金部》释"钏"引《正字通》曰："（钏）古男女同用，今惟女饰有之。"④ 考古发现的实物都是女性墓葬出土，如湖南临湘陆城南宋墓⑤和安徽安庆棋盘山元墓⑥出土的条脱，都是女性墓主人的随葬品。南京太平门外正德十二年徐俌夫人王氏墓出土一对金钏（金条脱），这对金钏用扁金盘成七圈，直径7.2～7.8厘米，高7厘米；每圈用四道金线相连，上下两头左右可活动以便松紧，一头以金丝相缠，一头扁金面上阴刻缠枝莲、牡丹纹；一重213.5克，一重220.3克⑦。明代典籍称这种表面錾刻花纹的金钏为"金花钏"。《天水冰山录·镯钏条》曰："金花钏一十件（共重七十四两二钱）。"⑧ 指的正是这种金钏（金条脱）。"钏"广义上是对装饰手臂的圆环状饰物的通称，条脱当然属于"钏"，"钏"有时也专指条脱。中国历史文献中所言"钏"，很多情况下是特指条脱。正如前文南宋吴自牧《梦粱录·嫁娶》曰"三金"乃金钏、金镯和金帔坠，此处特言"金钏"则正是金条脱无疑，否则金钏和金镯均为环钏通称，两者并称岂不重复？

---

① ［明］方以智著：《通雅》卷三十四，中国书店影印本，1990年，第403页。
② ［明］方以智著：《通雅》卷三十四，中国书店影印本，1990年，第407页。
③ ［宋］高承撰，［清］李果订：《事物纪原》卷三，中华书局，1989年，第152页。
④ ［清］张玉书等编：《康熙字典》，上海书店，1994年，第1449页。
⑤ 湖南省博物馆：《湖南临湘陆城宋元墓清理简报》，《考古》，1988年第1期，第63～65页。
⑥ 白冠西：《安庆市棋盘山发现的元墓介绍》，《文物参考资料》，1957年第5期，第52～54页。
⑦ 南京市文保会、南京市博物馆：《明徐达五世孙徐俌夫妇墓》，《文物》，1982年第2期，第28～33页。
⑧ ［明］陆深著：《天水冰山录》，北京古籍出版社，2002年，第134页。

　　条脱曾一度被误认为是戴在上臂的装饰品，但实际上却是佩于手腕，文献、传世绘画以及考古发现的实物都能证明这一点。文献多将条脱解释为臂饰。《格致镜原》卷五十五"钏"条，引《枕谈》曰："条脱，臂饰也。"①《玉台新咏》收录繁钦《定情诗》注引殷芸《小说》曰："金条脱为臂饰。"②这便令后人望文生义，认为条脱是戴在上臂的装饰品。之所以误解，是因为"臂"在古代汉语和现代汉语中表达的意义发生了变化。现代汉语中"臂"指的是胳膊，更偏重于指上臂，而在古代，"臂"却是指手腕。《康熙字典》"肉部"释"臂"曰："臂，《说文》：手上也。《广韵》：肱也。《增韵》：腕也。《正字通》：今谓自肩至肘，曰臑。自肘至腕，曰臂。"

　　可见，"臂"在古代就是指腕，有时也包括手腕到肘部的部位，与现代汉语不同。理解了这个细节，就可知古代文献中的"臂饰"实际上是指戴在手腕的装饰品，故条脱是戴在手腕的装饰品。

　　考古资料更能直观地说明条脱是戴在腕部的。唐周昉《簪花仕女图》中仕女的双腕佩戴一对金条脱（见图3-2：1）。河南省偃师市酒流沟宋墓画像砖上的几位妇女，似为酒店饭馆的厨娘，她们将衣袖翻卷到肘部，烫酒斫鲙，进行烹饪，戴在她们双腕上的条脱清晰可辨（见图3-2：2）。上文所述安庆棋盘山元墓发现的一对银条脱，出土时正是佩于女性墓主人的双腕上③。

　　另有诗文为证，繁钦诗"绕腕双条脱"，"腕"毫无疑义是指手腕，所以条脱戴在手腕的部位。《艺文类聚》卷十八引《名士悦倾城》曰："袖轻见跳脱，珠摵杂青虫。"④曹植《美女篇》诗曰："攘袖见素手，皓腕约金环。"⑤李白《句》诗曰："举袖露条脱，招我饭胡麻。"⑥若不是戴在手腕，怎能轻轻一举袖就露出来？古代女子衣袖宽大，条脱作为装饰品若是戴在上臂，便一定

① ［清］陈元龙撰：《格致镜原》卷五十五，广陵古籍刻印社，1989年，第625页。
② ［南朝］徐陵编，［清］吴兆宜注，穆克宏点校：《玉台新咏笺注》卷一，中华书局，1985年，第40页。
③ 《偃师县酒流沟水库宋墓》，《文物》，1959年第9期，第83～84页。
④ ［唐］欧阳询撰：《艺文类聚》卷十八，上海古籍出版社，1982年，第327页。
⑤ ［南朝］徐陵编，［清］吴兆宜注，穆克宏点校：《玉台新咏笺注》卷二，中华书局，1985年，第62页。
⑥ ［唐］李白著，［清］王琦注：《李太白集注》卷三十，中华书局，1977年，第1418页。

被层叠的衣袖遮住而无法显露，也就失去了装饰的意义。

1   2

图 3-2   佩戴跳脱的女子图像

1 唐·周昉《簪花仕女图》中戴条脱的仕女
2 河南省偃师市酒流沟宋墓壁画戴条脱的厨娘

古人认为条脱是由汉代"长命缕"发展而来的佩饰，蕴含强烈的巫咒性质和五行术数思想。汉代风俗，"五月五日，以五彩丝系臂，一名长命缕、一名续命缕、一名辟兵缯、一名五色缕、一名朱索，辟兵及鬼，命人不病温。"[1]在五月五日这天，人们用五色的丝线系在手臂上（更确切地说是系在手腕上），以驱邪避病，防止兵灾。五彩丝就是条脱的雏形，《初学记》"五月五日"条引周处《风土记》曰："仲夏端午……造百索系臂，一名长命缕、一名续命缕、一名辟兵缯、一名五色缕、一名五色丝、一名朱索，又有条达等织组杂物以相赠遗。"[2]《初学记》又引《玉烛宝典》曰："此节备疑甚多，其来尚矣，又有日月星辰鸟兽之状，文绣金缕帖画，贡献所尊，古诗云：绕臂双条达。"[3] 引述除与繁钦原诗略有出外，著者一致认为五彩丝就是繁钦《定情

---

① ［汉］应劭撰，［清］王利器校注：《风俗通义校注》，中华书局，1981 年，第 605 页。
② ［唐］徐坚等著：《初学记》，中华书局，1962 年，第 74 页。
③ ［唐］徐坚等著：《初学记》，中华书局，1962 年，第 74 页。

诗》中提到的"条脱"。《通雅》卷三十四"条脱"条方以智按:"周处《风土记》曰:仲夏造百索系臂,又有条达等织组杂物以相赠遗。唐徐坚等著《初学记》引古诗:绕腕双条达。"① 也认为条脱源自"长命缕"。

长命缕,能使佩戴者辟邪、避兵、长命安康,故也称为续命缕、辟兵缯、五色缕和朱索等②。以五彩丝线制作长命缕,此法与汉代巫术密切相关,亦体现出了汉代流行的五行思想。在五行观念中,世界是由五种基本元素构成的,即金、木、水、火、土。《周易·系辞上》曰:"天数五、地数五,五位相得而各有合。"晋韩康伯注曰:"五五数相配,以合成金木水火土。"③《春秋繁露·五行对》亦曰:"天有五行,木火土金水是也。"④ 世间万物都是在五行基础上衍变而成的,人们生活的方方面面无不受五行影响。五行生四时,应五色、五方、五气等。《春秋繁露·五行之义》曰:"木居东方而生春气,火居南方而主夏气,金居西方而主秋气,水居北方而主冬气。……土居中央为之天润。"⑤ 古人甚至认为人的各种疾病也分别对应五行,《周礼·天官·疾医》曰:"疾医掌万民之疾病……以五味、五谷、五药养其病,五气、五声、五色视其死生。"汉郑玄注曰:"五色,面貌之青赤黄白黑也,察其盈虚休王,吉凶可知也。"唐贾公彦疏曰:"云五色面貌之青赤黄白黑也者,此据五方东方木色青、南方火色赤、中央土色黄、西方金色白、北方水色黑。"⑥ 即通过观察患者的五气、五声、五色,诊断病情。五色(五彩)应五行,分别指青、赤、黄、白、黑五色。五色又分别代表五方:"东方谓之青、南方谓之赤、西方谓之白、北方谓之黑……地谓之黄。"⑦ 五色除了能反映病情外,还能避兵、避鬼,"夏至着五彩,辟兵,题曰游光。游光,厉鬼也,知其名者无瘟疾。五

---

① 〔明〕方以智:《通雅》,中国书店影印本,1990年,第407~408页。

② 〔汉〕应劭撰,王利器校注:《风俗通义校注》,中华书局,1981年,第605页。

③ 〔晋〕韩康伯注,〔唐〕陆德明音义,〔唐〕孔颖达疏:《周易注疏》,上海古籍出版社,1989年,第54页。

④ 〔汉〕董仲舒著:《春秋繁露》卷五,上海古籍出版社,1989年,第63页。

⑤ 〔汉〕董仲舒著:《春秋繁露》卷十一,上海古籍出版社,1989年,第65~66页。

⑥ 〔汉〕郑玄注,〔唐〕贾公彦疏:《周礼注疏》卷五,上海古籍出版社,1990年,第73页。

⑦ 〔汉〕郑玄注,〔唐〕贾公彦疏:《周礼注疏》卷四十,上海古籍出版社,1990年,第621页。

彩，避五兵也"①。这显然是一种受五行观念影响而产生的厌胜巫术。

正如前文所述，厌胜是"古代巫师设计的具有魔力的物品，是以巫术的魔力压制鬼邪的表现，反抗律的原则一般以厌胜为其基础，避邪物是反抗巫术常用的手段"②。汉代巫术思想盛行，神秘的五行术数极为兴盛，五色代表五方，具有强大的防御功能，能防御厉鬼等凶险之物。就性质而言，长命缕其实就是一件厌胜符咒。汉代巫觋设计出各种厌胜物，以此压制鬼邪的妖力，长命缕便是其中之一。

长命缕作为一种厌胜，在汉代社会影响广泛而深远，人们普遍认为它有神奇的功效。"五月五日，赐五色续命缕，俗说以益人命。"③甚至皇室贵族也流行佩戴。《西京杂记》卷一《身毒国宝镜》条曰："宣帝被收系郡邸狱，臂上犹带（卢文弨本又作'常带'）史良娣合彩婉转丝绳。"④宣帝当时为婴儿，竟也佩戴续命缕（长命缕）。皇室尚且如此，民间则更加仿效，也正因为有如此神效，源于长命缕的条脱自汉代至明代一直风行，历久不衰。汉人的这一风俗也影响了其他民族。《辽史》五十三《礼志六》"嘉仪"条曰："五月重五日，午时，采艾叶和绵着衣，七事以奉天子，北南臣僚各赐三事，君臣宴乐，渤海膳夫进艾糕。以五彩丝为索缠臂，谓之合欢结。又以彩丝宛转为人形簪之，谓之长命缕。国语谓是日为讨塞咿呢。讨，五；赛咿呢，月也。"⑤

历代文人墨客都曾将端午日系长命五彩缕的古老风俗吟诵到诗歌中去。唐徐坚等撰《初学记》卷四《岁时部下》"五月五日"条引南朝梁王筠《五日望采时》诗曰："长彩表良节，命缕应嘉辰。"又引北魏魏收《五日诗》曰："辟兵书鬼字，神印题灵文。"⑥五代花蕊夫人《宫词》诗曰："端午生衣进御床，赭黄罗帕覆金箱。美人捧入南熏殿，玉腕斜封彩缕长。"⑦苏轼《浣溪

---

① ［汉］应劭撰，王利器校注：《风俗通义校注》，中华书局，1981年，第605页。
② 高国藩著：《中国巫术史》，生活·读书·新知 三联书店，1999年，第123页。
③ ［汉］应劭撰，王利器校注：《风俗通义校注》，中华书局，1981年，第605页。
④ ［汉］刘歆撰，［晋］葛洪集，向新阳、刘克任校注：《西京杂记校注》，上海古籍出版社，1991年，第28～29页。
⑤《辽史》卷五十三《礼志》，中华书局，1974年，第878页。
⑥ ［唐］徐坚等著：《初学记》卷四，中华书局，2004年，第74～75页。
⑦ ［五代］花蕊夫人：《宫词》，见《全唐诗》卷七百九十八，中华书局，1960年，第8973页。

沙·端午》词曰："彩线轻缠玉臂，小符斜挂绿云鬟。"《皇太后阁五首》诗曰："辟兵已佩灵符小，续命仍萦彩缕长。不为祈禳得天助，要随风俗乐时康。"① 宋梅尧臣《午日三首》诗曰："佳人五色缕，道士绛囊符。瘦臂不中系，百邪何用驱。"② 宋周彦质《宫词》诗曰："不宜夏景销酥腕，似觉新来百索宽。"③ 以上均是关于端午系五彩丝的风俗，可见此风俗影响甚广。

虽然古代学者认为条脱是由长命缕演变而来的，但实际上却是长期的误解。沈从文先生在《中国古代服饰研究》一书中曾说："戴长蛇式绕腕多匝的金镯……时人以为来自东南亚。……还是唐代旧式，即唐诗中常提及的'金条脱'。"④ 他对条脱进行了初步的考证，并在一定程度上纠正了前人的误判。条脱是古代女子常见的环钏配饰，不但在诗文中经常被吟咏，在传世绘画以及考古发掘中也屡见不鲜。

沈从文先生的考证，为后人探求条脱来源提供了线索和启发。单就"条脱"其名，就能想象得到此非中华传统固有名物。正如古代文献中记载的那样，匈奴人称带钩为"师比"，鲜卑人称发钗为"步摇"，"条脱"十之八九也是一个外来词。

古代印度有悠久且丰富的装饰品文化传统，上自国王贵臣，下迨平民商贾，无不佩戴装饰品。唐玄奘《大唐西域记·印度总述》"衣饰"条曰："首冠花鬘，身佩璎珞。……国王、大臣，服玩良异。花鬘宝冠，以为首饰；环钏璎珞，而作身佩。其有富商、大贾，唯钏而已。"⑤ 从中可见，环钏是其中重要的装饰品之一，通过观察古代印度的宗教造像、壁画等，都可以说明其装饰品文化纷繁复杂的程度。与此同时，印度自古与我国交往密切，其中不乏物质文化的交流。唐人郑处诲撰《明皇杂录》卷上《玉龙子》曰："唐天后

---

① ［宋］苏轼著，［清］冯应榴辑注，黄任轲等点校：《苏轼诗集合注》卷四十六，上海古籍出版社，2001年，第2318页。

② ［宋］梅尧臣著，朱东润编年校注：《梅尧臣集编年校注》卷二十六，上海古籍出版社，1980年，第874页。

③ ［宋］周彦质：《宫词》，见［清］厉鹗辑：《宋诗纪事》卷三十七，上海古籍出版社，1983年，第947页。

④ 沈从文著：《中国古代服饰研究》，香港商务印书馆，1981年，第181页。

⑤ ［唐］玄奘、辩机原著，季羡林等校注：《大唐西域记校注》卷二，中华书局，1985年，第176～177页。

尝朝诸皇孙坐于殿上，观其嬉戏，命取西国所贡玉环钏、杯盘列于前后，纵令争取，以观其志。莫不奔竞，厚有所获，独玄宗端坐，略不为动。后大奇之，抚其背曰：此儿当为太平天子。遂命取玉龙子以赐。"[1] 唐人所谓"西国"即指古代印度地区，因在地理方位上位于大唐帝国以西，故名。中国历史上对印度的称呼几经变化，西汉时称其为"身毒"，东汉时称为"天竺"，玄奘《大唐西域记·印度总述》"释名"曰："详夫天竺之称，异议纠纷，旧云身毒，或曰贤豆，今从正音，宜云印度。……印度者，唐言'月'。月有多名，斯其一称。……良以其土圣贤继轨，导凡御物，如月照临。由是义，故谓之印度。"[2] 总之，玉环钏、杯盘等，正是从古代印度之地传播而来，直达宫廷。

通过仔细观察古代印度造像、壁画，不难发现其中有类似条脱形制者。时代约为前 200 年（孔雀王朝）的巴特那药叉像，从残缺的石像可以观察到药叉的上臂均佩戴缠绕成弹簧结构的环钏（见图 3-3：1）[3]。此外，巴尔胡特窣堵波的北门柱旁药叉女旃陀罗雕像，她的四肢均配有类似条脱的环钏，尤其是位于左腕部的环钏（见图 3-3：2），能够清楚地看到其末端形制如条脱一样，另有细丝缠绕以方便调节内径大小。此环钏正与贵州平坝马场东晋墓中出土的银条脱（见图 3-3：3）[4] 形制相近，与江西南城明益庄王妃墓中出土的金条脱（见图 3-3：4）[5] 也相似。通过对比可知，出土的条脱实物与古代印度的环钏装饰品有极大的相似性，两者应该存在渊源关系，而且，在时代上也是合乎逻辑的。此外，"条脱"又作"跳脱""条达""条夺"等，之所以有这些发音相近的异名，唯一的解释只能是"条脱"是外来语，极有可能是梵语 tala-tra 的音译。前文已经对梵语 tala-tra 作了解释，意为披在弓箭手左臂上的皮带，并且与拉克什曼青铜像以及朱达罗女子像进行对比，tala-tra 经过演

① ［唐］郑处诲、裴庭裕撰，田廷柱点校：《明皇杂录》，中华书局，1997 年，第 17 页。
② ［唐］玄奘、辩机原著，季羡林等校注：《大唐西域记校注》卷二，中华书局，1985 年，第 161～162 页。
③ ［美］罗伊·克雷文著，王镛等译：《印度美术简史》，中国人民大学出版社，2003 年，第 27 页。
④ 贵州省博物馆考古组：《贵州平坝马场东晋南朝墓发掘简报》，《考古》，1973 年第 6 期，第 345～355 页。
⑤ 江西省文物管理委员会：《江西南城明益庄王墓出土文物》，《文物》，1959 年第 1 期，第 48～52 页。

变，最终成为带有巫咒保护性质的环钏。值得注意的是，tala-tra 的发音类似于"条脱""跳脱""条达""条夺"，或许正是音译而来的名称。

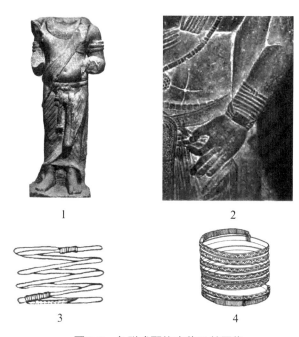

图 3-3　条脱式配饰实物及其图像

1 印度巴特那孔雀王朝时代药叉像
2 印度孔雀王朝时代巴尔胡特药叉女所戴环钏
3 贵州平坝马场东晋墓出土的条脱
4 江西南城明墓出土的条脱

第二节　随求与随求菩萨

1987 年陕西扶风法门寺塔地宫出土了一批唐代瑰宝，其中有许多与佛家密宗信仰相关的法器和供养器。这批法器中有六枚环钏较为特别，与同时发现的《监送真身使随真身供养道具及恩赐金银衣物帐》碑上的记录对照，其上记载："随求六枚，共重二十五两。"所谓"随求六枚"，恰是指这六枚环钏

（见图3-4：1）①。

佛教密宗之随求菩萨，具名大随求菩萨，是观音菩萨之变身别名。念此菩萨，诵其真言，则能随众生之愿而施与，有求必应，故名曰"随求"。密宗菩萨形象特点是多首、多臂及多目，随求菩萨便有八臂。《秘藏记末》曰："大随求菩萨，深黄色，并有八臂。左上手莲华上有金轮光炎，次手梵箧、次手宝幢、次手索。右手五钴跋折罗，次手锪鉾、次手宝剑、次手钺斧钩。"②随求菩萨共执八件法器，其中包括五钴跋折罗，它是密宗特有的法器。跋折罗，即梵语 Vajra，也译作"跋折啰""伐阇罗"或"伐折罗"，意为金刚杵。《陀罗尼集经二》曰："跋折啰，唐云金刚杵。"《西域记九》曰："伐阇罗王子，唐言金刚。"《大日经疏一》曰："伐折罗即是金刚杵。"③钴也作"股"，意为"枝"，《谷响二集》曰："（钴）本作股，股者，枝义。有五枝者名五股杵，有三枝者名三股杵。杵，西国兵器，……盖以金刚杵故从金作钴，只取音同耳。"④金刚杵（跋折罗），本为印度兵器，后为密宗借鉴，用以标坚利之智、断烦恼、伏恶魔，号称法力无边，能荡涤一切邪恶。金刚杵的造型有独股、三股、五股之分，其两头单独者，谓之独股，分三枝者，谓之三股，分五枝者谓之五股，而随求菩萨所执"五钴跋折罗"，正是那种杵头分为五枝的金刚杵。跋折罗（金刚杵）具有荡涤一切邪恶的强大力量，故密宗经常以之为装饰，法门寺塔地宫后室出土的六枚随求均饰有跋折罗纹饰。这六枚随求分为两式：一式带椭圆形钏面，共有两枚，钏面凸出似圆戳，上饰四出十字三钴杵纹，这种纹饰也称为"羯磨金刚杵纹"。羯磨，梵文作 Karama，译为"业"，故"羯磨金刚杵"也称为"业金刚杵"，其造型为四出十字三钴杵形。另一式全部素面，共四枚，其上亦錾刻有六组三钴杵纹饰。跋折罗既为随求菩萨的重要法器之一，故将饰有跋折罗纹饰的钏环称为随求也便不难理解了。

钏环是佛像"八庄严"之一。据《造像度量经解》介绍："五部等报身佛像，以八件宝饰为庄严。何者为八件？一宝冠，即五佛冠也，二耳环，三项

① 六枚"随求"分成两式：一式为鎏金带钏面三钴杵纹，共两枚；另一式为素面，共四枚。图仅列举前者。

② 参见丁福保编纂：《佛学大辞典》，文物出版社，1984年，第1349页。

③ 参见丁福保编纂：《佛学大辞典》，文物出版社，1984年，第657页、1352页。

④ 参见丁福保编纂：《佛学大辞典》，文物出版社，1984年，第169、264页。

圈，四大璎珞，五手钏及手镯，七珍络珠腋，八宝带也，谓之大饰。"[1]佛教人物普遍佩戴钏，如敦煌唐代十一面观音菩萨（见图3-4：2）[2]，以及法门寺地宫出土的八重宝函之第四重盝顶金函正面錾刻的六臂观音，皆戴环钏臂饰（见图3-4：3）[3]。值得一提的是，与其他的环钏相比，随求作为佛教密宗的重要法器之一，带有强烈的宗教色彩，不能随意佩戴。六枚随求皆置于法门寺地宫后室中心熏炉上，后室布局是密宗曼陀罗坛场，故此六枚臂钏无疑是密宗法器。也正因为如此，随求在古代文献中极少涉及，直到法门寺地宫的发掘才得以重见天日。

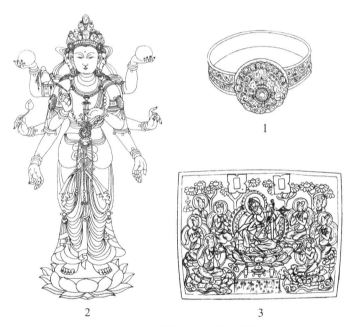

图 3-4　唐代的随求实物及其图像

1　陕西扶风法门寺塔地宫出土的随求

2　敦煌唐十一面观音

3　陕西法门寺塔地宫出土的八重宝函上錾刻的六臂菩萨

---

[1]　参见李炳武主编：《中华国宝：陕西珍贵文物集成：金银器卷》，陕西人民教育出版社，1998年，第130页。

[2]　叶兆信、潘鲁生编：《中国佛教图案》，万里书店、轻工美术出版社，1994年，第50页。

[3]　法门寺考古队：《扶风法门寺唐代地宫发掘简报》，《文物》，1988年第10期，第1～28页。

第三节 开合式钗臂

元杨维桢《览古四十二首其三十一》诗云："乡关思萧瑟，作赋哀江南。调入金钗臂，亡国有余音。"① 此诗乃为讽陈后主而作，其中所言"金钗臂"即出自即陈后主所作艳词《金钗两臂垂》之典故。《隋书·音乐志》载："（陈后主）于清乐中造《黄鹂留》及《玉树后庭花》、《金钗两臂垂》等曲，与幸臣等制其歌词，绮艳相高，极于轻薄。"②

"钗臂"顾名思义，应该是古代女子戴在手臂上的装饰品，亦作"钗臂"。杨维桢《内人剖瓜词》又云："美人睡起袒蝉纱，照见钗臂红肉影。"③ 清人王士禄《有寄二首》词曰："捡点屏帏寻旧迹，印钗臂痕未失。"④ 前文论述条脱为腕饰时，已经说明古代所谓"臂"，其实多指手腕，因此所谓"钗臂"或"钗臂"亦是腕饰。

钗臂（钗臂）构造精巧独特，可自由开合，宋沈括《梦溪笔谈》卷十九《器用》篇载："余又尝迁金陵，人有发六朝陵寝，得古物甚多，余曾见一玉钗臂，两头施转关，可以屈伸；合之令圆，仅于无缝，为九龙绕之，功侔鬼神。"⑤ 1970年，陕西西安何家村发现的一批唐代窖藏金银器中有一对"金镶玉钏"，各由三节等长的白玉组成，其间以金质构件插栓相连，既能开启自如，闭合后又浑然一体——无论是构造还是材质，甚与《梦溪笔谈》描述的相合，故许多学者认定这便是"玉钗臂"（见图3-5：1）。唐郑处诲《明皇杂录·逸文》载唐玄宗曰："我祖破高丽，获紫金带、红玉支二宝，朕以岐王初进《龙池》篇，赐之金带，以红玉支赐妃子，后以赐阿蛮。"⑥ 宋黄庭坚《和陈君仪读太真外传五首其一》诗曰："高丽条脱琱红玉，逻逤琵琶捻

① ［元］杨维桢著，邹志方点校：《杨维桢诗集》卷八《览古》，浙江古籍出版社，1994年，第109页。
② 《隋书》卷十三《音乐志》，中华书局，1975年，第309页。
③ ［元］杨维桢著，邹志方点校：《杨维桢诗集》卷二《内人剖瓜词》，浙江古籍出版社，1994年，第28页。
④ ［清］孙默：《十五家词话》，中华书局，1960年，第59页。
⑤ ［宋］沈括撰：《梦溪笔谈》，文物出版社，1975年，第13页。
⑥ ［唐］郑处诲、裴庭裕撰，田廷柱点校：《明皇杂录》，中华书局，1994年，第57页。

绿丝。"① 似乎认定"玉支"乃条脱。而清陈元龙《格致镜原》卷五十五载此事则引作"玉钗臂",总之莫衷一是。不过,从中可见,钗臂(或者称为"玉支"者)与条脱一样,是域外舶来品而不是中国古代固有的配饰,故会产生认知上的差池。

其实,钗臂在六朝时已然存在,但其特殊的形制显然不系华风。1957年,陕西西安隋代李静训墓曾出土过一副"金手镯"(见图3-5:2)②,其上各镶嵌琉璃珠饰及球状结等装饰,并设有扣环、活轴等可供自由开合的部件,将其与《梦溪笔谈》的记载及何家村出土的"玉钗臂"实物两相对照,应该就是"金钗臂"。值得注意的是,类似的腕饰曾在5世纪末的北印度阿旃陀(Ajanta)壁画中出现。阿旃陀一号窟内廊后墙上绘有一幅手持荷花观音像,观音菩萨右手腕上所佩戴的腕饰在形制和装饰风格上,与李静训墓出土的钗臂极其相似(见图3-5:3)③。此外,阿旃陀十九号窟国王摩诃旃纳卡画像(时代约为5世纪),其腕部佩戴的环钏与李静训墓出土的钗臂相类,应该就是钗臂(见图3-5:4)④。可见,钗臂不但是佛教偶像装饰品,也是世俗常用的配饰。上述两幅壁画在时代上均早于7世纪初的李静训墓,因此可以认为钗臂的形制原出自北印度,故与中国古代传统的钏镯类装饰品风格迥异。这些壁画资料也可以进一步证明钗臂是佩戴于手腕的装饰品。

通过上文的论述基本可以确定钗臂同条脱、随求一样,都是古代印度的舶来品,且与古代印度的宗教有密切的关系。只是,"条脱"是音译得名,"随求"是因随求菩萨而得名,但是"钗臂"得名却另有原因。众所周知,"钗"是古代女子的发饰,《康熙字典》"钗"条曰:"《说文》:(钗)笄属,本只作叉,此字后人所加。《玉篇》:妇人歧笄也。"⑤可见,"钗"是一种双股的发簪,南朝梁武帝《河中之水歌》"头上金钗十二行,足下丝履五文章"⑥是也。

① [宋]黄庭坚著:《黄庭坚全集》之《外集》卷十一,四川大学出版社,2001年,第1148页。
② 中国社会科学院考古研究所编著:《唐长安城隋唐墓》,文物出版社,1980年,第18页。
③ Marilyn Stokstad, Harry N. Abrams, Art History, Abrams: New York, 1999. p.382.
④ Benoy Behl,陈晓曦译:《随阿旃陀而来的智慧之美——印度稀世壁画》,《文明》,2008年第11期,第121～133页。
⑤ [清]张玉书等编:《康熙字典》,上海书店,1994年,第1449页。
⑥ 逯钦立辑佚:《先秦魏晋南北朝诗》之《梁诗》,中华书局,1982年,第1520页。

但是，作为佩戴在手臂的环钏为何以"钗"为名，应该是与其可以开合的特殊结构有关。钗，本字为"叉"，说明其形制如同树枝分叉，是一种很形象的比喻。至于钗臂，想必也是与其特殊的形制有关。中国古代传统的环钏一般是一个完整的整体，形制或为闭合的圆形，或是由金属条弯曲成为带一个缺口的环。而钗臂则完全不同，它是由两个或两个以上的相对独立的部件经过机械巧妙地联结组成一件完整的钏饰。大概正是这种自由开合呈分叉状，又能闭合成一个完整的圆环的独特结构，才有了"钗臂"之名吧。唐虞世南《北堂书钞》卷一百三十六《服饰部五》"环钗"条引晋《东宫旧事》曰："太子纳妃有金环钗。"① 而在《太平御览》卷七百一十八《服用部》"钏"条引《东宫旧事》则曰："皇太子纳妃有金钏二双。"②《北堂书钞》和《太平御览》两书对《东宫旧事》所载同一事的引述略有不同，前者所言"环钗"与后者所言"金钏"应该是同一物，故所谓"环钗"应该正是钗臂。从中也可间接推测钗臂至少在晋代已经传入我国，并在上层社会应用，而这一现象也正与当时佛教大兴的社会背景密切相关。

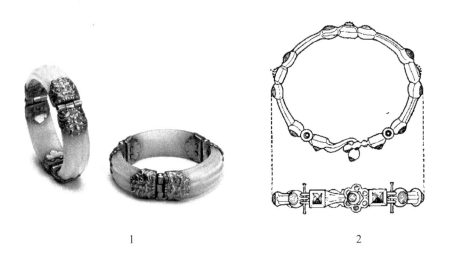

1   2

---

① ［唐］虞世南撰，［清］孔广陶校注：《北堂书钞》卷一百三十六《服饰部》，中国书店，1980年，第554页。

② ［宋］李昉等撰：《太平御览》卷七百一十八《服用部》，中华书局影印本，1980年，第3183页。

3   4

图 3-5　钗臂实物及其图像

1 陕西西安何家村出土的唐代窖藏玉钗臂
2 陕西西安隋代李静训墓出土的金钗臂
3 印度阿旃陀石窟一号窟壁画手持莲花观音像
4 印度阿旃陀石窟十九号窟壁画国王摩诃旃纳卡画像

2001 年，湖北钟祥明梁庄王、王妃合葬墓出土一副镶宝镯，各由两个半圆形金片合成，一端作活页式连接，另一端用一根插销连接，可自由启合，这样的形制显然是钗臂（见图 3-6：1）。明代典章对女子冠服有着严格的等级规定。明俞汝楫所编《礼部志稿》卷十八"亲王妃冠服"条以及《明史·舆服志》皆载，亲王妃一级的贵妇首饰、钏镯可以用金玉、珠宝及翠。钗臂亦属"钏镯"之列，梁庄王妃镶宝金钗臂正符合文献所载亲王妃钏镯等级。而亲王妃以下的各等级"命妇"，镯钏或为金，或为银镀金，或为银，至于士庶女子则只能用银。对僭越者则惩以重责，《大明律》载："凡官民房舍车服器用之类，各有等第，若违式僭用，有官者杖一百，罢职不叙。无官者笞五十，罪坐家长。工匠并笞五十。"[1] 在法律严格而具体的规定下，人们的衣食住行无不小心翼翼，所以类似梁庄王妃那般精美绝伦的钗臂并非任何人都能够佩戴。传世文物中亦有不少明清时代的钗臂，首都博物馆藏有一对明代的金镶玉钗臂（见图 3-6：3），台北故宫博物院藏一件清代钗臂（见图 3-6：2），尽管材质和装饰风格各异，但均为开启自如、闭合则呈一体的形制。钗臂最初是宗教偶像的装饰品，带有强烈的宗教色彩，但随着时间的推移，其装饰功能早已超越最初的宗教性质，而留给世人更多的是对古代精湛工艺的赞叹。

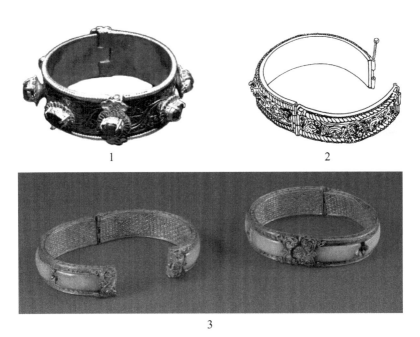

图 3-6　明清时代的钗臂

1 湖北钟祥明代梁庄王、王妃合葬墓出土的钗臂

2 台北故宫博物院藏清代钗臂

3 首都博物馆藏明代钗臂

　　古代印度是装饰品文化发达的地区，繁复的装饰品的出现与其复杂而深远的宗教信仰密切相关。而通过对比发现，条脱、钗臂、随求等，与古

---

[1] 怀效锋点校：《大明律》卷十二《服舍违式》，辽沈书社，1990 年，第 93 页。

代印度的装饰品十分类似，也体现着古代印度的宗教传统。这些来自异域的环钏类装饰品应该是伴随着佛教的东传而进入我国的。条脱和中国古老的民俗端午系五彩长命缕相联系，故一直被认为是由长命缕演化而来的，加之条脱的形制类似缠绕成螺旋弹簧状的线圈，故更加使人们确定两者的渊源关系。随求和钗臂从形制上与我国古代传统的环钏不同，随求是密宗密器，不能随便示人，更不能任意佩戴；而钗臂却被冠以令人产生疑问的名号。

第四节 希腊—罗马式蛇形手环

人类早期文明中普遍存在灵蛇崇拜，先民观察到蛇年复一年周而复始冬眠及蜕变的自然属性，便认为其拥有青春重现、永生不死的神力。同时，蛇作为爬行动物穴居地下、接近水源的生存习性，则象征旺盛的生命力，昭示土地丰饶[①]。在此基础上，又进一步衍生出其治愈疾病的灵力，而这样的联想又恰恰符合交感巫术的基本特征。

一、爱琴海地区的灵蛇崇拜与蛇形饰物的源流

爱琴海地区的古代文明中也存在灵蛇崇拜。克里特岛上的米诺斯人崇拜女神波尼雅。波尼雅既被奉为至高神，也是城市和家宅的守护神，灵蛇就是其象征之一[②]。20世纪初，克里特岛克诺索斯神殿遗址中曾出土数尊大小、材质各异的持蛇女神（女祭司）雕像。其中现藏于波士顿美术馆的一尊持蛇女神象牙雕像（时代约为前17世纪晚期至前16世纪早期），通高约16.1厘米，女神直身而立、双臂前伸，两手各握一条金蛇，金蛇昂首吐信，身躯作螺旋

---

① E. Douglas Van Buren.Entwined serpents. Archiv für Orient for schung 10. Bd. (1935—1936), pp. 53-54.

② Rodney Castleden.Life in Bronze Age Crete. Routledge, 1993, pp.124-125.

状，缠绕于女神前臂（见图 3-7）[1]。风格类似的女神像在克里特岛考古发掘中
屡见不鲜，反映出爱琴海地区的灵蛇崇拜由来已久。

图 3-7 米诺斯持蛇女神像

　　受米诺斯文化影响，希腊人也有灵蛇崇拜。希腊女神雅典娜很可能衍生
自米诺斯持蛇女神，而雅典娜女神同样以灵蛇作为其标志之一[2]。蛇也被希腊
人视为地母之子，具有治愈疾病的神力，因此灵蛇主题的装饰品，常作为随
身佩戴的护身符。古希腊悲剧大师欧里庇得斯剧作《伊翁》，讲述了伊翁出
生时，人们按照传统习俗为其佩戴金蛇项圈作为护身符。金蛇被视为"雅典
娜的礼物，它是用来保佑小孩长大的，这是模仿古时埃里克托尼奥斯的蛇做

① Reynold Higgins. Minoan and Mycenaean Art. New York and Toronto Oxford university
    press, 1981,pp.34-35.
② John Chadwick. The Mycenaean World . Cambridge University Press, 1976, p.87.

的……作项圈，给新生婴儿戴的"[1]。埃里克托尼奥是古希腊神话中雅典人的始祖，他尚在褓褓之时，雅典娜女神曾在其身旁安置两条巨蛇守护，可见，这一习俗与古老神话密切相关。

除婴儿佩戴的金蛇项圈外，希腊人也钟情于各类灵蛇造型的装饰品，诸如耳环、戒指、发饰、手环等。世界各大博物馆中均有相关珍藏：希腊塞萨洛尼基考古博物馆藏一对银耳环（约前5世纪），耳环两端即装饰蛇首（见图3-8:1）[2]；雅典国家考古博物馆藏一件金戒指（前3世纪晚期至前2世纪早期），整体为一条作多层缠绕的金蛇，蛇颈及尾部蜷曲（见图3-8:2）[3]；美国波士顿美术馆藏一件嵌宝金戒指（前2世纪），整体作昂首绞缠的双蛇，中心镶嵌一枚绿宝石（见图3-8:3）[4]；洛杉矶盖蒂博物馆藏一件希腊古风时代（前7—前6世纪）的银发饰，整体呈螺旋蜷曲状，两端饰蛇首（见图3-8:4）[5]。

图 3-8　蛇形饰物

1 塞萨洛尼基考古博物馆藏银耳环　　　2 雅典国家考古博物馆藏金戒指
3 波士顿美术馆藏嵌宝金戒指　　　　　4 盖蒂博物馆藏银发饰
5 贝纳基博物馆藏金戒指　　　　　　　6、7 赫库兰尼姆出土金戒指及一对金手环

库克认为自希腊古风时代而始，基于人们对灵蛇辟邪神力深信不疑，各

① （古希腊）欧里庇得斯著，张竹明译：《古希腊悲剧喜剧全集·欧里庇得斯悲剧 上》，译林出版社，2015年，第320页。

② D.V. Grammenos. The Archeaeological Museum of Thessaloniki .Olkos, 2001, p.170 .

③ Despina Ignatiadou, Alexandra Chatzipanagiotou. Jewellery used and symbolism from the Geometric to Roman period. The countless aspects of beauty in ancient art, 2018, pp.273-275.

④ Coenelius C. Vermuule III. Greek, Etruscan, Roman gold and Siler II:Hellenistic to Late Antique Gold and Silver. The Burlington Magazine, Vol.113, No.020 (1971), p397. fig.41.

⑤ Elizabeth Trimble Buckley. A Set of Archaic Greek Jewelry. The J. Paul Getty Museum Journal, Vol. 1 (1974), p.31. fig.15.

类蛇形造型的装饰品层出不穷①。其中，尤以蛇形手环最为流行。希腊陶器彩绘上，常有表现佩戴缠绕式手环的女子形象。大英博物馆藏一件希腊彩绘带柄陶酒罐（约前490—前480），在白底器腹上绘有纺线女子像，其双腕处各戴一枚缠绕式手环（见图3-9：1）②。此外，洛杉矶盖蒂博物馆藏一件希腊红绘双耳陶酒杯残件（约前4世纪后期），器腹上描绘古希腊先祖凯克洛普斯神话故事：居左的雅典娜女神全副武装、手持长矛，右腕佩戴一枚缠绕式手环；居中者为雅典城邦君主凯克洛普斯之女潘德罗索斯，装扮得珠光宝气，前伸的右手腕部有一枚缠绕式手环；其身侧则是她的两个姐妹阿格劳洛斯和赫尔塞，在保存较为完整的图像部分，清晰可见女子双腕处的一对缠绕式手环（见图3-9：2）③。

以上陶器彩绘描绘的缠绕式手环，也许正是荷马《阿芙洛狄忒颂歌》中所描述的爱神阿芙洛狄忒的金手环同款④，同时，也与盖蒂博物馆藏的希腊古风时代的银手环形制相似。这件银手环为扁平带状、多层缠绕的造型，两端饰蛇首，材质及工艺均简约质朴（见图3-9：3）⑤。而与之形制相似，但更奢华的手环也数量众多，如波士顿美术馆藏一件希腊金蛇手环（约前3世纪），直径7.5厘米，整体为一条双层蜷曲的金蛇，外壁錾刻圈点纹饰，内壁有点刻铭文LYSAGORAS（见图3-9：4）⑥。希腊珠宝工匠，常有在其成品上标识姓名的传统，LYSAGORAS是希腊常见的人名，或许就是工匠本人留名。

希腊式蛇形装饰品后被罗马人传承，在罗马文化中，灵蛇被视为土地丰饶的象征和家庭的守护神，因此以戒指、手环为代表的蛇形装饰品备受推崇。

---

① Arthur Bernard Cook. Zeus. A Study in Ancient Religion. Vol.III. Cambridge University Press. 1940,pp.765-768.

② Beth Cohen. The Colors of Clay Special Techniques in Athenian Vases. The J.Paul Getty Museum, 2006,p.218.

③ Oliver Taplin. Pots &Plays interactions between Tragedy and Greek Vase-painting of thr Forth Century B.C. The J. Paul. Getty Museum, 2007,pp.221-222.

④ 荷马《阿芙洛狄忒颂歌》中描述女神装扮瑰丽、金光闪闪，手臂佩戴缠绕式金手环。

⑤ Elizabeth Trimble Buckley. A Set of Archaic Greek Jewelry. The J. Paul Getty Museum Journal, Vol. 1 (1974), p.32. fig.14.

⑥ Cornelius C. Vermeule, III. Greek Estruscan Roman Gold and Silver II. The Burlington Magazine, Vol.113,No.820(1971), p.825.

雅典贝纳基博物馆藏一枚金戒指（公元 1 世纪），整体设计为多重蜷曲的金蛇（见图 3-8：5）[1]，现藏那不勒斯国家考古博物馆出自赫库兰尼姆的金戒指（公元 1 世纪），整体造型为一条衔尾蛇，双目原有宝石镶嵌，今已脱落（见图 3-8：6），同样出自赫库兰尼姆的一对蛇形金手环，双目处也有宝石镶嵌（见图 3-8：7）[2]。

图 3-9　希腊陶器彩绘及蛇形手环实物

1 大英博物馆藏陶酒罐
2 盖蒂博物馆藏陶酒杯残件
3 盖蒂博物馆藏银手环
4 波士顿美术馆金手环

　　与此同时，自公元前 4 世纪兴起的希腊缠绕式蛇形手环，也同样受到罗马女子青睐，庞贝古城遗址中曾发现多件相关文物，在金镯之屋遗址花园墙壁上曾发现一块红陶浮雕饰板。浮雕居右为狄安娜女神，居左则为胜利女

---

① Angelos Delivorrias, Dionisis Fotopoulos. Greece at The Benaki Musuem. Bemaki Musuem, 1997,p.162.

② Bettina Bergmann. Final Hours: Victims of Vesuvius and Their Possessions. American Journal of Archaeology, Vol 110, No. 3（2006）, p.497.

神。女神狄安娜作狩猎装扮，右手手腕处佩戴一枚缠绕式蛇形手环（见图3-10：1）[①]。相关研究者根据浮雕主题和形制判断其或原为庞贝城内阿波罗神庙里的装饰板，神庙废弃后则被用来装饰私宅。此外，在博斯科雷亚莱考古区发现的一幅壁画，描绘了一位持盾女子立像，其右上臂佩一枚金臂环，右腕则戴一枚金蛇手环（见图3-10：2）[②]。庞贝遗址中多有发现类似同款，其中一件出自莫吉内建筑（Moregine）的金手环（见图3-10：3）[③]，整体为带状缠绕式金蛇，直径约7.6厘米。金蛇双目嵌玻璃、表面刻鳞纹及曲线，内径錾刻铭文"Dominus suae amilla"，意为主人赐予女奴隶。由此推测，这件金蛇手环是庞贝富裕的奴隶主给予女奴隶的馈赠。

图 3-10　庞贝出土蛇形手环图像及实物

1 红陶浮雕

2 彩绘持盾女子像

3 金蛇手环

---

① ［英］玛丽·比尔德著，熊宸、王晨译校：《庞贝：一座罗马城市的生与死》，民主与建设出版社，2019年，第40页。

② The Metropolitan museum of Art. Pompeian Frescoes in the Metropolitan museum of Art. The Metropolitan museum of Art Bulletin, Vol. XLV, No.3 (1987), p.88.

③ Mary Beard. A History of Ancient Rome. Liveright Publishing Corporation, 2016, p.17.

值得注意的是，罗马时期的蛇形手环大概率因袭希腊传统，传世实物数量相当可观，说明其在继承希腊艺术风格的基础上，已经出现大规模商品化生产的趋势。也正因如此，此时期的金蛇手环，也存在样式缺乏新意以及成品粗制滥造的情况。

二、希腊－罗马蛇形手环的基本样式

传世希腊－罗马蛇形手环形制多样，设计精巧，其中工艺上乘者多以黄金为主要材质，模仿蛇自然蜷曲的姿态，兼用雕刻、镶嵌、焊接、制粒等金属工艺精心打造。根据形制不同，大体可分为圆环型和缠绕型两种。

（一）圆环型手环

圆环型手环整体呈一圈圆环或近圆环状，根据开口有无，又可细分为闭合式、开口式和开合式三种。

1. 闭合式手环

闭合式手环，形制较为简约，整体呈一圈闭合的圆环。庞贝黄金手镯宅邸出土的一件金蛇臂环即属此式（见图3-11：1），其直径约10.5厘米，重达610克，两蛇相对，口衔金盘，浑然一体，显然是佩戴于上臂的臂环。闭合式手环，宽窄大小固定，佩戴有所局限，传世实物数量也相对较少。

2. 开口式手环

开口式手环，整体呈圆环状，上有一明显开口，常被设计为一条蜷曲的金蛇。雅典贝纳基博物馆藏一件金手环，整体设计模仿金蛇蜷曲一圈的姿态，表面錾刻鳞片，栩栩如生（见图3-11：2）[①]。手环直径约9厘米，重约500克，由此推测，这可能也是佩于上臂的臂环。现藏大英博物馆出自庞贝遗址的一对金手环（约前1世纪—1世纪），整体作盘曲一圈金蛇造型，其首尾蜷曲，表面饰鳞片，身躯纤细，平滑无纹，直径6.7～7.3厘米（见图3-11：3）[②]。开口式手环，

[①] Angelos Delivorrias, Dionisis Fotopoulos. Greece at The Benaki Musuem. Bemaki Musuen, 1997, p.160.

[②] S Walker. Cleopatra of Egypt: From History to Myth. The Brithish Museum, 2001, p.334.

宽窄可随意调节，故佩戴灵活，既能作臂环也能当腕环。

3. 开合式手环

开合式手环，整体虽呈闭合圆环状，但有开合自如的销钮搭扣设计，同样方便佩戴。洛杉矶盖蒂博物馆藏一对金手环（约前225—前175年），直径6～7厘米，整体作金蛇缠绕状，镯身一侧开口，连接销扣，确保其能开合自如（见图3-11：4）[1]。纽约布鲁克林博物馆藏一件金手环（约3世纪），整体作两蛇相对状，环身以两股金丝绞扭而成，蛇口相对处连接销扣（见图3-11：5）[2]。

纽约大都会艺术馆藏一件金手环（前1世纪—1世纪），造型更富丽烦琐。主体以双蛇交错、缠绕构成的赫拉克勒斯结为中心，其上站立伊西丝和阿芙洛狄忒两位女神，一侧作铰链结构，另一侧置销钮，直径约5.5厘米（见图3-11：6）[3]。雅典贝纳基博物馆有一对类似藏品，金手环共一式两件（约1世纪），由人身蛇尾的伊西丝女神和萨拉皮乌斯蛇尾交错缠绕构成赫拉克勒斯结。手环左右各设铰链、销钮，直径约6.1厘米（见图3-11：7）[4]。装饰赫拉克勒斯结的开合式金蛇手环，传世数量极少，大多出自埃及。其设计杂糅希腊－罗马、埃及文化中的典型符号和神祇，体现出多文化相互交融的特点。

（二）缠绕型手环

缠绕型手环整体呈带状缠绕式样，模仿蛇自然蜷曲的体态，设计繁复，工艺精湛。从珍藏于世界各大博物馆中的实物来看，缠绕型手环是自前4世纪始贯穿整个罗马时代都一直非常流行的款式，该式数量最为丰富，往往成对保存，也最为世人所熟知。

---

[1] Michael Pfriommer, Elana Towne Markus. Greek gold from Hellenistic Egypt . The J. Paul Getty Musuem, 2001, p.6.

[2] David M Robinson. Unpubilshed Greek Gold Jewelry and Gems. American Journal of Archaeology. American Journal of Archaeology, Vol.57. No.1(1953), p.30.

[3] The Metropolitan Museum of Art .The Year One of the Ancient World East and West. Yale University Press, 2001, pp.96-97.

[4] Angelos Delivorrias, Dionisis Fotopoulos. Greece at The Benaki Musuem. Bemaki Musuem, 1997,p.162.

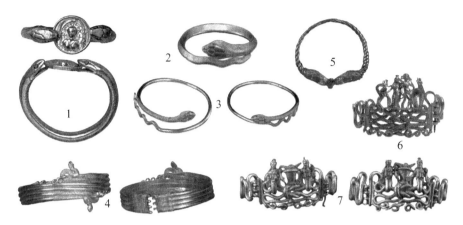

图 3-11　希腊－罗马蛇形金手环

1 庞贝出土金臂环　　　　　2 贝纳基博物馆藏金手环　　　　3 大英博物馆藏金手环
4 盖蒂博物馆藏金手环　　　5 布鲁克林博物馆藏金手环　　　6 大都会艺术馆藏金手环
7 贝纳基博物馆藏金手环

　　那不勒斯博物馆藏一对出自庞贝农牧神之家的金手环，整体呈扁平带状，呈螺旋式缠绕，直径约 10 厘米，可能是成对佩戴在上臂的臂环（见图 3-12：1）①。维多利亚与阿尔伯特博物馆藏一件金手环（约 1—4 世纪），其呈扁平带状缠绕，两端蛇首蜷曲（见图 3-12：2）②。

　　除纯金制作外，更有镶嵌宝石的奢华设计，雅典国家考古博物馆藏一对出自卡尔派西尼宝藏（Karpenini Treasure）的金手环（约前 3 世纪晚期—前 2 世纪早期），整体呈多层缠绕的金蛇，颈、尾蜷曲处均镶嵌宝石（见图 3-12：3）③。贝纳基博物馆也有一对类似的嵌宝金蛇手环，出自塞萨利，时代约为前 3 世纪 ④。大都会艺术馆藏一对希腊黄金臂环（约前 3 世纪），则是在保留缠绕形制的基础上，另增加希腊神话元素。手环上端为怀抱厄洛斯的海怪特里

---

① ［意大利］迪雷塔·哥伦布编著，崔娥译：《那不勒斯国家考古博物馆》，译林出版社，2014 年，第 40 ～ 43 页。
② Filippo Coarelli. Greek and Roman Jewellery. Hamlyn, 1970, p.149.
③ Nikolaos Kaltsas. The National Archaeological Museum. John S. Latsis Public Benefit Foundation, 2007, p.399.
④ Filippo Coarelli. Greek and Roman Jewellery . Hamlyn, 1970, pp.104-105.

同半身像，下端则为缠绕蛇身（见图 3-12：4）[1]。在古希腊神话中，特里同是人身鱼尾的海中怪兽，厄洛斯则是背生双翼、常以裸身小童形象出现的小爱神[2]，这些金手环不仅是价值连城的佩饰，更是精美绝伦的艺术品，体现了古希腊金属工艺的致高水平。

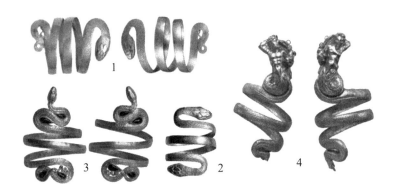

图 3-12　希腊 - 罗马缠绕式蛇形金手环

1 那不勒斯博物馆藏金手环

2 维多利亚与阿尔伯特博物馆藏金手环

3 雅典国家考古博物馆藏金手环

4 大都会艺术馆藏金手环

希腊 - 罗马蛇形手环，整体风格一脉相承，自前 4 世纪开始，终极整个罗马时代，始终盛行不衰。时人以蛇形装饰品为驱邪辟病的护身符，女性佩戴蛇形手环则更有丰产多子的象征意义。蛇形手环根据尺寸不同，佩戴位置各有差异。直径较大者佩于上臂作为臂饰，较小者则戴于腕部作为腕饰。然而，据相关考古图像资料显示，通常情况下，仍以佩戴于手腕部位居多。同时，手环数量也不一定，既可成对佩戴，也可单独佩戴。此外，除贵金属材质手环外，也有大量造价低廉的铜、铁质手环，说明希腊、罗马世界中的各阶层

---

[1] The Metropolitan Museum of Art. Greece and Rome. New York. The Metropolitan Museum of Art, 1987, p.83.

[2] ［美］齐默尔·曼著，张霖欣编译，王曾选审校：《希腊罗马神话辞典》，陕西人民出版社，1987 年，第 123 、373 页。

女性均对这类兼有象征意义和美感的手环珍爱不已。

三、蛇形手环反映文化传播与交融

希腊、罗马在不断扩张的进程中，更将其文化远播异域。代表其精湛金属工艺和装饰风格的蛇形手环在地中海南岸的埃及、西亚的美索不达米亚、黑海北部的斯基泰以及巴尔干半岛等地区均留下相关印记。

在亚历山大大帝东征和罗马势力扩张的进程中，埃及深受希腊－罗马文化影响。在装饰方面，埃及人一方面完全接纳希腊－罗马文化风尚，另一方面则在此基础上融入了本土固有文化。大都会艺术馆藏一件埃及木乃伊彩绘面具（约 1 世纪），描绘了一位头戴埃及式假发、身着罗马式竖条紧身红袍的埃及贵妇形象，其配饰中新月形吊坠项链、蛇形手环均为典型的罗马风格（见图 3-13：1）[1]。面具上的蛇形手环或许象征希腊神话中的医药之神阿斯克勒庇俄斯（即罗马医药神埃斯库拉庇奥斯），而非埃及女神伊西丝，因为伊西丝在埃及文化中的化身通常是眼镜蛇。由此可见，包括蛇形手环在内的罗马风尚深刻影响了埃及人的着装。

此外，埃及本土的固有文化也融入了希腊－罗马金属工艺。出自埃及的罗马式蛇形手环，往往装饰埃及人信奉的伊西丝女神，如前述大都会艺术馆和贝纳基博物馆藏造型繁复的开合式金手环。此外，洛杉矶盖蒂博物馆藏开口式手环（前 1 世纪—1 世纪），两端开口分饰伊西丝女神半身像，而工艺上则体现出典型的希腊－罗马风格（见图 3-13：2）[2]。风格相似的戒指亦然，大都会艺术馆藏金戒指，采用希腊－罗马金属工艺造就，如伊西丝女神缠绕式戒指（见图 3-13：3、4）[3]。

---

[1] The Year One of the Ancient World East and West. The Metropolitan Museum of Art. Yale University Press, 2001, pp.94-97.

[2] The J. Paul Getty Musuen. Acquisition 1984. The J. Paul Getty Museum Journal, Vol.13 (1985), p.172

[3] The Year One of the Ancient World East and West. The Metropolitan Museum of Art. Yale University Press, 2001,pp.94-97.

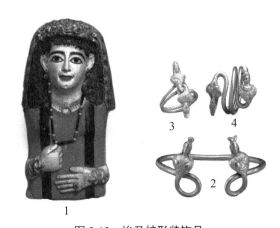

图 3-13　埃及蛇形装饰品

1 木乃伊彩绘面具　　2 蛇形金手环　　3、4 蛇形金戒指

亚历山大大帝东征后兴起的塞琉古王朝，对促进希腊文化在两河流域的传播发挥了巨大的推动作用。除都城塞琉西亚外，巴勒贝克、塔德木尔、杜拉欧罗巴、佩特腊均是希腊文化色彩浓厚的城市。现藏芝大东方研究所的一对出自叙利亚的缠绕式金手环，即为典型的希腊风格。相关研究者或以为，这是希腊化时期叙利亚本地的产品，样式与前 3 世纪的希腊式手环相似，显然仿自希腊样式。

自前 6 世纪开始，与黑海北方海岸接壤的希腊城邦逐渐与斯基泰人往来互动，希腊金属匠人也将其金属工艺和制品传至斯基泰，并对其产生深远影响。考古所见斯基泰金属制品均能找到其模仿的希腊原型，其中即包括在借鉴希腊式蛇形手环的基础上，结合草原动物主题纹饰而创造的兼具希腊－斯基泰风格的金手环。俄罗斯艾尔米塔什博物馆藏各式斯基泰金手环，既有仿希腊开口式、开合式，也有仿缠绕式同类品，均是在秉承希腊金属工艺、模仿基本形制的基础上，以欧亚草原固有的兽纹主题代替原有的蛇形装饰（见图 3-14：1、2、3）[①]。

自公元前 4 世纪以来，希腊、罗马势力先后渗透至巴尔干半岛，对定居

---

① St John Simpson and Sveliana Pankova. Scythians Warriors of Ancient Siberia. The Brithish Museum, 2007, pp.60-68.

于巴尔干半岛多瑙河沿岸以北及喀尔巴阡山脉的达契亚人产生深远影响。以工艺精湛著称的达契亚金属制品，即表现出希腊－罗马风格。罗马尼亚国家历史博物馆藏古典达契亚文化（前200—前50年）时期的金手环，出自萨米泽盖图萨（这里很可能是古罗马－达契亚时期最大且最复杂的定居点），其呈多层缠绕结构，两端饰扁平蛇首（见图3-14：4）[①]。

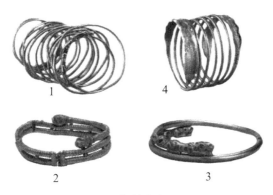

图 3-14　斯基泰金手环

1、4 缠绕式金手环　　　2 开合式金手环　　　3 开口式金手环

　　由此可见，希腊－罗马式蛇形手环自创造伊始即广受推崇，尤其是缠绕式手环，在世界范围内大放异彩。

四、余论

　　希腊－罗马式蛇形手环也给予千年后的人们以无尽灵感，随着18世纪中期罗马古城庞贝及赫库兰尼姆的先后发掘，欧洲的艺术家创作了大量油画，抒发其对古典辉煌时代的憧憬与想象。珠宝匠人更以此为契机，制作出一系列复古式蛇形手环以取悦达官显贵。时至今日，灵蛇造型的手环依然是时尚界炙手可热的宠儿，不断重现古典与现代交融之美。

---

① 吕章申主编：《罗马尼亚珍宝》，北京时代华文书局，2015年，第183页。

中篇

文史管窥

第四章 立足文献史料的历史研究

本章立足于文献史料，对古代刑律、礼法、思想等进行探究。

《汉代赎刑探论》主要探讨汉代赎刑的相关法律和实施情况。汉代是赎刑制度发展的初级阶段，是在继承秦代赎刑的基础上形成和发展起来的。汉代的赎刑经历了一个曲折发展的过程，具有其特殊的时代特点。它应用广泛，种类繁多，对汉代社会发展既有积极作用又有消极影响，同时为其后的封建社会的赎刑制度提供范例。

《东汉废太子皆得保全原因试析》则是从东汉历史上发生的三起废太子事件出发，探究东汉礼法对继承制度的影响。三次废太子事件其中除刘保最终继承大统外，其他均以王侯终了。与西汉及隋唐的废太子不同的是，东汉的废太子都得保全，没有发生流血事件，其子孙也能得其荫德。这其中原因复杂，既有表面现象，也有深层的原因，既有人为作用，也有社会大背景的影响。

《〈吕氏春秋〉中的君虚臣实思想》则是探究吕不韦政治思想。《吕氏春秋》是战国末年秦国丞相吕不韦集合门客所著的先秦时代一部重要的典籍，也是吕不韦政治思想的集中体现。吕不韦在其中提出了一整套施政纲领，其中认为只有顺应天地建立君臣之间"君虚臣实"的关系，各行其道，才能达到国家昌盛的目标。

《汉晋时代的宫廷女性——以班婕妤和贾后为例》通过文献史料，考察以东汉班婕妤和西晋贾后为代表的宫廷女性，其正反对照的行为在历史上的评述和影响。班婕妤是历史上家喻户晓的才女，她的事迹和遭遇为人们所同情和惋惜，她的诗赋流传至今的只有三首，但是历史上文人墨客为其题诗作赋却不胜枚举。而西晋惠帝皇后贾南风则是历史上著名的"厉后"，因其凶狠毒辣、秽乱宫闱、借刀杀人、左右朝政而背负千古恶名。东汉班婕妤和西晋贾后虽同为历史上著名的后宫女性，但其行事作风以及后世对她们的评价完全不同，这两位完全相左的后宫女性恰成为传统思想对后宫女子规谏的正反典型。

第一节 汉代赎刑探论

赎刑是一种特殊的刑罚，是交纳钱物以减免原本应受之刑的一种惩戒措施。赎刑的起源很早，《尚书·舜典》即有"金作赎刑"之说，《吕刑·序》云："吕命穆王训夏赎刑。"《国语·齐语》中也有关于管子以甲盾赎刑的记载。以前有关赎刑的记载只是零星散见于一些历史文献中。睡虎地秦简的出土，证明了赎刑的真实性，并且让人们对这一古代的刑罚有了较为粗略的了解。汉代的赎刑制度是在秦代赎刑制的基础上建立、发展并且不断完善起来的。与秦代相比，汉代的赎刑范围更广，方式更多，在社会中的作用更加明显。无论是文献记载还是出土的汉简资料都有关于汉代赎刑的大量记载，但至今尚未引起学者的足够重视。

一、汉代赎刑的种类和方式

汉代的赎刑应用广泛，种类繁多，发展到东汉永元六年（94年）时已有2681种，小到耐刑、黥刑，大到死刑都可以赎免。仅在《二年律令》中就出现了诸如"赎耐、赎城旦舂、赎鬼薪白粲、赎完为城旦、赎髡钳城旦舂、赎迁、赎劓、赎黥、赎耐、赎斩宫、赎死"等种类[1]。如此名目众多是因为赎刑是一种代用刑，依附于某一犯罪行为所对应的刑罚，汉代法律条例不胜枚举，以至"典者不能遍睹"[2]，所以相应的赎刑种类自然就多。

汉代赎刑的方式很多，但主要分为两大类，即纳金赎刑和纳物赎刑。根

① 张家山汉墓竹简整理小组：《张家山汉墓竹简》，文物出版社，2001年，第150页。
② 张家山汉墓竹简整理小组：《张家山汉墓竹简》，文物出版社，2001年，第101页。

据记载，古之赎刑皆用铜，汉代始用黄金[1]。据文献记载，汉代的赎金既有言用黄金，也有言用钱的事例。例如惠帝元年（前194年），"民有罪，得买爵三十级以免死罪"。根据应劭的解释，民爵一级值钱两千钱，三十级就是六万钱；而在《二年律令》中无论是罚金还是赎金都是交纳以黄金，例如："赎死，金二斤八两。赎城旦春、鬼薪白粲，金一斤八两。赎斩、府（腐），金一斤四两。赎劓、黥，金一斤。赎耐，金十二两。赎迁（迁），金八两。"[2]根据汉制，黄金以"斤"为计量标准，一斤有十六两，黄金和钱可以换算，其比率一般是一斤黄金值一万钱。应该指出的是，汉代以钱赎罪的方式较以金赎罪使用更广泛，因为与钱相比，黄金是价值高、储量少的"上币"，在社会上的流通范围极其有限，即使是汉代的大小官吏，其俸禄也都是以粮食和钱计算的。真正在社会上充当主导的流通货币还是"钱"，所以即使是有钱有势的皇亲国戚隆虑公主，在为其子昭平君预赎死罪时也是以值千斤黄金的一千万钱作为赎金[3]，这表明她并不是没有黄金而是当时的惯例要求入钱。

汉代除了纳钱赎罪外，还大量存在纳物赎罪的事例。例如景帝时，上郡以西旱，乃许"徒复作"输粟于县官以除罪。汉武帝元封四年（前107年）将军杨仆"坐为将军击朝鲜畏懦，入竹两万个，赎完为城旦"[4]，"韩延年坐为太常行大行令事留外国书一月，而入谷赎完为城旦"[5]。昭帝时，鄂邑盖长公主为赎充国死罪，"入马二十匹赎罪"[6]。到了东汉，纳物赎罪较多的为缣这样一种丝织品。《后汉书》各个帝纪中都有入缣来赎罪的记载，入缣赎罪遂成为定制，唯一的区别是各个时期入缣赎罪的数量不同。例如明帝永平十五年（72年）的数量较高，"死罪为缣四十匹，右趾至髡钳城旦春十匹，完城旦至司寇五匹，犯罪未发觉。诏书到日自告者，半入赎"[7]。章帝章和元年（87年）的数量较少，"死罪缣二十匹，右趾至髡钳城旦春七匹，完城旦至司寇三匹，

---

① 钱剑夫：《秦汉货币史稿》，湖北人民出版社，1986年，第92页。
② 张家山汉墓竹简整理小组：《张家山汉墓竹简》，文物出版社，2001年，第150页。
③ ［汉］班固：《汉书》，中华书局，2003年，第2851页。
④ ［汉］班固：《汉书》，中华书局，2003年，第1135页。
⑤ ［汉］班固：《汉书》，中华书局，2003年，第665页。
⑥ ［汉］班固：《汉书》，中华书局，2003年，第3959页。
⑦ ［汉］班固：《汉书》，中华书局，2003年，第118页。

吏民犯罪未发觉，诏书到日自告者，半入赎"①。

除此以外，汉代还有一些不太常用的赎罪方式，如以役赎罪。文帝时少女缇萦为了使有罪的父亲免除重刑之苦而上书文帝"愿没入为官婢，以赎父刑罪，使得自新"②。以役赎罪在秦代就是一种常用的赎罪方式③，但到了汉代却不太常用，这是因为秦代实行急功近利的统治方式，对劳动力的需求量大，所以秦律中多见以劳役赎罪，而汉代采取轻徭薄赋的统治策略，对劳动力的需求不是特别强烈，即使是到了汉武帝时代，以役赎罪也不是常用的方式，文献中自然很少有汉代以役赎罪的记载。另是以爵位赎罪。《二年律令·贼律》中有："父母告子不孝，其妻子为收者，皆锢，令毋得以爵偿、免除及赎。"④ 这虽然是个反例，但是可以从侧面说明，汉代有些情况可以以爵赎罪。还有以官秩赎罪。东汉时，中两千石至两百石的官员可以用其官秩赎罪："中两千石下至黄绶，贬秩赎论者，悉皆复秩还赎。"⑤ 最后是以军功赎罪。东汉和帝时，窦氏外戚当权，大将军窦宪密谋暗杀了刘畅，事实败露，百般遮掩不成，只好求以带兵与匈奴作战来赎罪⑥。这种将功折罪的方式，是优待特定人物的极个别现象，并非任何人都有权适用，所以这种赎罪方式只是特例。

二、汉代赎刑的实施

汉代是赎刑发展的重要阶段，最早关于汉代赎刑的记录见于《汉书·惠帝纪》惠帝元年（前 194 年），"民有罪，得买爵三十级以免死罪"⑦。此后，有关赎刑的记录层出不穷。在出土的张家山汉简《二年律令》中记载着在高后二年（前 186 年）的各种赎刑；景帝时，有输粟除罪的事例；汉武帝将赎刑的范围和方式发挥到了极致，一切当刑者皆可赎；东汉时，赎刑更加盛行，

---

① ［汉］班固：《汉书》，中华书局，2003 年，第 143 页
② ［汉］班固：《汉书》，中华书局，2003 年，第 1097～1098 页。
③ 睡虎地秦墓竹简整理小组：《秦睡虎地秦墓竹简》，文物出版社，1978 年，第 84 页。
④ 张家山汉墓竹简整理小组：《张家山汉墓竹简》，文物出版社，2001 年，第 139 页。
⑤ ［南朝］范晔：《后汉书》，中华书局，2003 年，第 94 页。
⑥ ［南朝］范晔：《后汉书》，中华书局，2003 年，第 814 页。
⑦ ［汉］班固：《汉书》，中华书局，2003 年，第 88 页。

遂成定制，此时赎刑的方式较为单一，基本上固定为一种实物——缣。汉初多是纳金赎刑，惠帝、高后时代就是如此，汉武帝时纳物赎罪的事例逐渐增多，但是仍在天汉四年（前97年）和太始二年（前95年），令死罪人入钱五十万减死罪一等。东汉时多以纳物赎刑，物又以缣为主。

根据刑罚轻重，赎刑的代价有高有低，一般地，刑罚轻，相应的赎刑代价就低，反之就高。《二年律令》中就明确记录着不同等级赎刑应支付的赎金数量，如"赎迁（迁），金八两""赎耐，金十二两""赎劓、黥，金一斤""赎斩、黥，金一斤四两""赎城旦舂、鬼薪白粲，金一斤八两""赎死，金二斤八两"，其中迁刑的赎金最低，死罪的赎金最高。纳物赎刑也是如此。

另外，即使是同一刑罚，不同的人赎刑的代价也各不相同。以赎死为例，汉武帝时规定赎死要五十万钱，新畤侯赵弟却入钱百万赎死，是一般赎金的两倍[①]。隆虑公主在为其子昭平君预赎死罪时更是以一千万钱作为赎金，是一般赎金的二十倍。他们同样是赎死，但是代价不但高于法定赎金，而且两者之间比较也有高有低。赵弟和隆虑公主虽同为贵族，但在地位和财富上有明显的差别：一个是世袭诸侯，衣食其封地；一个是皇室成员，又有公主食邑，既贵又富。也许正因如此，才会越是有钱有势的人赎金也就越高。

汉代法律对赎刑对象的身份没有规定，所谓"天下亡命殊死以下听得赎论"，法律赋予所有人赎罪的权利，无论平民百姓、达官显贵，都可以缴纳财物而免罪或减罪。这虽看似公平，事实却并非如此，因为任何法律都是为了维护和保障统治阶级的利益，赎刑也不例外，它施行的根本目的就是维护封建地主阶级的利益，不可能兼顾社会各个阶级的利益。实施过程中的各种障碍将大多数人拒之门外。汉代农业人口占总人口的绝大多数，在农业生产水平不算高的情况下，无论天下太平还是动荡，他们虽终日劳作但是生活仍很艰辛。文帝时，晁错曾对自耕农的经济状况描述说："今农夫五口之家，其服役者不下二人，其能耕者不过百，百之收不过百石。"[②] 即一个农业劳动力年产粮五十石，这还是包括田租和口赋在内的总量。例如《居延汉简》中有一条关于赎罪的记录："赎完城旦舂，六百石，直钱四万；髡钳城旦舂九百石，直

① ［汉］班固：《汉书》，中华书局，2003年，第661页。
② ［汉］班固：《汉书》，中华书局，2003年，第1132页。

钱六万。"① 由以上两则材料可以推算出：一个普通农民若想赎免较轻的完城旦春，必须不吃不喝连续劳作十二年。按照《居延汉简》中记载的粮食价格一石六十七钱计算，一个农业劳动力一年的总收入仅为三千三百五十钱，若要赎城旦春这种轻刑，以《二年律令·贼律》中规定的金额"赎城旦春，金一斤八两"，折合一万五千钱，这是汉代较低的数额，也必须至少劳作四年半，才能获得这些赎金。普通百姓辛苦劳作，即使是风调雨顺、赋税较低时也不过刚刚能填饱肚子，一旦获罪，哪有能力支付得起如此高的赎金？即使是吃皇粮有固定收入的官吏也无力支付高额赎金，身为史官的司马迁虽是太史令官秩六百石，都自言家贫无钱赎宫刑，大多数挣扎在贫困线上的平民百姓就更是毫无办法了，等待他们的只有依律受刑。虽没有对赎刑对象的身份加以限定，看似人人平等，但对一般农民来说，他们虽有赎罪的权利，却无赎罪的财物，因此赎刑仅是富有的地主阶级的特权。

虽然一切当刑者皆可赎罪，但对一些性质极其恶劣、对社会危害极大、影响封建政权稳定的犯罪，政府是不允许赎免的。如明帝时规定纳缣二十匹可以赎死，楚王刘英也纳黄缣白纨三十匹预赎死罪，但当其谋反事发时，却仍然难逃一死②。汉代法律中也明确规定了不得赎刑的事例，如《二年律令贼律》中规定："贼杀伤父母，牧杀父母，殴詈父母，父母告子不孝，其妻子为收者，皆锢，令勿得以爵偿、免除、及赎。"③中国封建社会历代重视孝道，将不孝的行为视为大逆不道的十恶之罪。汉代以孝立国，并将家庭伦理应用于国家政权中，将君臣关系比之于父子关系，明确家庭伦理，就是保证了政治秩序。所以对杀、伤、殴打、辱骂父母的行为不会有任何姑息，一般都判处死刑，并不许赎免。东汉安帝时，民生凋敝，走投无路的小民被迫沦落草莽打家劫舍，京师的权贵经常遭人绑架，于是规定"凡有劫质，皆并杀之，不得以财宝开张奸路"④，那些绑架并杀害人质的罪犯都不得赎罪，因为这种

---

① 甘肃省文物考古所、甘肃博物馆、中国文物研究所、中国社会科学院历史研究所：《居延新简释——甲渠候本》，中华书局，1994年，第309页。破城子探方五六（E.P. T56：36、37）。
② 张家山汉墓竹简整理小组：《张家山汉墓竹简》，文物出版社，2001年，第428页。
③ 张家山汉墓竹简整理小组：《张家山汉墓竹简》，文物出版社，2001年，第139页。
④ ［南朝］范晔：《后汉书》，中华书局，2003年，第1696页。

犯罪的性质严重，对社会尤其是对于富有的地主阶级的人身安全构成威胁。从这方面来看，赎刑维护的是地主阶级的利益。

三、汉代赎刑的性质和作用

汉代赎刑是富有的地主阶级才能享受的优惠待遇，作为封建法律的组成部分，其本身所带有的阶级性决定了它所维护的也只能是富有的地主阶级的利益，给社会带来许多消极影响。

（一）赎刑使"贫富异刑"，妨碍司法公平

宣帝时的大儒萧望之早已清楚地看到这一问题，认为赎刑是"好义不胜欲利"的行为，造成"富者得生，贫者独死，贫富异刑而法不一"[1] 的情况。杀人偿命是天经地义的事情，但是外戚大将军窦宪就可以以军功赎罪，而安丘小民毋丘长没钱没势，只能就死[2]，这分明就是司法不公正的表现。

（二）赎刑助长社会腐败和滥用职权的不正之风

汉代虽实行赎刑，但是却缺少一种有效的规范和监督机制，以致它被居心叵测的当权者利用，成为欺压百姓、满足私欲的工具。梁冀为霸占扶风富户士孙奋的家产，便利用赎刑捏造罪名使其家破人亡[3]；长吏、两千石的高官收取赎金说是为贫人积攒，可暗地里却据为己有，数目不下百万[4]。

（三）赎刑加剧百姓的负担

富有的地主阶级为了赎刑必须支付大笔赎金，宗室刘更生的赎死金来源于其兄阳成侯食邑的收入[5]，官员们的赎金来源于官俸，这些都不是他们的劳动所得，而是从广大百姓身上搜刮的民脂民膏。贪婪的地主们在损失了部分

① ［汉］班固：《汉书》，中华书局，2003 年，第 3275 页。
② ［南朝］范晔：《后汉书》，中华书局，2003 年，第 104 页。
③ ［南朝］范晔：《后汉书》，中华书局，2003 年，第 1181 页。
④ ［南朝］范晔：《后汉书》，中华书局，2003 年，第 1872 页。
⑤ ［汉］班固：《汉书》，中华书局，2003 年，第 1929 页。

钱财后势必会千方百计地找补回来，这必然会加剧百姓们的负担。

然而在指出赎刑的性质及其消极作用的同时，我们也应看到赎刑在封建社会中的积极作用。赎刑之所以能存在于整个封建社会，表明它还是有一定的价值和积极作用的，表现为以下四个方面。

1. 汉代赎刑发挥经济惩罚的作用

赎刑虽使有钱人脱罪，但是作为一种经济惩罚，赎刑同样发挥着防止和惩治犯罪行为发生的作用。朝廷重臣、达官显贵，他们作奸犯科后或许可以逃避法律规定的肉体上的惩罚，但却必须以另一种形式承担其犯罪的后果——以钱或物的形式交纳高额的赎金，在这一点上，法律对他们的惩罚毫不含糊。习惯于奢侈生活的地主阶级失去部分财产就意味着失去部分享受的机会，这让他们难以忍受。而且身份越高贵的人，缴纳的赎金数额也会越高，远远高于规定数额的几倍、几十倍，这对于贵族来说应该是较为严厉的惩罚了，足以对他们的行为有一定的制约作用。数额巨大的赎金对于富商大贾的行为规范和制约作用更加明显。这些"素封"之人，不同于竞相攀比、奢侈成风的食禄贵族，他们白手起家，世代经营，深知创业的艰辛和守业的不易。以洛阳的商贾为例，他们精打细算，"纤俭为事"①，做事讲求经济效益，虽富比王侯，但却爱金如命，对他们而言，与其肆无忌惮地犯法后赎罪，不如做个遵纪守法的好平民。

2. 汉代的赎刑是缓解经济窘迫的一种手段

汉代赎刑代价高，封建国家能从中获得巨大的经济利益，因此就成为政府缓解经济窘迫的一种手段。汉初为了尽快恢复社会经济，使人们弃末归本，景帝在晁错"贵粟"的建议下，特许"徒复作"输粟县官以除罪，对当时的社会大有裨益，达到了"主用足，民赋少，劝农工"的目的①。汉武帝为解国家用度不足，允许一切当刑之人赎罪，而赎刑的代价高、方式多，可谓盛极一时。杨仆入竹两万个，赎完为城旦，韩延年入谷赎罪都是基于缓解国家之急的目的。

3. 汉代的赎刑制度是对其严刑酷法的修正

汉初的统治者虽实行约法省禁的政策，刑罚较秦代有所减轻，但从整体上来看仍然是用法深刻，即使废除了肉刑，法律仍然严酷，"外有轻刑之名，

---

① ［汉］班固：《汉书》，中华书局，2003年，第1133页。

内实杀人"①，而且"酷吏犹以为威"②。法律条例不胜枚举，以致"典者不能遍睹"；而执法官员又不依法论刑，廷尉杜周就善于察言观色，判罪定刑完全以武帝的意志为转移，而不以三尺法律为依据，如此上行下效致使"大狱一起，冤者过半"。而赎刑的作用就是使人在触犯法律时免受酷刑的摧残，减少对肉体的伤害，体现出对生命的珍重。倘若没有赎刑，则犯法之人"死者不可复生，刑者不可复属，虽欲改过自新，其道无由"③。赎刑尽管受益面较小，多是一些贵族官僚，但是使他们免于肉体的伤害，幸免不死，缓和了统治阶级内部的矛盾，有利于统治基础的稳定，对国家也有利，不少赎死罪的将领在日后对匈奴作战中都取得了赫赫战功，为保障边疆的稳定作出了贡献。

4. 汉代的赎刑为后世立法提供借鉴

汉代之后的各个封建王朝都保留赎刑这种制度。魏晋时，赎刑被当作一种抚恤的手段，"其年老小笃癃及女徒，皆收赎"④。到了唐代，赎刑有了进一步的发展，不但对其使用更加慎重，而且从法律上解决了一般贫民无钱物赎刑的矛盾，唐玄宗天宝六年（747 年）敕令："应征正赃及赎物，无财以备，官役折庸，其物虽多，限聚三年。"⑤自从唐代对赎刑作了全面详细的规定后，宋、元、明、清都一直沿用，并不断加以完善。可以说，汉代的赎刑制度在日后的封建社会中发挥着重要的作用，为后世相关刑法的制定提供了借鉴。

四、结语

汉代赎刑的发展并不是一帆风顺的，在此过程中，既有人提倡，也有人质疑。在其施行的过程中，对社会的作用既有利，也有弊，它也成为富有的地主阶级专用的保护工具，成为有钱人逃脱法律制裁的捷径。由于缺乏有效的控制，它也曾被奸人利用，成为勒索钱财、加重剥削、满足个人私欲的工具，给社会带来极其恶劣的影响。更因为赎刑涉及义利之争的敏感话题，而

① ［汉］班固：《汉书》，中华书局，2003 年，第 1099 页。
② ［汉］班固：《汉书》，中华书局，2003 年，第 1100 页。
③ ［汉］班固：《汉书》，中华书局，2003 年，第 1098 页。
④ 沈家本：《历代刑法考》，中华书局，1985 年，第 446 页。
⑤ 马端临：《文献通考》，中华书局，1986 年，卷 171，第 1481～1482 页。

长期为汉儒所不齿。但是客观评价汉代赎刑的积极作用是必要的，毕竟它在一定程度上防止了犯罪，在一定时期为国家提供了大笔财政资金，在酷刑冤狱盛行的时代给人以庇护，并为后世提供经验借鉴。

第二节　东汉废太子皆得保全原因试析

东汉历史上三次废太子事件，主角分别为光武帝废太子东海王刘彊、章帝废太子清河王刘庆、安帝废太子济阴王刘保，其中除日后借助宦官之力得以即位的刘保，即东汉顺帝外，其他两位废太子均无缘皇帝的宝座，但是幸运的是，与西汉以及隋唐的废太子不同，不但他们都有较圆满体面的结局，其子孙日后也有机会荣登宝座。赵翼将其中的原因归纳为光武、明、章的崇儒友爱和废太子的恭谨退让，但是除此以外还有更复杂的原因。

一、东汉废太子生平

东汉的三位废太子很幸运，他们并没有随着被废而死于非命，也没有因失去特殊的身份地位而穷困潦倒，他们不但享受较高的待遇，甚至刘保后来竟能重新继承帝位，而且与继其之后成为太子进而成为皇帝的兄弟们相处融洽，完全没有政敌们的仇恨和憎恶。

光武帝废太子刘彊［建武元年（25 年）至永平元年（58 年）］，本是郭皇后之子，建武二年（26 年）被立为太子。郭皇后在建武十七年（41 年）被光武帝废黜为中山王太后。刘彊虽没有立即受到牵连，但"常戚戚不自安，数因左右及诸王陈其恳诚，愿备藩国"[1]。两年之后，刘彊被废封为东海王。同年，他的异母弟、阴皇后之子、原来的东海王刘庄成为太子，就是日后的明帝。光武帝"以彊废不以过，去就有礼，故优以大封，兼食鲁郡，合二十九县"[2]，并赐虎贲、旄头、钟虡之乐，以示尊宠；即使是其死后也郑重其事地为其发丧，

---

① 《后汉书·光武十王传》，中华书局，2003 年，第 1423 页。
② 《后汉书·光武十王传》，中华书局，2003 年，第 1423 页。

特赐只有天子才能使用的龙旗以葬。

章帝废太子清河王刘庆〔建初三年（78 年）至永初二年（108 年）〕是宋贵人之子，宋贵人本与马太后有一些亲戚关系，而章帝窦皇后又无子，因此得以在建初四年（79 年）被立为太子。但是马太后死后，窦皇后以挟邪媚道的罪名除掉了宋贵人。建初七年（82 年），刘庆也被废，另立刘肇为太子。刘庆"时虽年幼，而知嫌避祸，言不敢及宋氏，帝更怜之，敕皇后令其衣服与太子齐等"①。新太子刘肇是梁贵人之子，也因窦皇后无子而得立，二人的这点相似之处使他们从小就特别亲近，"入则同室，出则同舆"②。刘肇即位后，两人又是同一战线的战友，刘庆参与了准备诛除窦氏的机密行动，成为功臣。和帝死时，刘庆悲痛欲绝，呕血数升，不久也一命呜呼。邓太后临朝，仿照东海王刘彊的前例以天子之制安葬了他，不久又把其长子刘祜作为殇帝的候补送上皇位，是为安帝，他享受了老父无福消受的皇帝荣誉。

安帝废太子刘保〔元初四年（117 年）至建康元年（144 年）〕是安帝唯一的儿子，永宁元年（120 年）立为太子，母李氏，为安帝阎皇后所害。无依无靠的刘保，在延光三年（124 年）被安帝的乳母王圣、宦官大长秋江京构陷而被废为济阴王。第二年，老父驾崩，阎太后等人乘势欲将废太子刘保永远地排除出宫廷，一方面密不发丧争取时间，另一方面打算从诸多王子中另立新皇帝。但是最终刘保在宦官孙程等人的帮助下成功地夺回皇位，是为顺帝。他是东汉三位废太子中最幸运的人，是唯一一个成为皇帝的废太子。

依次简述了东汉三位废太子的生平后，可以归纳出以下几个共同点。

（一）幼年被立为太子

刘彊生于建武元年（25 年），不久就因生母郭圣通成为皇后而顺理成章地被立为太子，建武十九年（43 年）被废，时年约 19 岁③。（《光武十王传》称刘彊立为东海王十八年，年三十四而薨，推之刘彊被废时应为 16 岁，记载不同，盖因古人计年龄有实岁和虚岁之别。）刘庆根据记载可以推算出生于建初

---

① 《后汉书·章帝八王传》，中华书局，2003 年，第 1800 页。
② 《后汉书·章帝八王传》，中华书局，2003 年，第 1800 页。
③ 《汉书·皇后纪》，中华书局，2002 年，第 402 页。

三年（78 年），在建初四年（79 年）被立为太子时也只有 1 岁，建初七年（82
年）被废时约 4 岁。同样刘保约生于元初二年（115 年），在永宁元年（120
年）被立为太子时不过 5 岁，延光三年（124 年）被废时也只有 10 岁。他们
在少不更事的幼年被推上太子之位，又在成年之前被赶了下来，小小年纪就
历经风雨变故，这种经历影响了他们一生。

（二）生母在宫廷中失势波及太子地位

东汉废太子的生母都在宫廷中受打击而失势，这使废太子失去保护者，
纷纷在其之后遭废黜。刘彊的母亲虽为皇后，因色衰爱弛常有怨言，加之光
武帝本就欲立阴丽华为后，便被废掉了，两年之后刘彊识趣地放弃了太子之
位；刘庆和刘保都只是嫔妃所生，只因皇后无子得立，这必然触怒了心怀妒
忌的强权皇后，结果他们的生母都不得善终，他们也随即被废。

（三）被废后皆得保全

三位废太子失势后都得保全，刘彊降为东海王，刘庆降为清河王，刘保
降为济阴王，享受诸侯王级的待遇，罢黜他们的父皇、陷害他们生母的皇后
以及取代他们地位即位的皇兄们都没有置其于死地，相反，由于在本人没有
过失的前提下被废，他们得到的更多的是同情，虽被降为诸侯王，却享受高
于一般诸侯王的特殊待遇。

二、东汉废太子皆得保全的原因

西汉废太子皆不得善终，景帝废太子刘荣降封为临江王，不久就因"坐
侵庙壖地为宫"[①] 被酷吏郅都逼死；武帝废太子刘据受巫蛊之祸，不但个人身
死，连其家人也难逃厄运。但是东汉的废太子不但均得保全，就是寿终正寝
后也异常风光，子孙后代得蒙其荫继续享受荣华富贵。这其中既有表面现象，
也有深层的原因，既有人为作用，也有社会大背景的影响，下文就从这些方
面一一展开分析。

---

① 《汉书·景帝十三王传》，中华书局，2003 年，第 2412 页。

（一）本人无罪而无辜被废，缺乏诛杀的正当理由

东汉废太子都是在本人没有任何过失的情况下被废黜的，他们在被废之前没做任何有违法纪纲常的事，其生母的失势虽影响到太子之位，但只是表面现象，之所以被废黜有着深层的原因，但这些原因不能成为诛杀的理由。

刘彊被废的直接原因是郭皇后，而郭皇后的废黜更多出于光武帝的私心，光武帝真正倾心的是阴丽华和其子刘庄：光武早年就有"取妻当得阴丽华"的夙愿[1]，刘庄"十岁能通《春秋》，光武奇之"[2]，这对母子才是光武帝的最爱，所以因郭皇后屡有怨言为由，将她与刘彊废黜，正是为了给阴丽华和刘庄腾出位子。事实很清楚，郭皇后和刘彊都很无辜，他们被罢黜的理由就不甚充分，就更别说诛杀了，从光武帝仍给予二人优待，并对郭氏家族成员大加安抚的善后措施就可以看出，他多少是有些心虚的。

刘庆的生母宋贵人被冠以挟邪媚道的罪名其实是屈打成招的结果，由窦皇后一手策划，是宫廷权力争夺产生的冤案，即使是对这起冤案有不可推卸责任的章帝本人，都对宋贵人的悲惨结局表示同情，"帝犹伤之，敕掖庭令葬于樊濯聚"[3]。刘庆当时只有4岁，既没有主动犯罪的条件也没有人为嫁祸的可能，生母的罪名都只是无中生有，本人就更清白，皇帝出于怜惜"敕皇后令衣服与太子齐等"[4]，哪里还会忍心大加杀戮？

刘保的生母李氏刚生下刘保就被阎皇后鸩杀，她死得不明不白，史书上没留下处死她的正当理由，史书只称其为"李氏"，可见她出身低微，在宫中没有地位。虽然没地位，但却生了皇子，种种证据表明这位皇子还是安帝唯一的儿子，是法定的唯一继承人，这就足以置李氏于死地，也是阎皇后任意毒杀她的根本原因。为防刘保报复，阎皇后、江京、王圣、樊丰轮流在安帝那里诋毁他，史书没有记载谗言的具体内容，但是一个年纪不足10岁的孩子能犯什么大错，无非是类似"皇子有失惑无常之性，爰自孩乳，至今益章"

① 《后汉书·皇后纪》，中华书局，2003年，第405页。
② 《后汉书·明帝纪》，中华书局，2003年，第95页。
③ 《后汉书·章帝八王传》，中华书局，2003年，第1800页。
④ 《后汉书·章帝八王传》，中华书局，2003年，第1800页。

等的言辞①。这都是虚造的罪状，不能成为诛杀的依据。

（二）在朝中势力弱、缺乏支持者，不会对当权者构成威胁

通过前面的分析已知，废太子除刘彊外被罢黜时都未成年：刘庆 1 岁立 4 岁废，历时 3 年；刘保 5 岁立 10 岁废，历时 5 年。刘庆和刘保自不必说，年纪小，当太子的时间短，不可能在朝中结交有影响力的重臣，培养支持者；他们的外家也势单力薄，也不能给予其支持：刘庆外家宋氏受宋贵人冤案的牵连，外祖父宋杨抑郁而死，家族全被赶出京师，直到刘庆的儿子刘祜即位为皇帝后，才得以重返洛阳。刘保的母亲李氏出身低微，又早死，早已与外家失去联系，所以即使刘保日后成为皇帝，也只追尊生母李氏为恭愍皇后，而不言对外家的封赏。正因为年纪幼小又没有支持者，势单力薄，不会威胁窦皇后和阎皇后，才能得以不死。

刘彊较为特殊，外家郭氏在光武发迹之前就是势力雄厚的豪族，东汉建立后在朝中任职，另外刘彊还有四个同母的弟弟，依次是沛王刘辅、济南王刘康、阜陵王刘延和中山王刘焉，他被废黜时已经 19 岁，当了 18 年的太子，在这段时间内，应与朝臣有所接触，所以从这些方面考虑，刘彊有一定的势力，同以上的刘庆和刘保不能相提并论，但是实际情况却是这些人既不能帮助刘彊保住太子之位，也不会成为置他于死地的累赘。郭氏外家虽然尊贵，"（光武）礼待阴、郭，每事必均"②，但并没有实权，刘彊舅父郭况在建武十四年（38 年）只是个城门校尉，其他舅父郭竟是东海相、郭匡是太中大夫，都是无足轻重的官职，相形之下，阴氏外戚官居要职：阴识为执金吾，辅导东宫，并且"常留镇守京师，委以禁兵"③。阴兴为卫尉，领侍中。刘彊的四个弟弟在建武十九年（43 年）刘彊被废时尚年幼，最大的刘辅只有 6 岁 [《章帝纪》中载元和元年（84 年）沛王刘辅薨，《光武十王传》载刘辅立 46 年，推之，刘辅生于建武十三年（37 年）]，这些幼弟都不成气候。与刘彊有交情的朝中大臣不但不帮助他保住太子之位，反而劝说他尽快放弃，代

① 《后汉书·章帝八王传》，中华书局，2003 年，第 1800 页。
② 《后汉书·皇后纪》，中华书局，2003 年，第 403 页。
③ 《后汉书·阴识传》，中华书局，2003 年，第 1130 页。

表人物如以耿直闻名的郅恽劝他说："久处疑位，上违孝道，下近危殆……太子宜因左右及诸皇子引愆退身。"① 通过以上分析，不难发现同新太子刘庄相比，废太子刘彊仍是势力弱，缺少支持者，所以不会对当权派构成威胁，能够免于诛杀。

（三）被废之后谦让知退，避免嫌疑，没有授人以柄

三位废太子被罢黜后都安于现状，接受现实，既没有毫无作用的苦苦哀求以证清白，也没有愤愤不平扬言报复，他们平静的态度、谨小慎微的生活方式使当权者放心，从而没有大开杀戒。

刘彊是主动放弃太子之位的，郭皇后废后不久，刘彊深感不安，"数因左右及诸王陈其恳诚，愿备藩国"②。这一举动令正在为如何另立太子而苦恼的光武帝大加赞赏。于是"以彊去就有礼，故优以大封"③。降为东海王后的刘彊依旧谨小慎微，因为兼食东海、鲁两郡，数上书欲还东海，对代替他称帝的刘庄也是词语谦卑、态度恭谨，当异母弟刘荆写信意图谋反时，刘彊"得书惶恐，即执其使，封书以上"④，可见他避讳的程度之深。

刘庆废黜时虽幼，但知道避祸，"言不敢及宋氏"⑤，得到章帝的同情，同时刘庆与新太子刘肇的关系更是亲密，"诸王莫得为比"⑥。后来刘庆参与消灭威胁刘姓皇室的外戚窦宪，成为功臣，但他仍"小心恭孝，自以废黜，尤畏事慎法"⑦，丝毫没以功臣自居。

刘保被废黜后，"悲号不食，内外臣僚莫不哀之"⑧，面对突如其来的变故，身边既没有父亲的关怀，也没有母亲的安慰，只能本能地失声痛哭。一个不足 10 岁的小孩子不会了解争权夺利，也不会明白为何会突然被废，他既

① 《后汉书·郅恽传》，中华书局，2003 年，第 1031 ～ 1032 页。
② 《后汉书·光武十王传》，中华书局，2003 年，第 1423 页。
③ 《后汉书·光武十王传》，中华书局，2003 年，第 1423 页。
④ 《后汉书·光武十王传》，中华书局，2003 年，第 1447 页。
⑤ 《后汉书·章帝八王传》，中华书局，2003 年，第 1800 页。
⑥ 《后汉书·章帝八王传》，中华书局，2003 年，第 1800 页。
⑦ 《后汉书·章帝八王传》，中华书局，2003 年，第 1801 页。
⑧ 《后汉书·顺帝纪》，中华书局，2003 年，第 249 页。

不会发牢骚，因为不知是谁陷害了自己，也不会向父皇申诉，因为正是父皇将其废黜。他的生母早死，外家不知所踪，当然不会"言及李氏"犯忌讳，招来杀身之祸。

（四）社会大背景的影响作用

东汉的诸侯王政策，一方面减少诸侯王的食封，另一方面又恩威并施，对诸侯王一般的违法犯纪行为加以宽恕，对威胁政权稳固的恶行大加诛伐①。减少诸侯王的食封，就削弱了其势力；恩威并施的方式团结了大多数诸侯王，警醒少数不法之徒，这些都是维护封建国家稳定的重要举措。废太子皆得保全，也得益于这一政策。东汉诸侯王势力小、实力弱，不能与中央政府对抗，杜绝了废太子心有不甘而举兵谋反的可能。东汉对诸侯王有宽大的一面，对于确实有过的诸侯王都能容忍，更何况废太子本来无罪，就更没有诛杀的必要了。

东汉有崇儒的风气，上自皇帝本人，下至平民百姓都明习儒经，政府官员也都以明经取士。而儒家极重孝道，将孝亲作为全社会最基本的道德规范，要求父慈、子孝、兄友、弟恭。皇帝是万民之父，他的行为不仅具有表率作用，更关系到封建国家的命运，皇帝的家务事涉及国家政治，所以在处理家务事时必须慎重。这种连锁效应，对东汉废太子的命运有不可忽视的作用：废太子和老皇帝是亲生父子，与新太子是异母兄弟，在对他们的处置方式上，就不能不考虑社会影响，所以赵翼分析东汉废太子皆得保全在于"光武及明、章二帝皆崇儒重道，子弟习于孝友之训深者，故无骨肉之变也"，是有一定道理的②。

综合以上的分析，东汉废太子皆得保全的原因是废太子本人无罪而无辜被废，缺乏诛杀的正当理由；他们在朝中势力弱、缺乏支持者，不会对当权者构成威胁；废黜后谦让知退，避免嫌疑，没有授人以柄；还有东汉实行的诸侯王政策和崇儒风气的社会大背景的影响作用。

---

① 林剑鸣：《秦汉史》，中华书局，1984年，第230～234页。
② ［清］赵翼撰，王树民校证：《廿二史札记校证》，中华书局，1984年，第96页。

第三节 《吕氏春秋》中的君虚臣实思想

　　《吕氏春秋》是战国末年秦国丞相吕不韦集合门客所著成的一部先秦诸子著作集，因最终由吕不韦统筹定稿，所以此书可以说是其思想的总结。其中，不乏对其作为秦国丞相及秦国真正的决策者政治思想的反映。吕不韦任丞相的十年正是秦国的统一战略方兴未艾、如火如荼进行之时，有识之士可以预见统一的趋势，作为卓越的政治家，吕不韦关注的应是国家统一后的施政问题。统一国家的君主将以何种姿态出现，对于一个中央集权的国家至关重要。吕不韦有近十年的丞相经验，在这一过程中，秦庄襄王以及年幼的秦王嬴政都是以一种政治傀儡的形象出现，在政治上没有发言权。而作为丞相的吕不韦，领略到君王若只作为名义领袖而臣下为实际决策者的效率和便捷。

　　《吕氏春秋》以道家的基本观点作为全书的主导思想，但道家所倡导的无为而治却与《吕氏春秋》所说的"无为"有着根本的不同。道家的无为思想，是一种消极的绝对的不为，目的是要人们回到小国寡民的远古社会，这是一种意识的倒退，不是社会前进的思想；《吕氏春秋》所说的"无为"，则是一种有区别的"无为"，即作为君主，应是"无为"的，而作为臣下，应是积极"有为"的。所谓的"无为"，仅限于君主，君主也只有通过"无为"才能使臣下有所作为，这便是"君虚臣实"的思想。为了明确这种差别，《吕氏春秋》中细数君道与臣道。

　　"无为"是顺应天地宇宙而生的人间法则。"无为之道曰胜天，义曰利身，君曰勿身""勿身督听，利身平静，胜天顺性"（《先己》）[①]。在无为思想的指导下，为君者勿身、无为，便有了先天条件，为君者也只有顺应天意无为而治才是养生之道、治国之本。同时，"无为"也是君道中的核心要求，"君也者，以无为当有为，以无得为有得者也……故善为君者无识，其次无事"（《君守》）。"无为"成了君主的一种美德、一种修养，在《吕氏春秋》中无处不见对于君主"无为"思想的论述，这种素质既有利于君主本人的身心健康，又有利于上下关系的和谐，最终达到国家的强盛。

---

① ［汉］高诱注：《吕氏春秋》，上海书店，1992年，第27～28页。

与君主的"无为"相比，臣下的职责是"有为"而无不为。这种与君主职责的互补，同样是合乎天理、顺应天意的。"天道圜，地道方，主执圜，臣处方"（《圜道》）①。只有君臣各司其职、互不干涉，才可达到"其国乃昌"的效果。《吕氏春秋》这种关于君臣的论述是对道家思想的改良，是在封建君主专制集权强化之前，对于君臣权力划分的勇敢探讨。按照《吕氏春秋》的说法，君臣职权有严格的划分，它们是不可混淆的。《任数》篇中有所比喻："君臣不定，耳虽闻不可以听，目虽见不可以视，心虽知不可以举，势使之也。"②《君守》中也有论述："人主好以己为，则守职者舍职以阿主之为矣。阿主之为，有过则主无以责之，则人主日侵，而人臣日得。"③可见，君臣之间权责的差异是天道的一种表现，倘若君臣职责不清，无论对于君主本人还是对于国家社稷都是不利的。所以君虚臣实的原则有三点：第一，君主无为；第二，臣下有为；第三，君臣各司其职，不可越位。

在明确了君道与臣道的基本原则之后，就应解决具体的实施问题：君主如何行事才可以做到"无为"？《吕氏春秋》从以下几个方面来解决这个问题。

首先，认为治国大权不是君主的个人专权，而是属于一个坚强的统治集团。

"天下非一人之天下也，天下人之天下也"（《贵公》）④。君主个人不是万能的神，他有自身的不足，比如君主的个人欲望及其有限的才智，要维持一国的正常运行是危机重重的，因此必有所依托，将治国大权委任于臣下，使其得以充分发挥聪明才智。《吕氏春秋》无时无刻不在宣扬这个观点，并列举古代有为先王任贤举能，委任大事于臣下，贤人共治国的事例，并强调"古之王者，其所为少，其所因多。因者，君术也；为者，臣道也"（《任数》）⑤。五霸之一的楚庄王任孙叔敖为相，将境内之劳皆委托于孙叔敖，于是世人都以孙叔敖之遇楚庄王为幸。但是《吕氏春秋》却自有一番言论，以有道之人的口吻说，此事不然，乃为楚国之幸，正是因为楚庄王的这种做法，才使楚国

<hr>

① ［汉］高诱注：《吕氏春秋》，上海书店，1992 年，第 31 页。
② ［汉］高诱注：《吕氏春秋》，上海书店，1992 年，第 203 页。
③ ［汉］高诱注：《吕氏春秋》，上海书店，1992 年，第 202 ～ 203 页。
④ ［汉］高诱注：《吕氏春秋》，上海书店，1992 年，第 8 页。
⑤ ［汉］高诱注：《吕氏春秋》，上海书店，1992 年，第 205 页。

位列"五伯",使他的功绩得以著乎竹帛、传于后世。任何一个足以为后世称道的国家,都是由一个智囊团支撑的。

其次,君主应明确自己的职责,加强自身修养。

做一个合格的君主是一件难事吗?按照《吕氏春秋》君主无为的要求,什么事都不做,是再简单不过的事了,"主道约,君守近,太上反诸己,其次求于人"(《论人》)[1],君主的职责在于治身,这是一切的关键,是治国之本,只有自身的素质达到要求,才有可能约束臣下。何谓"反诸己"?反诸己者,"适耳目,节嗜欲,释智谋,去巧故,而游意乎无穷之次,事心乎自然之涂"(《论人》)[2],以上几种做法是典型的道家思想的体现,祛除人性的欲望和权术心机,让自己的意识游弋于无穷的宇宙之中,思想立于无为的境界,这样便能获得领悟事情精要的能力,得到道的玄机。

再次,君主有必要求助于人。

远古三代、春秋战国礼贤下士的风范在《吕氏春秋》的成书年代显得异常重要,秦国的上层阶级体会犹深。自穆公以来,秦国能够迅速在诸侯中崛起,重要原因之一就是对人才的吸纳,此种观点在日后李斯的《谏逐客令》中有深刻的论述。君主"无为"既是君主求诸人的前提,又是君主委任于人的保证。君主即用人才,就应信之任之,做到"问而不诏,知而不为,和而不矜,成而不处"(《审分》)[3],放心大胆地让臣下去行事,不插手臣下的具体实行方案,达到所谓不为而知、千官尽能的目的。

最后,君主应审分,为君臣关系正名。

既然是君虚臣实,君臣职责各有侧重,为了保障这种明确的分工,就必须对君主的行为有所规定,将他的权威由台前转向幕后。但是这种转变是危险的,专制君主是不会自动扮演这种角色的,所以《吕氏春秋》也只是以一种建议的方式强调职权划分的重要性。《审分》篇中说:"凡人主必审分,然后治可至,奸伪邪辟之涂可以息,恶气苛疾无自至。"[4]君主审分正名是治国

[1][汉]高诱注:《吕氏春秋》,上海书店,1992年,第29页。
[2][汉]高诱注:《吕氏春秋》,上海书店,1992年,第29页。
[3][汉]高诱注:《吕氏春秋》,上海书店,1992年,第200页。
[4][汉]高诱注:《吕氏春秋》,上海书店,1992年,第198页。

的前提，是解决君臣矛盾的关键，也是驭下的权术，若君主和臣下共同治理国家，臣下就有机会隐藏自己的阴私，君主也就无法避开负累了。凡是自己做善事就会困难，而任用别人做善事就会简单得多，这正如人与千里马相比是人力远不比千里马，但是一旦人驾驭千里马，则千里马远不足以胜人。《吕氏春秋》同时说明正名审分不是剥夺君主的权威，而是为君主排忧解难，"名正则人主不忧劳矣，不忧劳则伤其耳目之主"（《审分》）①，君主知道怎么做却不亲自去做，就是顺应天性、享受安逸。

《吕氏春秋》的成书年代是战国末期，秦国的对外战争性质逐渐转变为兼并统一战争时期。自昭襄王以来，秦国的对外作战都是采取主动，而六国的反应只是一种消极的应战；从战争的结果来看，秦国接连取胜，实力远胜于六国。历史选择秦国成为统一中原的力量，这种趋势即使在当时也为人们所认同，吕不韦作为秦国丞相必然心知肚明，在这种时代背景下，提出君虚臣实的观点有其合理的原因。

天下的统一，必将带来权力的统一，作为秦国实际决策者的吕不韦势必会为这即将到来的胜利做善后工作。元人陈澔曾对《吕氏春秋》这样评价："吕不韦相秦十余年，此时已有必得天下之誓，故大集群儒，损益先王之礼而作此书，名曰《春秋》，欲为一代兴王之典礼也。"此话一出，多为后世所认同并沿袭。而《吕氏春秋》的政治目的在《序意》一文中也有明确表示："文信侯曰：'尝得学于黄帝之所以诲颛顼矣，爰有大圆在上，大矩在下，汝能法之，为民父母。'"②这段文字隐含老一辈人对晚一辈人的教导、训诫之意，以吕不韦的仲父身份，为秦王嬴政的将来作如此打算是情理之中。若再将吕不韦的抱负扩大，这也是其心怀天下志向的表露。《过秦论》中称"始皇奋六世之余烈，振长策而御宇内，吞二周而亡诸侯"③，可见，从孝公始，秦国以法家思想为指导，对内施行严刑峻法，对外以武力征伐，致使秦国在六国中有虎狼之国的称呼，但是世易时移，统一在即，纯正的法家是否同样适用于新的王朝？不得不令人深思。马上得天下，焉能马上治天下？连年的征战使

---

① ［汉］高诱注：《吕氏春秋》，上海书店，1992年，第200页。
② ［汉］高诱注：《吕氏春秋》，上海书店，1992年，第122页。
③ 《史记》卷六《秦始皇本纪》，中华书局，2003年，第280页。

各国疲惫，人民疲于奔命，严酷的法家思想使其民动辄见罚，所以是到了应给天下一个相对宽松的环境的时候了。吕不韦兼收并蓄，将道家的无为、儒家的仁政民本、墨家的尚农尚贤、兵家的贵势与法家的重法结合起来，形成独具特色的吕学。君虚臣实思想就是在这种背景下杂糅改良而成的，是对君主私天下的修正，只有通过公天下、贤者共议政的统治方式，才有可能对今后统一的国家有利。吕不韦执政时期，上承昭襄王的遗志，下启秦始皇的霸业，是秦帝国建立不可或缺的关键时期，他本人的实践先行就是其君虚臣实思想的成功证明，由此看来，《吕氏春秋》的君虚臣实思想应是吕不韦为代表的政治家对统一国家的大胆设想和实践总结。

当然，也不排除吕不韦提出君虚臣实思想的私人目的。作为善沽的商人，他从政的根本目的就是拥有政治上的特权。所幸的是，在其近十年的丞相生涯中，秦庄襄王以及年幼的秦王嬴政都是以一种政治傀儡的形象出现，在政治上没有发言权，这正好遂了他的心愿。现在，更大的权利诱惑即在眼前，他当然不会有急流勇退的念头，所以《吕氏春秋》中着重强调的君虚臣实思想应为了保证丞相目前以及将来的地位和特权的因素。从涉及这种思想的字里行间可以看出，要么是古代圣君的事例，要么是寓言，无不在说明君主事省而国治的道理，目的很明显，旨在证明他的政治举措是合乎逻辑、合乎情理的。这样一来，日后的施政措施也是有章可循的。《吕氏春秋》成书后，吕不韦大张旗鼓地宣传，可以看出他的自信与得意。

除了吕不韦的政治野心作祟外，被着重强调的君虚臣实思想，也夹杂着他自我保护的因素。在封建社会，君权和相权是一对难以调和的矛盾，战国时代作为封建社会的初级阶段，封建君主专制开始出现并得到增强，便体现出这一矛盾。以秦国为例，在孝公变法以后，秦相商鞅与惠文王的矛盾，最终导致商鞅车裂，其原因就不应只局限于变法派与守旧派的矛盾，因为从以后惠文王及其后继者对商君之法的态度来看，"蒙故业，因遗册"（《过秦论》）[1]，派系之间的矛盾，或是惠文王个人与商君的恩怨，并非商君之死的全部原因。商鞅在秦国21年的政治活动，妇孺皆言商君之法，为他个人积累了危及君权的威望。飞鸟尽良弓藏，君主之所以必须排除功臣的原因就在于此，

①《史记》卷六《秦始皇本纪》，中华书局，2003年，第279页。

功高镇主的臣下结局往往是悲惨的。商君之后，秦国历代丞相高官，如魏冉、张仪、范雎、白起等或被驱逐，或因罪而亡，都是不久前的教训。面对日见成人的嬴政，号为仲父的吕不韦必须抓紧时间将这位小君主培养为他心目中合适的"无为"君王。也许与嬴政理还乱的关系让他自以为有足够的信心教育这位君主，使自己免于成为君权相权之争的牺牲品。君虚臣实的思想正是吕不韦希望抑制逐渐加强的君权的体现。"八览"是他在免相之后，就国河南时完成的，其中的《审分》大论君虚臣实，也许就有为己开脱的成分。而历史的发展清晰地告诉后人，这种思想也正是他与秦王嬴政政见不同点之一，这也许是他最大的悲哀。但是吕不韦推崇的君虚臣实思想毕竟有其历史可行性，对于加强政治清明、减少君主独裁的危害有积极的作用。

《吕氏春秋》问世以来，后人将其列为秦帝国的施政纲领，但是书成之后不久，吕不韦就连坐嫪毐之罪而身死，吕不韦个人的政治时代以告终结，但是他总结出的思想并未随着他的死而终结。

尽管吕不韦提出的君虚臣实思想未被秦始皇完全接受，但是其中任贤举能、君主求诸人的思想还是为秦始皇所采纳，尉缭曾形容秦始皇"居约易出人下，得志亦轻食人"，但后来却被秦始皇的屈尊降贵的诚恳挽留所打动，可以看出，他还是或多或少受到了这种思想的影响。他以君主之尊向王翦道歉，任其率领60万大军攻楚的事例同样说明了这点。其后发生的焚书事件，战国诸子百家之书皆遭焚毁，以秦始皇刻薄寡恩的性格，任何侵犯他权威的人他都不会放过，《吕氏春秋》在这样的情况下，很可能难逃被焚毁的命运。它不像儒、道、墨等各家思想有深厚的学术底蕴，拥有大批誓死传承的信徒，即在经历浩劫后仍生生不息，它只是诞生不久的新思想。但是我们从汉代士大夫对《吕氏春秋》情有独钟的方面可以推论，《吕氏春秋》应未遭秦火，因此可在汉代流传。它之所以逃过一劫，原因之一在于它本身拥有切实的存在价值，更为重要的是，这种价值超过了秦始皇对于它的作者的愤恨。

《吕氏春秋》中君虚臣实思想在以法家为治国方针的秦帝国没能找到应有的市场，在接下来的汉代，对以黄老思想为治国方针的汉初不无影响。

汉承秦制，唯有在治国方针上与秦的暴政相反，而采用黄老无为而治的思想，这一方面是继任的统治者在总结秦王朝失败教训的基础上作出的政治决策。众所周知，秦因暴政而亡，秦的暴政又因秦始皇个人独断专行的统治而更加严重。汉代士大夫就曾批评秦始皇宁可疲劳专权，也不愿委任臣下，贪图权力达到无以复加的程度。于是，黄老无为的治国思想应运而生。另一方面，也不能否认，这受君虚臣实思想的影响。在汉初黄老无为思想的实际应用的方式上，我们可以看出它与君虚臣实思想的相似之处，两者都是对道家思想加以改良，以"无为"当"有为"。君主以"大将不斫，大庖不豆"的风范治理国家，让臣下参与政权，汉高祖曾不无得意地说："夫运筹策帷帐中，决胜于千里之外，吾不如子房；镇国家，抚百姓，给馈饷，不绝粮道，吾不如萧何；连万里之军，战必胜，攻必取，吾不如韩信。此三者，皆人杰也，吾能用之，此吾所以取天下也。"这是君虚臣实思想在实践上的又一成功事例。在汉初黄老无为思想的指导下，《淮南子》曾名动一时，对汉代思想界有深刻的影响。而《淮南子》无论是在形式还是在内容上，都效仿《吕氏春秋》，其中不乏受君虚臣实思想影响的痕迹。

无为而治更造就了文景之治，深刻影响了汉代的政治、思想和文化等方面，对于汉代的强盛"功不可没"。遗憾的是，自两汉以来，君虚臣实连同《吕氏春秋》一并被束之高阁，几乎无人问津。这也许是因为封建君主专治的加强，将封建君主推上了一个更高的金字塔尖，成为绝对的权力主体，无人再有勇气提出君虚臣实这种已被视为大不敬的言论。君虚臣实这种产生于封建社会"纯真年代"的思想注定就此在封建社会的时代销声匿迹。也许只有后人在典型的资本主义君主立宪国家还依稀可见其中的映像。

第四节　汉晋时代的宫廷女性——以班婕妤和贾后为例

东汉班婕妤和西晋贾后虽同为历史上著名的后宫女性，但其行事作风以及后世对她们的评价却完全不同。班婕妤是历史上为人称道的贤媛，她过人的才华和坎坷的人生际遇历来为人称道和惋惜。她的事迹全部记载在《汉书》上，但是仍给今人留下许多谜团。西晋惠帝皇后贾南风，凶狠毒辣、秽乱宫闱、借刀杀人、左右朝政，背负了千古恶名。这两位品行完全相左的后宫女性恰成为传统思想对后宫女子规谏的正反典型。

一、东汉的班婕妤

历史上的班婕妤尽管才华出众，但遗憾的是，史书上却没有留下她真正的芳名，"婕妤"只是她作为汉代后妃的封号，位于后妃等级的第三等。

（一）班婕妤的生平

班婕妤祖先乃是楚国令尹子文，子文曾有一段传奇的经历：其母弃之于云梦泽，而虎却哺乳了他。在楚地，人们称虎为班，所以子文之子便以"班"为号，称为"斗班"。秦国灭楚国时，子文之后人迁居于晋、代之间，遂以"班"为姓。秦始皇末年，班氏一家以班壹为首又迁居到楼烦（今山西省朔县），以放牧牛、马、羊为生。汉初，国家政策较为宽松，班氏得以凭借放牧业成为富甲边地的雄豪。班壹之子班孺在当地行侠仗义，受到人们的称赞。班孺之子班长、班长之子班回都出仕为官，班回之子班况就是班婕妤的父亲，他因政绩突出而受到大司农的举荐而成为左曹越骑校尉。汉成帝时，班回迁居昌陵，后来又迁居至首都长安。

班婕妤就是出生在这样一个有较为深厚的历史渊源的官宦之家，这使她有机会接受良好的教育，也成就了她日后才女的地位。汉成帝即位之初，班婕妤就入选后宫，最初只是"少使"（也是嫔妃封号，但地位较低），但是不久因受到成帝的宠爱而晋升为"婕妤"。从成帝建始元年（前32年）开始至鸿嘉元年（前20年），这近12年的时间是班婕妤人生中最风光的时期，她享受了嫔妃的高贵地位，体验了嫔妃锦衣玉食的生活。鸿嘉元年以后，汉成帝另觅赵飞燕姐妹为新欢，班婕妤逐渐失宠，直到鸿嘉三年（前18年），受许皇后事件的牵连以及被赵氏姐妹诬陷，她的命运发生了重大转折。为了在危机重重的后宫生存，班婕妤果断选择侍奉长信宫太后，过着清心寡欲的日子。也正是在这段时间，班婕妤写就了传世的诗赋如《自悼赋》和《团扇歌》等。成帝死后，她被安置在成帝的陵园为其守陵，并最终孤独地死在那里。

（二）班婕妤的女祸

历史上许多人将班婕妤的失宠归罪于赵飞燕姐妹的骄妒，这当然是直接原因，但是汉成帝生性好色和感情不专却是她人生悲剧的根本原因。本篇着重分析前一原因，即班婕妤的女祸。

历史上后宫激烈的争斗司空见惯，无数后宫佳丽在这种斗争中胜出或被淘汰，能够在宫廷权欲之中毫发无伤地生存下来却是不多见的，而班婕妤也不幸卷入了这一旋涡。汉成帝自鸿嘉元年后越发好色，将出身卑微的舞女赵飞燕和赵合德姐妹先后立为婕妤，宠爱无比，权倾后宫。先前受宠的许皇后和班婕妤逐渐失宠，鸿嘉三年，赵氏姐妹揭发许皇后"为媚道祝诅"（指为能得到皇帝的宠爱而施展巫术害人）①，同时将无辜的班婕妤也算作同谋。许皇后"祝诅"后宫是事实，她不满于自己的失宠，而与其姐许谒等诅咒后宫怀孕的王美人和大将军王凤等人，事情败露，许皇后被废，许谒等被诛死。汉代法律对于"祝诅"之类的行为处罚相当严格，是弃市的死罪，许皇后等人的下场均是其咎由自取，但是诬陷班婕妤也参与其中却是毫无证据的，而班婕妤在受诬后接受审问时的一番自我表白则更加证明了她的清白，她说："妾闻'生死有命，富贵在天'，修德尚未蒙福，为邪欲以何望？使鬼神有知，不受不臣之愬，如其无知，愬之何益？故不为也。"② 大意是说人的富贵生死自有天命，行善尚且不能保证由此得福，就更不必说作恶必得报应了；假如鬼神存在，必然不会助人为恶，假如鬼神不存在，又何必向它祈求？成帝感慨于她的回答，"善其对，怜悯之，赐黄金百斤"③，不但没有继续追究，反而下赐黄金百斤，以此表示慰问和安抚。

班婕妤凭着睿智和卓见躲过了一场浩劫，后世史学家几乎一致断定班婕妤是被冤枉的，这一冤案的始作俑者就是赵氏姐妹，其中当然有"女无美恶，入室见妒"的原因，但是除此以外还有更为深层的原因。

1. 班婕妤进侍者李平，成为与赵氏姐妹争宠的对象

班婕妤毕竟受到封建礼教的束缚，在自己逐渐失宠时向成帝推荐自己的

---

① 《汉书》卷十二《外戚传》，中华书局，2002 年，第 2982 页。

② 《汉书》卷十二《外戚传》，中华书局，2002 年，第 3984 页。

③ 《汉书》卷十二《外戚传》，中华书局，2002 年，第 3985 页。

侍者李平（时间约为鸿嘉初年），这在今人看来是不可理解的，但在当时却是贤德的女子宽宏大度、没有嫉妒心的表现。李平由此被尊为"卫婕妤"，和赵氏姐妹同时受宠，这一举动当然会遭到妒忌心强的赵氏姐妹的仇恨，也正是在此后不久〔鸿嘉三年（前18年）〕，班婕妤便受到许皇后"祝诅"事件的牵连。

2. 班婕妤和许皇后关系良好

班婕妤有三位兄弟：班伯、班斿和班稚（著名史学家班彪的父亲，班固的祖父），他们作为名门之后，和王、许两家权贵多有接触，"出与王、许子弟为群"①。这三家显赫的大族有良好的交往关系。许皇后就是许氏家族之女，她和班婕妤同时受宠，但是以班婕妤知礼退让的个性以及两人各自家族良好交往的渊源，她们的关系至少应是融洽的，也许还会更亲密，所以在打击许皇后的同时自然会牵连到班婕妤。

3. 班婕妤在后宫中良好的口碑遭人妒忌

给班婕妤带来良好口碑的就是著名的"辞辇"事件。史书记载汉成帝游后庭，欲与婕妤同乘辇，而她却引经据典婉言谢绝，连王太后也不由称赞："古有樊姬，今有班婕妤。"②这一举动日后成为彪炳史册的美谈，北魏司马金龙墓中曾出土一套彩绘漆屏风，内容主要为历史上贤德女子的史迹，其中就包括婕妤辞辇（见图4-1）③。

但原本是彰显后妃美德的事迹，却给班婕妤带来了巨大的麻烦。此时，成帝盛宠赵氏姐妹，而后者却是出名的嫉妒成性、心狠手辣，同时与王太后的关系不好，王太后一开始就反对将赵飞燕立为皇后，嫌其身份卑微。这种差别自然会引起赵氏姐妹对班婕妤的疯狂嫉妒，这也为日后的"巫蛊之诬"埋下了伏笔。

---

① 《汉书》卷十二《叙传》，中华书局，2002年，第4198页。

② 《汉书》卷十二《外戚传》，中华书局，2002年，第3984页。

③ 扬之水：《北魏司马金龙墓出土屏风发微》，《中国典籍与文化》，2005年第3期，第36页。

图 4-1　司马金龙墓出土漆屏风上所绘班婕妤辞辇图

（三）班婕妤与汉成帝

班婕妤是汉成帝后宫嫔妃，史书记载汉成帝"善修仪容""尊严若神""博览古今"，具有儒雅的风度和气质，同时博学多才，但同时他又"湛于酒色"①。汉成帝倘退去帝王的光环，俨然是一风流倜傥的才子。而班婕妤系出名门，是典型的大家闺秀，受过良好的教育，品行端正，正是君子梦寐以求的"窈窕淑女"。她虽不似赵氏姐妹那般美得妖冶，但是却能让好色成性的汉成帝宠爱 12 年，也足以说明她清新脱俗的美貌与气质。所以汉成帝和班婕妤二人就是传统观念中才子佳人的现实版本。

建始元年（前 32 年）到鸿嘉元年（前 20 年）是班婕妤和成帝感情最好的时期。班婕妤初入宫时只是"少使"，但很快就升为"婕妤"（后妃第三等，位仅次皇后和昭仪）。成帝还曾邀请班婕妤一同乘车，尽管被她婉拒，但不难看出两人感情亲密。即便鸿嘉元年以后，成帝移情别恋，但对班婕妤还有情意，最有说服力的就是他对班婕妤受巫蛊事件牵连的处理方式。

---

① 《汉书》卷十《成帝纪》，中华书局，2002 年，第 330 页。

汉代能够逃脱巫蛊之祸的后妃寥寥无几，汉武帝的卫皇后、汉元帝的冯昭仪、东汉章帝的宋贵人都因此而死，而班婕妤却能够在致命的诽谤和诬陷中幸免于难，这不能不说汉成帝起到了至关重要的作用。他没有不分黑白，直接将班婕妤处死，而是给她为自己辩解的机会，也正因为如此，班婕妤才有机会证明自己的清白无辜。当班婕妤的受诬案尚未澄清之时，她的三个兄弟均在朝中任职，但无一人由此受到牵连，如果汉成帝早与班婕妤恩断义绝，又怎能放过她的家人？当成帝听罢班婕妤的辩白，立刻为之动容，不但不再追究，反而下赐黄金百斤，可见他虽然昏庸，但对班婕妤还是有一定的夫妻之情的。

巫蛊事件平息后，班婕妤移居长信宫侍奉太后。在此期间，公孙闳和班婕妤的兄弟班稚同时触怒了成帝，公孙闳由此丧命。但是成帝看在班婕妤的份上，只给班稚降职的处分，还允许其"食故禄终身"①。这算是特别的优待了，也说明汉成帝虽另有新欢，但是对班婕妤还是有一番情意的。

班婕妤笃信天命，恪守妇德，处事不惊，心如止水，从她传世的几首诗词中便可体会这种超然的心境。她在《自悼赋》中说："将天命之不可求"。又说："生死有命，富贵在天。"她相信富贵自有天命，人力难能抗拒，所以得意淡然，失意怡然。《怨歌行》（一名《团扇歌》）云："新裂齐纨素，皎洁如霜雪。裁为合欢扇，团团似明月。出入君怀袖，动摇微风发。常恐秋节至，凉风夺炎热。弃捐箧笥中，恩情中道绝。"②诗中以"团扇"自喻，诉说将自己如秋扇般的命运，哀愁尽在其中；秋扇难逃弃捐的结果乃是时机使然，班婕妤心知肚明，所以虽有哀愁却绝无怨恨。即使遭受打击，班婕妤仍然坚强地生活，她侍候王太后尽心尽力，得到王太后的赞许："后宫贤家，我所哀也。"③相比得宠的赵氏姐妹，她们的人生如烟花般瞬间绽放后即化为乌有，而班婕妤却能平静而体面地度过此生，这何尝不是她人生中不幸中的大幸？

---

① 《汉书》卷十二《叙传》，中华书局，2002 年，第 4204 页。
② 《汉书》卷十二《外戚传》，中华书局，2002 年，第 3985 页。
③ 《汉书》卷十二《叙传》，中华书局，2002 年，第 4204 页。

二、西晋的贾后

贾南风是西晋惠帝司马衷的皇后，这对夫妻在历史上鼎鼎大名：一个是臭名昭著"厉后"，另一个则是个地道的白痴。这对夫妻的"绝配"组合像是彻头彻尾的历史闹剧。贾后之"厉"，体现在诸多恶行：她嫉妒成性、心狠手辣；生活放纵，秽乱宫闱；不守妇道，残害姻亲；利欲熏心，把持朝政；诛除异己，引发"八王之乱"，并最终导致西晋政权的灭亡。《晋书·后妃传》曰："南风肆狡，扇祸稽天。"[①] 贾后之恶行天理难容，是亡国的直接凶手。中国封建社会往往将亡国的责任归罪于"红颜祸水"，西晋的灭亡，当然有深层原因，并不完全是贾后的责任，但其所作所为无疑加速了王朝的灭亡。

但纵观历史却有一疑问：贾后之恶名其本人固难辞其咎，但其恶行却非前无古人、后无来者，而为什么唯独贾后得到这种"殊荣"？只因此问题尚无人涉及，同时传统的"红颜祸水"论似乎并不足以解释，故笔者试着总结出以下三点原因。

（一）贾南风无后德

贾南风之为皇后，并非才德高尚或美貌出众，而是靠家族荫功和贿赂谋得。她虽母仪天下，却暴虐残忍，面目丑陋。《晋书·惠贾皇后传》曰："（贾后）短形青黑色，眉后有疵。"[②] 她是个身材矮小、肤色青黑且面有瑕疵的女人，照现代标准来看，绝称不上美貌；即使按照当时的标准也远非美人，时人认为女子"美而长白"[③]，即肤色白皙、身材修长，方可称为美女。相形之下，贾后之丑不言而喻。贾后丑陋，在其未出阁时就为人所知，当晋武帝在为太子选妃时，便不看好贾南风，认为"贾公之女有五不可……贾家种妒而少子，丑而短黑"[④]，意欲作罢。之后，其貌丑更是举国皆知，一提"短形青黑，眉后有疵"的妇人，人们便立刻知道此人就是贾后，"听者闻其形状，知

① 《晋书》卷三十二《后妃传下》，中华书局，1974 年，第 984 页。
② 《晋书》卷三十一《后妃传上》《惠贾皇后传》，中华书局，1974 年，第 963 ～ 965 页。
③ 《晋书》卷三十一《后妃传上》《惠贾皇后传》，中华书局，1974 年，第 963 ～ 965 页。
④ 《晋书》卷三十一《后妃传上》《惠贾皇后传》，中华书局，1974 年，第 963 ～ 965 页。

是贾后，惭笑而去"①，可见其貌丑之事实尽人皆知，故称她为"红颜祸水"简直是一种恭维，所以也难能像貌美的"红颜祸水"那样虽有亡国的罪名，却能博得人们的同情。

贾南风不但相貌丑陋，内心更丑恶。她尚为太子妃时就毫无顾忌地作恶，《晋书·惠贾皇后传》曰："（贾南风）妒忌多权诈，太子畏而惑之。"又曰："妃性酷虐，尝手杀数人。"②被立为皇后之后，她"暴虐日甚"，"更与粲、午专为奸谋，诬陷太子，众恶昭彰"③。贾后心性狠毒，甚至不顾尊贵的身份亲手行凶，残杀怀孕的后妃，诛除异己。其诸多恶行无不证明其居心阴险和手段残忍，根本谈不上德行，更非在传统观念中的"贤媛"。东汉班昭著《女诫·妇行》总结女子德行曰："女有四行，一曰妇德，二曰妇言，三曰妇容，四曰妇功。"④此四德是传统观念对女子言行举止的规范，是女子最基本的行为准则。而皇后更应为天下女子之表率，"肃尊仪而修四德，体柔范而弘六义"⑤，方能母仪天下，助王宣化。

贾后自身资质不高、相貌丑陋，难以博得后人的同情。更因为她性情残暴，行为恶劣，虽身居皇后尊位却全无妇德，不能为天下表率，反而做出种种令人发指的恶行，故如她这般貌丑心狠且无德之人，得千古恶名也在情理之中。

（二）贾氏门风败坏

贾后出身权贵，父亲贾充是西晋王朝的开国功臣，曾为晋武帝司马炎称帝立下汗马功劳。在贾南风成为皇后之前，贾充既与司马氏皇族联姻，他与前妻李氏之女贾荃（一名贾褒）为晋武帝之弟齐王攸王妃，故贾充集功臣、皇亲双重身份于一身，"朝野为之侧目"⑥。但是贾充的人品和行径并不光明磊落，《晋书·贾充传》曰："充有刀笔才，能观察上旨。"又曰："充无公

---

① 《晋书》卷三十一《后妃传上》《惠贾皇后传》，中华书局，1974年，第963～965页。
② 《晋书》卷三十一《后妃传上》《惠贾皇后传》，中华书局，1974年，第963～965页。
③ 《晋书》卷三十一《后妃传上》《惠贾皇后传》，中华书局，1974年，第963～965页。
④ 张福清编著：《女诫——妇女的枷锁》，中央民族大学出版社，1996年，第3页。
⑤ 张福清编著：《女诫——妇女的枷锁》，中央民族大学出版社，1996年，第3页。
⑥ 《晋书》卷四十《贾充传》，中华书局，1974年，第1166～1167页。

方之操，不能正身率下，专以谄媚取容。"①《晋书·五行志》亦曰："贾充等用事专恣，而正人疏外者多。"② 可见，贾充虽有才干，却善于逢迎，无贤臣之节操；虽身居高位，却用事专恣，排除异己。即使对子女也不念亲情：为保自身地位，置女儿终身幸福于不顾，将贾南风嫁给白痴太子；贾荃为母求情，即使放弃齐王妃之尊，叩头流血也不能打动贾充，这不能不说他既自私又冷漠无情。

贾后的母亲广城君郭槐为人妒忌多疑、残暴凶狠：因怀疑贾充与乳母有私便杀乳母，两个幼子因思念乳母先后夭折，这种草菅人命的恶行与贾后如出一辙。甚至连位居宰相的丈夫贾充都惧她三分：武帝曾特许贾充立前妻李氏和郭槐为左右夫人，结果"充乃答诏，托以谦冲，不敢当两夫人盛礼，实畏槐也"③。堂堂一国宰相，在朝堂上作威作福，却惧内如此，郭槐之厉，可见一斑。也可知贾后之恶行完全继承其母，有过之而无不及，可谓青出于蓝而胜于蓝。

有这样的父母作榜样，贾后一家各个品行低劣。贾后之妹贾午，虽容貌"光丽艳逸，端美绝伦"④，但行为轻佻风流，私通韩寿。其父贾充得知此事，竟为遮掩家丑而成全二人，置礼义廉耻于不顾。贾充无子，死后便以贾午与韩寿之子贾谧为嗣，而贾谧却"负其骄宠，奢侈逾度""恃贵骄纵，不能推崇太子"⑤，就连皇太子司马遹也不放在眼里。贾后与妹贾午及侄贾谧等为非作歹之举，甚至惊动郭槐：对于贾后欲谋害太子遹之行，则"每劝厉后，使加慈爱"；对于贾谧不敬太子之行，则"恒切责之"；临终时仍不忘警告贾后："赵粲及（贾）午必乱汝事，我死后，勿复听入，深憶吾言。"⑥郭槐虽残暴妒忌，毕竟有政治头脑，目光长远，对后辈语重心长的劝诫不失为明智之举。无奈子孙不才，无视灼见，于是贾氏全族覆灭在劫难逃。

贾氏一门家风不正，家族成员各个品行低劣，正是印证了当初晋武帝

---

① 《晋书》卷四十《贾充传》，中华书局，1974 年，第 1171～1173 页
② 《晋书》卷二十八《五行志中》，中华书局，1974 年，第 833、844 页
③ 《晋书》卷四十《贾充传》，中华书局，1974 年，第 1171～1173 页。
④ 《晋书》卷四十《贾充传》，中华书局，1974 年，第 1171～1173 页。
⑤ 《晋书》卷四十《贾充传》，中华书局，1974 年，第 1171～1173 页。
⑥ 《晋书》卷三十一《后妃传上》，中华书局，1974 年，第 963～965 页。

"贾家性妒而少子"的评语，而如此评价自己的恩公，足证贾氏家风腐败。而此时正是后来为京都学派视为由土地贵族向教养贵族转变、强调文化学问、道德修养和日常伦理之时①。贾氏一门却恰恰缺少为人称道的教养和优良家风，当时即为人批判，这也是贾后有千古骂名的重要原因之一。

（三）贾后无子却谋害太子遹

贾后虽挟控惠帝，干政专权，无奈未曾生子。《大戴礼记·本命》曰："妇有七去：不顺父母去，无子去，淫去，妒去，有恶疾去。"② 妇人无子则可作为被抛弃的理由，皇后若无子，则地位岌岌可危。汉武帝陈皇后因无子而废居长门即为前车之鉴。再者，太子遹生母谢玖身份卑微，贾后难免心存妒忌，其不遗余力地谋害太子，既说明她目光狭隘短浅，也反映出她内心的恐惧。

贾后加害太子遹之心，预谋已久。惠帝元康四年（294年）六月及五年（295年）四月，天有狂风暴雨，《晋书·五行志》曰："元康中，京洛童谣曰：南风起，吹白沙，遥望鲁国何嵯峨，千岁骷髅生齿牙。……南风，贾后字也。白，晋行也。沙门，太子小名也。鲁，贾谧国也。言贾后将与谧为乱，以危太子。"③ 认为这种自然灾害是上天对贾后谋害太子行径的警示。此虽看似无稽之谈，却反映民声，"君灶阳而暴虐，臣畏行而箝口，则怨谤之气发于歌谣"④。正是因为贾后专权，钳制言论，故人们只有通过借自然灾异加以讽刺贾后暴行天怒人怨，聊以发泄心中不满。

贾后虽任意妄为，但其母郭槐则很理智："以后无子，甚敬重愍怀，每劝历后，使加慈爱"，虽出于长远政治目的而善待太子遹，却赢得了后者的感念：当郭槐病笃时，太子前去探望，"将医出入，恂恂尽礼"。而郭槐即使在弥留之际，仍"执后手，令尽意于太子，言甚切至"⑤。正所谓"人之将死，其言也善"，郭槐不但自己尊重太子遹，更期望贾后也能善待他。

---

① ［日］谷川道雄著，马彪译：《中国中世社会与共同体》，中华书局，2002年，第204～206页。

② ［清］王聘珍：《大戴礼记解诂》第八十《本命》，中华书局，1983年，第255页。

③ 《晋书》卷二十八《五行志中》，中华书局，1974年，第844页。

④ 《晋书》卷二十八《五行志中》，中华书局，1974年，第833页。

⑤ 《晋书》卷三十一《后妃传上》《惠贾皇后传》，中华书局，1974年，第963～965页。

历史上皇后无子而善待非己所出的太子并获得尊重者，如东汉明德马皇后、和熹邓皇后等，一直被传为美谈。贾后本有机会学习前人，听从母亲遗愿善待太子遹，从而获得美名，但她却不听劝诫，一意孤行，最终于永康元年（300年）将太子残杀，而仅过一个月，她自己也因暴行被赵王伦等鸩杀，贾氏全族覆灭。贾后既无子又残害太子遹，她生前已恶名在外，死后又无子为其"正名"，故得千古骂名非她属谁？

三、结语

两位不同时代、不同身份的后宫女性，因为各自行事而有不同的人生结局和历史评判。班婕妤笃信天命，恪守妇德，处事不惊，心如止水，历来被标榜为后妃典范。而贾后则因酷虐暴戾，妒忌狡猾，荒淫放肆，草菅人命，最终为自己的恶行付出身死族灭的代价，历来被作为反面典型。这两位品行相左的后宫女性恰成为传统思想对后宫女子规谏的正反典型。

第五章 考古资料与文献史料
相结合的文博研究

本章主要通过考古资料结合文献史料进行文博研究。

《北魏后妃制度初探——以墓志为中心》通过北魏后妃墓志结合文献史料，探讨北魏后妃制度相关问题。北魏后妃制度，历代以为班号序乱、史载不详。孝文帝太和十七年（493年）改定内官，虽确立皇后、左右昭仪、三夫人、世妇等一系列后妃等级制度，但具体名号史多阙载。然而，通过解读一批北魏后妃墓志，并将其与史料进行对照，考证出北魏孝文帝所设三夫人名号分别为贵嫔、贵华和贵人，以及九嫔之一充华嫔，可在一定程度上对北魏后妃制度进行还原。

《羽翼生华——六朝帝陵有翼神兽的花饰》通过考察丹阳帝陵前有翼神兽，结合历史文献探究中外图像交流相关问题。丹阳五座六朝帝陵有翼神兽，双侧翼膊细鳞处均装饰有花饰，但长期以来未被述及。这些花饰设计极有可能是受南朝时期传入的萨珊金银器及波斯锦图样的影响，而同类纹饰又远溯西亚狮像的肩饰传统。有翼神兽花饰的设计，出自帝王授意，这既是造成花饰形制各有不同的直接原因，也是花饰最终消失的重要原因。

《古人的辫发》则是从古人辫发风俗入手，探讨历史上的发式演变。辫发是中国古代一种特殊的发式，它有别于华夏民族绾发为髻，是游牧民族的风俗。生活环境和生活方式的差异，造成了游牧民族辫发垂肩、农耕民族绾发为髻这两种截然不同的发式风俗。传统观点认为，中原地区辫发是金代以后之事，但华夏民族早期也曾有辫发，本篇就这一问题，通过文献和考古资料探求这段被遗忘的辫发史。

《汉代"内史省印"考释》通过考察徐州土山东汉墓封土的汉代"内史省印",结合文献资料,探讨秦汉内史演变、两汉中央及王国内史的演变和执掌等问题。王国内史辅王治民,随着皇权日渐增强而诸侯王权力逐渐削弱,内史原有的职权也逐渐被相取代,因此地位也逐渐变得微乎其微。从汉中央内史的变迁来看,内史职权逐渐被三辅取代,国王内史虽然仍有保留,但东汉时已罕见有关王国内史的记载,也正是体现出皇权加强这一不可抗拒的趋势。

《徐州地区考古所见汉代酒器》《徐州汉画像石上的汉代饮食》则主要通过近年来徐州地区的考古资料,尤其是汉画像石资料,结合史料对古城徐州汉代饮食文化进行发掘。自汉代以来,徐州就是理想的农业区,五谷丰登,六畜繁盛。同时,徐州地处交通要津——陆路上,秦汉以来,西向连接淮阳、洛阳至长安,北向连接鲁国、济南,南向连接广陵、会稽。在水路方面,泗、汴、沂、沭贯通全境,西北通过汴水,东南通过邗沟连接黄河、江淮,地位举足轻重,天时地利造就了徐州质朴的民风,造就了徐州地区的饮食特点。

第一节 北魏后妃制度初探 ——以出土墓志为中心

唐杜佑《通典·职官·后妃》论述北魏后妃制度时称:"自后魏以下,班号谬乱,不足为纪。"[1] 鲜卑拓跋部建立的北魏王朝,后妃品秩史载欠详,直至孝文帝太和十七年(493年)改定内官,方确定后妃品秩等级及定员,至于具体名号,史多阙载。所幸考古发现的北魏时期后妃墓志,在一定程度上既正史料,又补史阙,为尽可能还原北魏后妃制度提供了线索。

北魏后妃制度,以孝文帝改革内官为限,可分为前后两个阶段,前期始自太祖孝武帝确立中宫之制,《魏书·皇后传》曰:太祖"始立中宫,余妾或称夫人,多少无限,然皆有品次。"[2] 但此时尚未确立较为完备的后妃制度,

① [唐]杜佑撰:《通典》卷三四《职官十六·后妃》,中华书局,1992年,第947页。
② 《魏书》卷十三《皇后传》,中华书局,1974年,第486页。

故皇后之下各级妃嫔均通称为"夫人",而没有具体名号,亦无定员。孝文帝改定内官,确定了后妃品秩等级、定员,同时,他大力提倡的胡汉通婚政策,积极鼓励鲜卑贵族与汉族高门联姻,以此作为笼络汉族上层人士的手段。自此以后,博陵崔氏、范阳卢氏、荥阳郑氏、琅琊王氏、河内司马氏、太原王氏等高门著姓之女纷纷选入掖庭,被纳为嫔妃。孝文帝纳博陵崔挺女、范阳卢敏女、荥阳郑羲女、太原王琼女、陇西李冲女为夫人;宣武帝纳琅琊王肃女王普贤、博陵崔亮女为嫔,纳河内司马悦女司马显姿为第一贵嫔;孝明帝纳琅琊王绍女、博陵崔孝芬女、范阳卢道约女卢令媛、渤海高雅女高元仪为嫔。其中,司马显姿、王普贤、卢令媛、高元仪的墓志业已发现,为研究北魏后妃制度提供了宝贵的资料。

一、左、右昭仪

北魏左、右昭仪,始为世祖太武帝增置,太和十七年(493 年)孝文帝改定内官,规定左、右昭仪位视大司马。《魏书》载太武帝后妃中曾册立三位左昭仪,分别为闾左昭仪(南安王余生母)、冯左昭仪(文明太后之姑)及迎娶自蠕蠕的左昭仪。同时,又于延和二年(433 年)纳蒙逊女为右昭仪。以常理论之,左、右昭仪应各有一人,至于太武帝三位授左昭仪号的后妃,囿于史料阙载,故推测应该有时间先后,而非同时出现三位"左昭仪"。左、右昭仪相较,又似以左昭仪为尊,文明冯太后、孝文帝幽皇后尚未立后之前,皆授左昭仪号,位仅次于皇后。北魏后妃墓志中有孝明帝左昭仪胡明相墓志①,志文如下:

> 圣朝散骑常侍征虏将军使持节豫 / 州刺史诞之曾孙。散骑常侍征西将军金紫光禄大夫 / 使持节歧雍二州刺史高平侯洪之孙。散骑常侍征虏将军都督并州诸军事使持节并州 / 刺史阴槃伯乐世之女。宣武皇帝崇训皇太后之从侄。……遂以懋德充选掖庭,拜左昭仪。

---

① 赵超著:《汉魏南北朝墓志汇编》,天津古籍出版社,1993 年,第 209 ~ 210 页。

据墓志可知，胡明相为北魏末年的执政者胡灵后（崇训皇太后）从侄，其父胡乐世则为灵后从兄。《魏书》载胡灵后欲重门族，立从兄胡盛女为后。因此，胡明相之拜授左昭仪，也是胡灵后欲重门族的策略之一。灵后将两个侄女分别册立为皇后和左昭仪，令宗族之女各据后宫高位，似乎可以从侧面表明左昭仪是地位仅次于皇后的嫔妃，否则胡灵后也不会授予胡明相，以此尊崇门族。

二、三夫人

三夫人为孝文帝所置，太和十七年（493 年）改定内官，中宫皇后之下，设"左右昭仪位视大司马，三夫人视三公，三嫔视三卿，六嫔视六卿，世妇视中大夫"[①]。三夫人史阙其号，不过据史料及墓志推测，应是贵嫔[②]、贵华、贵人，其中贵嫔品秩居首。

肃宗宣武帝第一贵嫔夫人司马显姿墓志[③]，志文如下：

> 夫人讳显姿，河内温人，豫郢豫青四州刺史烈公之第三 / 女也。其先有晋之苗胄矣。曾祖司徒琅琊真（贞）王，垂芳绩于晋代。祖司空康王，播休誉于恒朔。父烈公，以才英儁举，流 / 清响于司洛；……正始初敕遣长秋，纳为贵华。……帝观其无嫉之怀，感其罔怨之志，未几迁命为第一贵嫔夫人。……春秋卅，正光元年十二月十九日薨于金墉。

司马显姿事迹史籍不载，据墓志可知，她出身河内司马氏，曾祖即司马楚之。史载司马楚之东晋末年遭桓玄、刘裕之乱，于泰常四年（419 年）北奔明元帝拓跋嗣，受封琅琊王，谥曰"贞"。司马楚之一脉，在北魏历任显职，子孙世代通婚于上层权贵，可谓"婚娅绸叠、戚联紫掖"。祖父司马金龙，袭

---

① 《北史》卷十三《后妃上》，中华书局，1974 年，第 486 页。
② 《魏书》卷九十五《刘聪传》有"左右贵嫔"，乃刘聪所置。然考刘聪肆意妄为，后妃制度没有定例可循，单皇后就有四人，配后印者有七人，因此其所立"左右贵嫔"不能与北魏所置贵嫔相提并论。
③ 赵超著：《汉魏南北朝墓志汇编》，天津古籍出版社，1993 年，第 120 页。

封琅琊王，谥为康王；父司马悦，为豫州刺史、渔阳县开国子①。司马氏数代人镇云中，是北魏后期历史上较为重要的家族。鉴于出身高门，司马显姿于正始初授封"贵华"号，后又更授"第一贵嫔"，证明贵嫔品秩必高于贵华。《雪堂金石文字跋尾二》以"贵华"为三夫人之一②，理由是墓志志文称司马显姿为"夫人"，此夫人即三夫人之谓。然考其理由并不充分，因为"夫人"是当时对内、外命妇的泛称，三夫人虽亦可称"夫人"，但仅凭志文体现不出"夫人"乃是特指三夫人之意。

要证明"贵华"为三夫人之一，还需对照宣武帝贵华恭夫人王普贤墓志③，其墓志志文如下：

> 祖奂齐，故尚书左仆射使持节镇北大将军雍州刺史。/ 夫人陈郡殷氏。父道矜，太中大夫。/ 父肃，魏故侍中司空昌国宣简公。/ 夫人陈郡谢氏。父庄，侍中右光禄大夫宪侯。/……魏故贵华夫人王普贤，徐州琅耶郡临沂县都乡南仁里人 / 也。……春秋廿有七，魏延昌二年太岁癸巳，四月乙卯朔，廿 / 二日乙巳，寝疾，薨于金墉之内。

王普贤亦为高门之女，父王肃出身琅琊王氏，母谢夫人出身陈郡谢氏。先是，王肃在南朝为萧赜所迫，后于太和十七年（493 年）投奔北魏并深受重用。《魏书》载，王肃在景明二年（501 年）临终时，夫人谢氏始携二女及嗣子王绍来归。二女之一即王普贤，至于王肃另一女，史失其名，但据《魏广阳文献王元湛墓志》可知，其日后成为广阳忠武王元渊妃、广阳文献王元湛母④。而王绍女后又为孝明帝嫔，《魏书·王肃传》曰："世宗纳其女为夫人，肃宗又纳绍女为嫔。"⑤此处明确将"夫人"与"嫔"区分开来，很显然是要说明王肃女（王普贤）为宣武帝三夫人之一，即墓志所载"贵华恭夫人"，而

---

① 司马悦墓已于 1979 年河南洛阳孟县（今孟州市）发现，见尚振明：《孟县出土北魏司马悦墓志》，《文物》，1981 年第 12 期，第 44～46 页。
② 赵万里著：《汉魏南北朝墓志集释》（上），新丰出版公司，1986 年，第 47 页。
③ 赵超著：《汉魏南北朝墓志汇编》，天津古籍出版社，1993 年，第 69 页。
④ 赵超著：《汉魏南北朝墓志汇编》，天津古籍出版社，1993 年，第 356 页。
⑤ 《魏书》卷六十七《王肃传》，中华书局，1974 年，第 1411 页。

王绍女则为孝明帝九嫔，位次于贵华夫人。

司马显姿和王普贤都曾为宣武帝贵华，然时间上却分先后。司马显姿正始初为贵华，旋又晋升贵嫔，相隔时间很短。据司马悦墓志[①]，司马显姿为贵嫔，事在司马悦第二次出任豫州刺史之前。志文曰：

> 君识遵坟典，庭训雍绎，男降懿主，女徽贵宾（嫔），姻娅绸叠，咸联紫掖。出抚两邦，惠化流咏。再牧郢豫，江黔被泽。

《魏书·司马悦传》载，司马悦曾先后两次任豫州刺史，第一次就任，事在世宗宣武帝即位之初，其在任期间察狱公允得当，为百姓称颂。第二次就任则是其破萧衍将马仙琕等所建竹墩城之后。《资治通鉴》卷一百四十五梁武帝天监三年（504年）、北魏宣武帝正始元年（504年）条载："司马悦遣兵攻竹墩，拔之。"[②] 由此可知，司马悦再次出任豫州刺史时在正始元年，直至永平元年（508年）死于任上。所以，推测司马显姿擢升贵嫔必在正始元年，即其初入掖庭，纳为"贵华"后不久，这与其墓志志文"正始初敕遣长秋，纳为贵华……未几迁命为第一贵嫔夫人"的记载相符。

司马显姿晋升贵嫔后，"贵华"位则暂空，而此时似乎就是王普贤纳选"贵华夫人"之时。景明二年（501年）秋七月，王肃病卒，王普贤依制要为父亲守孝三年，至正始元年（504年）丧满除服。墓志载王普贤卒于延昌二年（513年），卒年27岁，则正始四年（507年）芳龄约18岁，正当嫁娶之年。宣武帝三夫人中唯有"贵华"之位尚空缺——贵嫔司马显姿、贵人高英已各就其位。出身琅琊王氏且风华正茂的王普贤，无论从家世还是年龄都是"贵华"最合适的人选。综合以上各种因素，初步推测王普贤于正始元年受"贵华"号，其墓志志文亦曰：

> 惟道冥昧，仍罗极罚，茹荼泣血，哀深乎礼。服阕，乃降皇 / 命，爰登紫掖。

① 赵超著：《汉魏南北朝墓志汇编》，天津古籍出版社，1993年，第57页。
② 《资治通鉴》卷一百四十五《梁纪一》，中华书局，1976年，第4543页。

自此，宣武帝三夫人人员齐备，依次为贵嫔司马显姿、贵华王普贤、贵人高英。

贵人，为太武帝增设，《魏书·皇后传》载，太武皇后赫连氏，初入掖庭时与其二妹俱为贵人，稍后方被立后。可见"贵人"初无定员限制，故宣武帝得以同时纳赫连氏三女俱为贵人。孝文帝改定内官后，明确后妃品秩及定员，其中三夫人分别为贵嫔（居首）、贵华及贵人，定员三人。所以，北魏前期的"贵人"名号，自此之后在同一时期内仅为一人而已。

孝文帝后妃中有文昭贵人（后追赠文昭皇太后）高照容及袁贵人（京兆王元愉生母）。文昭皇太后高照容墓志[1]志文如下：

> 皇太后高氏，讳照容，冀州勃海蓨人。高祖孝文皇帝之贵人，世宗宣武皇帝之母也。……以太和廿年四更时，薨于洛宫。

《魏书·肃宗本纪》载，神龟二年（519 年）正月改葬文昭皇太后高氏。改葬的时间与墓志所载神龟二年一致。高照容死于太和二十年（496 年），生前封号不考，"文昭贵人""文昭皇太后"均为其死后追封。《魏书·皇后传》曰："其后有司奏加昭仪号，谥曰文昭贵人，高祖从之。世宗践祚，追尊配享。"[2] 高照容既为宣武帝元恪、广平王元怀、长乐公主元瑛生母，故有司起初奏请追封其为"（右）昭仪"（时孝文帝已立左昭仪冯氏，有宠）。然而，最终高照容却仅被追封为贵人，谥号"文昭"。《经世大典·后妃谥》曰："克嗣徽音曰文"，"容仪翼美曰昭"[3]，算是对其一生的总结。宣武帝即位后，方追尊生母文昭贵人为文昭皇太后。孝文帝另有袁贵人，《魏书·孝文五王传》载，其为京兆王元愉生母。袁氏不知何许人也，亦不知其"贵人"号究竟是生前拜授还是死后追赠。

宣武帝于皇后、高皇后（高英）初入掖庭时，曾先后授"贵人"号。《魏书·皇后传》曰："宣武顺皇后于氏，……世宗乃迎入为贵人，时年十四。"

① 罗新、叶炜著：《新出魏晋南北朝墓志疏证》，中华书局，2005 年，第 89 页。
② 《魏书》卷十三《皇后传》，中华书局，1974 年，第 335 页。
③ 汪受宽著：《谥法研究》，上海古籍出版社，1995 年，第 369、295 页。

又曰："宣武高皇后，文昭皇后弟偃之女也。世宗纳为贵人，生皇子早夭，又生建德公主。后拜为皇后。"[1] 于氏为贵人，事在景明二年（501 年）秋七月其被立为皇后之前；而高英为贵人则在景明四年（503 年），高英墓志[2] 载：

> 文昭皇太后之兄女。/ 世宗景明四年纳为夫人。正始五年拜 / 为皇后。

可见，高英授贵人号时，于氏已拜后，二人虽都曾为贵人，但其间有近三年的时间间隔，并非同时。史载高英立后，事在正始四年（507 年）于皇后暴崩之后，《魏书·宣帝纪》则载：［永平元年（508 年）秋七月］"甲午，以夫人高氏为皇后。"[3] 可知，高氏立后，时在永平元年七月甲午日，即 508 年 8 月 24 日。但高英墓志则载其立后时间为正始五年（508 年）。考宣武帝正始五年八月丁卯日（即 508 年 9 月 26 日）改元为永平元年，后世追述此年之事，便以永平元年纪年，故会出现墓志与史料记载略有抵牾的情况。

此外，《通鉴》中称高英为"贵嫔"，实为"贵人"之误。正如前文所述，高英自景明四年纳为"夫人"（即三夫人之贵人）至正始五年拜后的这段时间，几乎与司马显姿授贵嫔同时，而贵嫔定员仅为一人，故高英必不可能为贵嫔，而只能为贵人。

三、九嫔、世妇

九嫔、世妇亦孝文帝所置，位次三夫人。史载孝文帝纳博陵崔挺女、荥阳郑羲女、范阳卢敏女等高门诸女为嫔。九嫔之具体名号史不可考，不过据北魏后妃墓志可知，九嫔中有"充华嫔"。孝文帝九嫔赵充华墓志[4] 志文如下：

---

① 《魏书》卷十三《皇后传》，中华书局，1974 年，第 336 页。
② 赵超著：《汉魏南北朝墓志汇编》，天津古籍出版社，1993 年，第 102 页。
③ 《魏书》卷八《世宗本纪》，中华书局，1974 年，第 206 页。
④ 赵超著：《汉魏南北朝墓志汇编》，天津古籍出版社，1993 年，第 74 页。

> 充华，南阳白水人也。高祖孝文皇 / 帝之九嫔，卢氏义阳长公主之母。……以延昌三年岁在甲午八月丁丑朔 / 十三日己丑寝疾而薨。皇上震悼，六宫哀恸。使兼大鸿胪奉策即柩，追 / 赠充华焉。

赵充华为孝文帝女义阳公主生母，据《魏书·卢玄传》载义阳公主后出降范阳卢玄曾孙卢元聿。墓志明确了"充华"即九嫔之一，只是赵氏"充华"之号乃是死后追赠，生前并非位列九嫔，多半由于其非世家著姓出身，故人微位卑。《魏书·孝文五王传》载孝文帝郑充华生皇子恌，此郑充华倘若恰为荥阳郑羲女，则其"充华"号当属生前拜授。

孝明帝纳瑯琊王绍女、博陵崔孝芬女、范阳卢道约女（卢令媛）、渤海高雅女（高元仪）为嫔。目前，业已发现卢令媛墓志①以及记载高元仪生平的高雅墓志②。充华嫔卢令媛墓志如下：

> 嫔讳令媛，范阳涿人，魏司空容城成侯之十一世孙，录事府 / 君之元女。……年甫九龄，召充椒掖。天不憖遗，构疾弥留。正 / 光三年龙集壬寅，夏四月壬戌朔，十六日丁丑，卒于京室，时 / 年十二。……曾祖度世，字子迁，散骑常侍太常卿使持节镇远将军济州 / 刺史固安惠侯。夫人清河崔氏。父顗，散骑常侍大鸿 / 胪卿使持节平东将军青冀二州刺史清河侯。/ 祖讳渊，字伯源，散骑常侍尚书始平王师秘书监使持节安 / 北将军幽州刺史固安懿侯。夫人赵郡李氏。父孝伯，/ 散骑常侍尚书使持节平西将军泰州刺史宣城公。/ 父道约，字季恭，今司空录事参军。妻荥阳郑氏。父道 / 昭，国子祭酒秘书监使持节镇北将军光青相三州刺史文 / 恭侯。

卢令媛出身范阳卢氏，亦为世家女，年仅九岁即纳入掖庭，授"充华嫔"号。另有高雅墓志③，墓志之侧略述高雅的夫人及子女事迹，志文如下：

---

① 赵超著：《汉魏南北朝墓志汇编》，天津古籍出版社，1993 年，第 127～128 页。

② 高雅墓志出土于 1973 年河北景县发掘的高雅夫妇子女合葬墓（景高 M13）中，见河北文管处：《河北景县北魏高氏墓发掘简报》，《文物》，1979 年第 3 期，第 17～31 页。

③ 赵超著：《汉魏南北朝墓志汇编》，天津古籍出版社，1993 年，第 323 页。

夫人河内琅琊王司马金龙之孙，豫州刺史悦之长女，字显明，/年卅九。/大女孝明皇帝嫔，字元仪，年卅二。/第二息镇东府骑兵参军讳德云，字仲武，年廿一。

据墓志可知，高元仪出身渤海高氏，父高雅，事迹略见《魏书·高祐》附传及《北史·高允》附传，高雅生前曾任司徒府录事参军、定州抚军府长史，死后追赠散骑常侍、平北将军、冀州刺史等职；母司马显明，即司马悦长女、宣武帝贵嫔司马显姿之长姊。高元仪为孝明皇帝嫔，卒年 32 岁，从年龄上推断其应卒于孝明帝之后。孝明帝暴崩后（卒年 19 岁），胡灵后勒令其六宫妃嫔出家为尼，《魏书·皇后传》载："及泰武元年，尔朱荣称兵渡河，太后（胡灵后）尽召肃宗六宫皆令入道，太后亦自落发。"①《资治通鉴》卷一百五十二梁武帝大通二年（528 年）条亦曰："太后（胡灵后）尽召肃宗后宫，皆令出家，太后自落发。"② 由此推测，高元仪也是在孝明帝死后被迫出家的嫔妃之一。景高 M13 是高雅夫妇及子女四人合葬墓，高雅夫妇合葬主室，高元仪及弟高德云则分别葬于北室和后室。作为已出嫁的女儿，同父母合葬似乎有悖常理，不过考虑高元仪被逼出家为尼，无依无靠，死后与家人合葬便可以理解了。

孝文帝于九嫔之下设世妇，位视中大夫。世妇之号，史亦阙载，唯《魏书·皇后传》载胡灵后初入掖庭，"为承华世妇。……及诞肃宗，进为充华嫔"③。可见，"承华"乃世妇之一。《魏书·皇后传》曰："太后（胡灵后）为肃宗选纳，抑屈人流，时博陵崔孝芬、范阳卢道约、陇西李瓒等女，但为世妇，诸人诉讼，咸见忿责。"④ 卢道约女卢令媛墓志已经证明其为"充华嫔"，而非"世妇"，高元仪墓志亦可证明其身份乃孝明帝嫔；《魏书》亦载孝明帝纳琅琊王绍女、博陵崔孝芬女为嫔；且自孝文帝以来，纳汉族著姓女为嫔已经成为惯例，不至于突然改弦更张。安定胡氏较之博崔赵李，绝非同日而语，

① 《魏书》卷十三《皇后传》，中华书局，1974 年，第 340 页。
② 《资治通鉴》卷一百五十二《梁纪八》，中华书局，1976 年，第 4741 页。
③ 《魏书》卷十三《皇后传》，中华书局，1974 年，第 337 页。
④ 《魏书》卷十三《皇后传》，中华书局，1974 年，第 340 页。

胡灵后为尊崇门族，立从兄胡盛女为后、胡乐世女为左昭仪，使两从侄跻身于诸人之上，想必引起崔、卢、王、李等世家大族的不满，故有以上争讼。然而可以确定的是，崔、卢、王、李诸女皆纳为嫔，而非品秩较低的世妇。

四、结论

孝文帝改定内官，确定北魏后妃品秩等级：皇后之下设左右昭仪二人，左昭仪居上位；左右昭仪下设三夫人，分别为贵嫔、贵华和贵人，以贵嫔居首。三夫人之下设九嫔、世妇，惜史阙其名号，仅知九嫔之一为充华，世妇之一为承华而已。

孝文帝积极进行汉化改革，在改定内官制度时，必然会对汉晋南朝制度有所借鉴。史料对汉晋南朝后妃制度有相对详细的记载。《宋书·后妃传》曰："晋武帝采汉、魏之制，置贵嫔、夫人、贵人，是为三夫人，位视三公。淑妃、淑媛、淑仪、修华、修容、修仪、婕妤、容华、充华，是为九嫔，位视九卿。……世祖孝建三年，省夫人、修华、修容，置贵妃，位比三司，以为三夫人。……太宗泰始三年，又省贵人，置贵姬，以备三夫人之数。"[①] 晋武帝以贵嫔、夫人、贵人为三夫人，位视三公；刘宋孝武帝则以贵嫔、贵妃、贵人为三夫人，位比三司；明帝以贵嫔、贵妃、贵姬为三夫人，位视三公。刘宋时期所设三夫人，时代早于孝文帝太和十七年（493 年）改定内官，故孝文帝以贵嫔、贵华、贵人为三夫人，很可能以前者为鉴。

通过北魏后妃墓志的研究可知，孝文帝倡导的胡汉通婚政策，将汉族著姓世家诸女纳入后宫，一直持续到北魏末年。出身世家的后妃，一般都拜授为九嫔，极受尊崇者则晋升为三夫人。鲜卑贵族与汉族高门的联姻，既是北魏汉化过程的重要步骤，也是汉化政策的重要举措，同时也是积极拉拢和控制汉族高门的重要手段。

---

① 《宋书》卷四十一《后妃》，中华书局，1974 年，第 1269 页。

第二节 羽翼生华——南朝帝陵有翼神兽的花饰

六朝帝陵前的有翼神兽[①]，体量巨大，花纹繁复，存世者众，装饰在神兽翼膊细鳞之上的花饰，长期以来并未得到相关研究者的关注，仅曾布川宽先生在论著中略述之[②]；近人研究虽作描述但也均未及深层探讨。六朝帝陵神兽的直接来源是继承自东汉、西晋的陵墓石刻传统，而其古老祖形又远溯至西亚，其羽翼上的花饰亦与西亚图样颇有渊源。

一、六朝帝陵有翼神兽的花饰

目前为止，带花饰的有翼神兽均集中于丹阳，共有五处，分别为狮子湾南齐宣帝永安陵、建山前艾庙南齐武帝景安陵、贺（鹤）仙坳南齐景帝修安陵、金王陈村南齐佚名陵以及云阳三城巷萧梁文帝建陵，以下依次略述之。

1. 胡桥狮子湾有翼神兽

东兽保存较完整，西兽则颈首残佚，两兽体态及纹饰类似，双翼翼根处呈弯钩状，后有鳞、羽。花朵装饰于细鳞处，呈 × 状倾斜，作四瓣结构（见图5-1：1）[③]。朱希祖先生认为此为南齐宣帝萧承之永安陵前石兽[④]。

1. 埤城镇（建山乡）前艾庙有翼神兽

东兽保存较好，西兽则风化严重，表面纹饰几近剥落。东兽双翼装饰弯钩纹、细鳞及长羽，细鳞上饰十字形四瓣花朵，线刻而成，位置端正、呈"十"字状（见图5-1：2）[⑤]。朱希祖先生认为此为萧齐武帝萧赜景安陵前

---

① 对于南朝帝陵石兽的称谓，文献记载并不统一，且诸家又各有见解，大体以单角者为麒麟、双角者为天禄，本文则选取"有翼神兽"这一较为宽泛的称谓。
② ［日］曾布川宽著，傅江译：《六朝帝陵》，南京出版社，2004年，第23页。
③ 张道一、李星明：《中国陵墓雕塑全集》第4卷《两晋南北朝》，陕西人民美术出版社，2007年，第17～18页。
④ 中央古物保管委员会编辑委员会：《六朝陵墓调查报告》，中央古物保管委员会，1935年，第23页。
⑤ 《中国美术全集》编辑委员会编：《中国美术全集·雕塑篇3·魏晋南北朝雕塑》，人民美术出版社，1988年，第40页。

石刻①。

3. 胡桥贺（鹤）仙坳有翼神兽

东西两兽，双翼均饰弯钩纹、细鳞及长羽，鳞上各有缀一花朵，双线勾勒、线刻而成。花朵形状又略有不同，东兽为花朵四瓣十字形，西兽则为五瓣，略凸于鳞羽之上（见图 5-1：3、4）②。朱希祖先生认为此为齐景帝萧道生修安陵前石兽③。其后有一南朝大墓，或为景帝、懿后合葬陵寝④。

4. 埤城金王陈村南齐佚名陵有翼神兽

1968 年，曾在距金王陈佚名石刻仅 600 米处发现建山金家村墓，又在其北侧 800 米处发掘一座南朝墓，或为齐废帝东昏侯萧宝卷的陵墓⑤。曾布川宽先生考证其为帝陵，或为南齐明帝萧鸾陵，由于修造时正值大司马王敬则叛乱和东昏侯混乱，导致陵墓修造无法专心进行。出于相同原因，金家村墓室砖画竹林七贤存在图样混乱、榜题张冠李戴等错误⑥。

与修安陵相比，金王陈村石兽体量明显较小，其一长期没于水塘，表面纹饰消磨殆尽；其二亦多有残损，纹饰尚可辨析。双翼中间刻有风化的小花瓣，但表面漫漶，具体形态已不可知。

5. 三城巷有翼神兽

东、西两兽大体继承南齐风格，双翼装饰规整，饰弯钩纹、细鳞和长羽。双翼细鳞处有一四瓣花朵，呈 × 状倾斜，与永安陵神兽类似（见图 5-1：5）⑦。

---

① 中央古物保管委员会编辑委员会：《六朝陵墓调查报告》，中央古物保管委员会，1935年，第 26 页。

②《中国美术全集》编委会编：《中国美术全集·卷 25·魏晋南北朝雕塑》，人民美术出版社，2014 年，第 64 页。

③ 中央古物保管委员会编辑委员会：《六朝陵墓调查报告》，中央古物保管委员会，1935年，第 27 页。

④ 南京博物院：《江苏丹阳胡桥南朝大墓及砖刻壁画》，《文物》，1974 年第 2 期，第 44 ~ 45 页。

⑤ 南京博物院：《江苏丹阳县胡桥、建山两座南朝墓葬》，《文物》，1980 年第 2 期，第 1 ~ 120 页。

⑥ ［日］曾布川宽著，傅江译：《六朝帝陵》，南京出版社，2004 年，第 26 ~ 27 页。

⑦ 张道一、李星明编著：《中国陵墓雕塑全集》第 4 卷《两晋南北朝》，陕西人民美术出版社，2007 年，第 32 ~ 33 页。

朱希祖先生考证为梁文帝萧顺之建陵前石兽[1]。曾布川宽先生认为建陵石兽制于萧梁初年，此时梁武帝尚未形成自己的帝陵计划，故基本上仍沿袭南齐帝陵的样式，而武帝修陵神兽则制于侯景之乱后，规模及装饰已与之前大不同[2]。因此，只有建陵石兽继承了南齐帝陵神兽固定的花饰，之后的萧梁帝陵均已不见类似装饰。梁武帝修陵，神兽前臂臂膊装饰方面与建陵明显不同，不再是弯钩状的装饰，而变为涡纹，羽翼也不见花朵装饰。

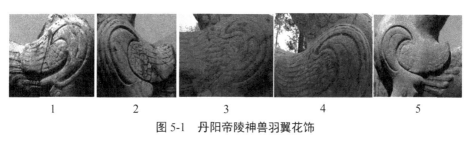

| 1 | 2 | 3 | 4 | 5 |

图 5-1　丹阳帝陵神兽羽翼花饰

1 永安陵神兽羽翼肩饰　　　　　　　2 景安陵神兽羽翼肩饰
3 修安陵西侧神兽羽翼肩饰　　　　　4 修安陵东侧神兽羽翼肩饰
5 建陵神兽羽翼肩饰

　　带花饰的帝陵神兽，四例出自南齐，一例虽出自南梁，总数在业已发现的南朝帝陵神兽中仅占少数。神兽羽翼部分均为翼根饰弯钩状纹饰，后有细鳞、长羽的装饰风格，延续了东汉神兽造型特征，南阳宗资墓、汉中城固李固墓前石兽以及现藏美国宾夕法尼亚大学博物馆和法国吉美博物馆的汉代石兽，也有类似装饰[3]。王鲁豫、李零等学者研究认为，宾大和吉美石兽原出自河北内丘[4]。只是东汉石兽躯体极少纹饰，大多呈光剥状，翼膊更没有花朵纹饰，因此六朝帝陵有翼神兽的花饰并非源自前代传统。

　　五例有翼神兽体态风格大体延续了基本模式，呈现出趋同的特征，这表明

① 中央古物保管委员会编辑委员会：《六朝陵墓调查报告》，中央古物保管委员会，1935年，第 27 页。
② ［日］曾布川宽著，傅江译：《六朝帝陵》，南京出版社，2004 年，第 38 页。
③ Barry Till. Some Observations On Stone Winged Chimeras At Ancient Chinese Tomb Sites. Artibus Asiae, Vol.42, No.4(1980), p.273.
④ 王鲁豫：《河北内丘石雕神兽考察小记》，《美术研究》，1987 年第 4 期，第 86～87 页。李零：《入山与出塞》，文物出版社，2004 年，第 106 页。

帝陵神兽应有一系列严格制作工序，既有图样粉本，又有规范标准。羽翼鳞纹处的花饰，自永宁陵而始，是南朝萧齐帝陵神兽的固定装饰，萧梁建陵神兽也照依此式。但这些位于细鳞之上细微的花饰，又被塑造得各有不同：花朵轮廓既有单线又有双线雕刻，花瓣数量分四瓣和五瓣两类，花朵排列也有端正和倾斜之别，似乎尚未形成较为统一的定式。与有翼神兽庞大的身躯和其他繁复的装饰纹相比，花饰不甚显著，这或许是其长期以来为人忽视的原因之一[①]。这些带花饰的有翼神兽在特定的时间段，集中且短暂地出现，应非偶然而必有所本。而溯源六朝帝陵有翼神兽的花饰，或可从其实体原型——狮子入手。

二、域外对狮子肩饰的相关研究

狮子源产非洲，分布区沿地中海南岸，延伸丁伊朗高原和印度西部，北及阿富汗。在古代亚洲亦分布广泛，印度、波斯、巴比伦、亚述以及小亚细亚地区，均有其身影[②]。古代狮像肩膀处常见着力刻画的花饰，国外学者称之为 shoulder ornaments（肩饰），自 20 世纪中期以来，围绕这一纹饰展开了旷日持久的论战，而其中有可供解释六朝帝陵神兽花饰的线索。

学者们从肩饰的起源、传播、象征意义等方面各家提出了不同观点，主要归纳为以下三点。

1. 肩饰的自然起源说

以 Arkell 和 Bate 为代表，二人作为生物学家，从专业角度分析了狮子自然的体貌特征，认为肩饰源自幼狮天然生长的旋毛。Arkell 通过仔细观察雄性幼狮，发现其两侧肩胛骨上方偏后的位置，生有一对天然的呈螺旋状的旋毛（hair stream），但是旋毛极不易察觉。狮子肩饰最初即模仿自旋毛，逐渐由原本的旋毛演变为各种形状[③]。Bate 则以都柏林皇家动物学会以及伦敦动物

---

① 早期研究者如朱希祖、朱偰、滕固等诸先生均未在著作中提及，仅曾布川宽先生注意到帝陵神兽羽翅上的花朵装饰，是南齐帝陵的共同特征，然对其渊源也未及追溯。

② ［美］谢弗著，吴玉贵译：《唐代的外来文明》，中国社会科学出版社，1995 年，第192～193 页。

③ A. J. Arkell. The Shoulder Ornament of Near Eastern Lions. Journal of Near Eastern Studies, Vol.7, No.1 (1948), p.52.

学会花园囿内豢养的幼狮为例，进一步证实 kell 的观点；旋毛多见于小雄狮肩膀处，自其两个月开始显现，一直持续到三岁左右；而小雌狮的肩膀上方偶尔也会生有细小旋毛[1]。通过 Akell 和 Bate 生物学角度实证，确定了旋毛的合理性，而大多数研究者也对此表示认可。

　　2. 肩饰埃及装饰起源说

　　以 Kentor 为代表，认为肩饰源自古埃及，原型即埃及宫廷驯狮身躯装饰的花结。其起源甚早，前 3100 年左右的古王朝壁画即有相关图像（见图 5-2：1）[2]。肩饰最初表现为花朵形，其后又衍生出旋涡、圆点、同心圆、车轮等多种图形（见图 5-2：2、3、4）[3]。公元前 2000 年左右，肩饰又从埃及传至美索不达米亚。Jequier 与 Kentor 持相同观点，认为肩饰源自缠绕在宫廷驯狮肩部、由织物或是羽毛制成的花结，或直接图绘在狮子肩部的纹饰[4]。

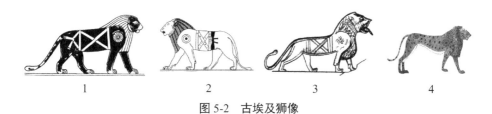

1　　　　　2　　　　　3　　　　　4

图 5-2　古埃及狮像

1 埃及第六王朝 Neit 王后墓壁画
2 埃及第十八王朝 Hatshepsut 女王祭庙浮雕
3 俄罗斯莫斯科艺术博物馆藏拉美西斯石碑狮像
4 埃及第十二王朝晚期 Khemhptep III 神庙狮像浮雕

　　在 Kentor 的观点提出之前，20 世纪初期的学者们大多认为狮子肩饰起源

---

[1] Dorothea. M. A. Bate. The "Shoulder Ornament" of Near Eastern Lions. Journal of the Eastern Studies, Vol.9, No.1, (1950). pp.53-54.

[2] Helene. J. kantor. The Shoulder Ornament of Near Eastern Lions. Journal of Near Eastern Studies, Vol.6, No.1, (1947) .p. 267.

[3] Kantor. 1947. Kentor 同时认为具有 * 的动物具备强健的优势，因此可以被用于敬神，而非动物学者认为的幼小的狮子才有的特殊毛流。

[4] A. J. Arkell. The Shoulder Ornament of Near Eastern Lions. Journal of Near Eastern Studies, Vol.7, No.1(1948) , p.253.

自美索不达米亚①。而 Kentor 则从埃及古王朝时期的壁画、浮雕图像资料入手，以出现时间的早晚为论据，论述带肩饰的狮像起源于埃及，其后又传播至近东地区。然而她认为肩饰本身没有任何意义，仅仅是装饰纹样。其埃及起源说，在论述过程中又前后矛盾，因此备受质疑。

3. 肩饰西亚象征起源说

以 Anne Vollgraff-Roes 为代表，认为狮子身躯上的纹饰源自西亚古老的装饰传统，流行持续数千年，意义非常。既是表现自然的毛发特征，更是太阳的象征符号，无论呈现花朵、车轮，还是星光、同心圆等形状，均象征太阳。尽管在西亚和埃及等诸多古老文明中，狮子均被视为太阳神兽，但西亚狮子肩饰却自有其渊源而非受埃及影响的结果。狮子的旋毛纹经由波斯人向四方传播，但纹饰在西亚文化中的特殊意义却并未随着图像的传播而被其他文化吸纳②。同时，对于肩饰的象征意义，Vollgraff-Roes 认同 Douglas van Buren 博士的观点：近东地区在动物身上装饰纹饰，是为了表明其体态强壮、生机勃勃，而非 Kentor 认为的是没有任何含义的装饰纹③。

近东地区各民族在交互兴替的历史进程中，遗留了许多石雕狮像，对狮子肩饰的表现各有差异。田边胜美教授对此有较为细致的研究，列举了以色列北部的伯珊城（Beth Shean）狮子浮雕（前 14 世纪），其肩膀处即装饰一枚毛旋纹（见图 5-3∶1），北叙利亚 Aslan-Tash 石狮雕像（前 9 世纪）一侧肩膀处饰两枚花朵纹饰（见图 5-3∶2），以及大英博物馆藏亚述国王 Assurnasirpal II（883—859 B.C.）和 Assurbanipal（661—631 B.C.）时期的皇家狩猎浮雕上狮子肩饰（见图 5-3∶3、4），其一旋毛位于雄狮鬃毛位置，另一则在前肢上膊处，而前者才是生物学意义上的正确位置。由此可进一步推出：近东狮子图像中的肩饰源自幼狮旋毛，最初位于肩膀处，但在图像长期的传播过程中，旋毛早已

① 如 Roman Ghirshman 认为肩饰源自近东，是太阳的象征符号。Katsumi Tanabe. A Discussion of One Kushano-Sasanian Silver late and Relation to Grandharan Art. Orient, 1989, p.60.
② Anne Vollgraff-Roes. The lion with body markings in oriental art. Journal of Near Eastern Studies, 1953, pp. 43-46.
③ E. Douglas van Buren. An additional note on the hair whirl. Journal of Near Eastern Studies, Vol. 9, No. 1 (1950), pp. 54-55. 作者认为近东带有蟠毛纹饰的动物，或许表明其强壮、强劲、状态优越，适宜用作献祭神灵。

失去其原本意义而仅作为装饰纹样，因此会出现装饰位置和纹饰数量的变化①。

此外，Joachim K. Bautze 则关注犍陀罗、秣菟罗艺术中石雕狮像。认为西亚带肩饰的狮像传播至北印度，原本表现肩部旋毛的纹饰，逐渐演变为印度式万字符（作十字交叉的双 S 状，象征权威和力量）；且位置也发生变化，除肩膀外，狮子面颊、额头、后胯等也有类似装饰（见图5-4）。但至 3—4 世纪，印度石雕狮像已不见此类花纹，直到莫卧儿王朝印度绘画中的狮虎图像，方再次显现类似花纹，或许正是受到早期石雕的影响②。

图 5-3　近东石雕狮像　　　图 5-4　犍陀罗石狮像

综合以上观点，或许能作如下总结：

其一，从生物学角度观察，旋毛是哺乳动物常见的毛流特征之一，指其毛干围绕一中心点呈旋转方向向四周放射状排列③。野生狮虎、驯养的牛马以及宠物猫狗等均生有旋毛，其中狮子旋毛一般在幼狮毛流表现最为明显，于成年狮则十分罕见。西亚是狮子的发源地，古代匠人正是通过细致观察后塑造狮子；同时，在美索不达米亚古老文化中，猎狮行为还带有深刻的政治、军事象征意义：通过战胜凶猛强悍的雄狮，显示出国王的勇武精神和超凡魄力④。基于此，西亚狮像中刻画的旋毛纹，或许是匠人特意将幼狮的旋毛移植

① Katsumi Tanabe. A Discussion of One Kushano-Sasanian Silve late and Relation to Grandharan Art. Orient, 1989, pp. 60-62.

② Joachim K. Bautze. Some Notes on the "Shoulder Ornament" in the Art of Northern India. Silk Road Art and Archaeology 2, 1991/92, pp.216-225.

③ 沈锡元：《湖羊毛流的初步观察》，《经济动物学报》，1982 年第 3 期，第 15 页。

④ Augusra Mcmahon. The lion the king and the cage: Late chalcolithic iconograhy and ideology in northern Meso potamia. Iraq, 2009(71), p.121.

到雄狮身上，既为了表明其被赋予了如幼狮般无比旺盛的生命力和发展潜能，也为彰显猎狮国王的神功武略。

其二，西亚狮像肩膀处旋毛纹又被赋予了象征意义，作为太阳的象征符号。旋毛大多表现为较写实的旋涡形，但随后也衍生出花朵、万字符等形状，以表现狮子的威力。在狮子由其源地向外传播的过程中，旋毛纹也随之扩散，于是希腊石雕、陶器彩绘，犍陀罗、秣菟罗石刻雕塑，阿契美尼德、萨珊的金银器等，其上的狮像均有类似的纹饰；但这些纹饰的分布位置和数量各有不同，这说明在图像传播的过程中，狮子旋毛无论是生物学特征还是象征意义均被淡化或忽略，而仅作为装饰纹样；因为在狮子原生地以外的匠人大多没有见识真实的狮子，更不理解旋毛纹的象征意义，因此在模仿和复制图像的过程中，虽保留了旋毛这一特征，却单纯地将其作为装饰纹样，故演变为各种形状装饰在不同位置，且数量也不固定。

值得注意的是，近东以狮子为原型塑造的有翼神兽也有类似的旋毛纹饰，并且随着有翼神兽图像的传播，旋毛纹也得以保留。

三、六朝帝陵神兽肩饰出现的原因试析

南朝时期，江南与域外的交流经由陆路和海路交通，始终没有中断。有翼神兽的原型狮子，以及可能承载有翼神兽图像的域外方物，得以不断输入，为帝陵神兽的塑造提供源源不断的参照和借鉴。

（一）南朝的中外交通

南朝与西域的交通往来始终没有中断，自益州以西经吐谷浑连接西域与河西走廊并行的"河南道"，是南朝与西域保持政治、经济、文化交流的重要交通线①。朝聘使节、求道僧侣、商人贾贩纷纷经由此道。此外，南朝时期的海路交通仍保持一定规模，与海外往来贯通不绝。由此，域外的奇珍异宝、异兽珍禽纷纷传入南朝，其中包括西域贡狮及其副产品。

---

① 唐长孺：《南北朝期间西域与南朝的陆道交通》，《唐长孺文存》，上海古籍出版社，2006年，第509～511页。

狮子于我国属外来物种，"狮子"这一命名，语源上分析，即源自西域月氏国吐火罗语①。史料所载，狮子在东汉时期自西域传入中原，《东观汉记》对其形貌有较为具体的描述：（顺帝阳嘉中）"疏勒王盘遣使文时诣阙，献师子、封牛，师子形似虎，正黄，有髯彩，尾端茸毛大如斗"②。这基本符合现存的亚洲雄狮的体貌特征，毛发蓬松稠密，尾端毛丰厚。由此判断自西域而来的狮子属于波斯亚种（Panthera leo persica）亚洲狮③。《宋书·索虏传》曰："粟特大明中（五世纪中期）遣使献生师子、火浣布、汗血马，道中遇寇，失之。"④尽管这是一次没有达成的供奉，但至少说明自东汉以来，我国境内的狮子均来自西域。《梁书·诸夷》曰：滑国普通元年（520年）"又遣使献黄师子、白貂裘、波斯锦等物"⑤。滑国（蠕蠕）贡狮，皮毛色黄，应该同属亚洲狮，这些活生生的狮兽，为有翼神兽的塑造提供了真实参考。

除生狮外，另有皮毛制品，《南齐书·芮芮虏》曰：建元三年（481年）芮芮"献师子皮袴褶，皮如虎皮，色白毛短。时有贾胡在蜀见之，云此非师子皮，乃扶拔皮也"⑥。由此可见，这件"皮袴褶"正是经由"河南道"辗转而来，但国人不辨真伪，也间接说明狮子这一外来物种，着实罕见。

域外学者在论述图像传播的相关问题，多认为相比之庞大的石刻雕塑，装饰有狮子及有翼神兽的小型器物（如小型雕塑、贵金属器、纺织品、绘画等）质轻便携更易于传播⑦。南朝时，经由陆海交通传入的域外奇珍数量很多，文献所载诸如螺杯、琉璃器、金刚指环、金银宝器等各色宝货，大多能在南朝墓葬中发现类似实物。这些域外珍宝或许即承载着可供参考的狮子及有翼神兽的图像，也不排除其成为南朝帝陵神兽参照的可能性。

---

① ［美］谢弗著，吴玉贵译：《唐代的外来文明》，中国社会科学出版社，1995年，第191～195页。
② ［东汉］刘珍等撰，吴树平校注：《东观汉记校注》卷三《敬宗孝顺皇帝》，中华书局，2008年，第112页。
③ 李零：《波斯笔记》，生活·读书·新知三联书店，2019年，第457页。
④ 《宋书》卷九五《索虏传》，中华书局，1974年，第2358页。
⑤ 《梁书》卷五四《诸夷》，中华书局，1973年，第812页。
⑥ 《南齐书》卷五九《芮芮虏传》，中华书局，1972年，第1024页。
⑦ Joachim K. Bautze. Some Notes on the "Shoulder Ornament" in the Art of Northern India. Silk Road Art and Archaeology 2, 1991/92, p.219.

（二）萨珊图样的影响

受近东图像传统的影响，波斯艺术中的狮子也有肩饰。传世的波斯银盘上猎狮图中的雄狮，肩膀及后胯处即装饰有涡状旋毛纹。此外，波斯金属器上的有翼神兽也常装饰类似纹饰，应该正是从狮像的旋毛纹移植而来。如伊朗北部吉威耶（Ziwiye）曾发现一件金质胸牌饰件的残件（时代约前7世纪），其上的装饰主题即有带旋毛纹有翼神兽（见图5-5：1）[1]。只是旋毛纹装饰于有翼神兽后胯处。现藏保加利亚索菲亚国家考古博物馆一件鎏金银瓶（约前5世纪初），是色雷斯 Koukova Mogila 地区发现的唯一一件波斯阿契美尼德时代的银器。银瓶一侧鋬手装饰有翼神兽，其前肢肩膀处装饰一枚旋毛纹（见图5-5：2）[2]。而伊朗国家博物馆藏一件鎏金银瓶（约5—6世纪），器腹上以凸纹雕花工艺塑造的有翼神兽，翅膊装饰一枚六瓣花朵（见图5-5:3）[3]。这是目前为止最接近六朝帝陵神兽花饰的波斯有翼神兽。

1   2   3   4

图 5-5   波斯器物有翼神兽图样

1 伊朗吉威耶金质胸牌饰件上的有翼神兽
2 保加利亚索菲亚国家考古博物馆藏鎏金银瓶有翼神兽鋬
3 伊朗国家博物馆藏鎏金银瓶器腹有翼神兽
4 巴黎装饰艺术博物馆藏萨珊织锦有翼神兽

---

[1] Katsumi Tanabe. A Discussion of One Kushano-Sasanian Silver plate and Relation to Grandharan Art. Orient, 1989,p.61.

[2] Antigoni Zournatzi. Inscribed Silver Vessels of the Odrysian Kings: Gifts, Tribute, and the Diffusion the the Forms of Acheamenid Metalware in Htrace. American Journal of Achaeology, Vol. 104(2000), p.684.

[3] André Godard. The Art of Iran. Fredeerick A. Praeger, 1965, pp.207-208. fig.121.

有翼神兽也是波斯织锦上常用的装饰图样，现藏巴黎装饰艺术博物馆（Musée des Arts Décoratifs）一件波斯萨珊织锦（时代约 6—7 世纪），联珠团窠内即饰有翼神兽。其造型与伊朗国家博物馆银瓶装饰类似，只是翅膀处饰一枚叶形纹（见图 5-5 : 4）。波斯锦也是西域供奉南朝宫廷的宝物，前文述萧梁普通元年（520 年）滑国献物中即有"波斯锦"。萧绎早年曾上《谢东宫赉辟邪子锦白褊等启》[①]，所谓"辟邪子锦"应是装饰有翼神兽的织锦。由此看来，波斯萨珊图样或许对南朝帝陵有翼神兽的花饰有重要影响。

与西亚神兽伸展的庞大翅膀相比，六朝有翼神兽羽翼则非常纤小，没有表现出振翅飞翔的力量和动感。这一方面继承了自东汉以来有翼神兽的造型传统，即双翼位置偏低，且大体呈向下的趋势，这便抵消了羽翼的运动感。而另一方面，六朝帝陵神兽双翼占整个躯体的比例较小，在视觉上也弱化了飞翔的动感。而这种双翼与躯体的比例，却与波斯萨珊金银器和织锦上有翼神兽图样类似，或许出于美观和工艺的原因，金银器和织锦上的有翼神兽，虽然是大型石雕具体而微的缩小版本，但其羽翼较石雕明显缩小。由此推测，六朝帝陵的有翼神兽或许正是参考了波斯金银器和波斯锦上的神兽图样，进而将其翼膊处的花饰也如法复刻。

（三）帝王意志

为了凸显帝陵神兽的至高等级和帝王风范，南朝各代有翼神兽的塑造，特别注重表面花纹的装饰效果，这也是用于断代的重要参照之一。宋武帝初宁陵神兽体格庞大，敦实质朴；萧齐诸陵及梁文帝修陵则颀长秀丽，羽翼生花；而萧梁其他帝陵则纹饰繁复，作风华美。个中差别固然与南朝各代为之投入的物力和精力多寡有关，但也与最高决策者的审美取向有直接关系。

帝王意志对帝陵神兽的塑造有直接的主导作用。前文所述萧梁建陵神兽的营造即反映了梁武帝本人的态度，故帝陵神兽翼膊的花饰也只能由帝王授意，通过增加新的花饰，以彰显帝陵与众不同的至尊地位。同时，无论是西域贡狮还是海外奇货，均为上层专享，并不能广泛传播，因此以此为参照设

---

① ［南梁］萧绎著，陈志平、熊清元校注：《萧绎集校注》，上海古籍出版社，2018 年，第 659 页。

计的图样只能出自南朝宫廷，并在获得帝王首肯后方能实施。

梁白泉先生认为六朝陵墓上的石刻，当时都有具体的规定，也必定有图纸，由东园派技师、工人在陵前按照设计图纸雕刻[①]。可见，工匠仅仅是帝陵神兽的直接塑造者，其本身虽有高超技艺，但也受到严格的约束和监督，工匠的个人意志并不能体现在具体的雕刻成果上，反而是帝王意志被严格奉行。由此看来，本篇探讨的五例神兽，翼膊花饰形制各有不同，应该绝非工匠匠意使然或是工作失误，而是严格遵照设计图样具体施工的结果。

四、结语

南朝帝陵有翼神兽，向来注重表面花纹装饰，自永宁陵而始，至梁文帝建陵而终，其双翼翼膊处又增加了一枚花饰。花饰设计极有可能是受南朝时期传入的萨珊金银器及波斯锦图样的影响，而同类纹饰更早则源自西亚狮像的肩饰（shoulder ornament）传统。有翼神兽花饰的设计，出自帝王授意，这既是造成花饰形制各有不同的直接原因，也是花饰最终消失的重要原因。

第三节　古人的辫发

在中国古代服饰史的研究领域中，辫发一直被视为夷狄发式，其制是编发为辫垂于背后，或盘于头顶。这种特殊的发式在中原较少见，故史籍也将辫发作为区别华夏与夷狄的重要标志。辫发在历史上曾被视为政治的风向标，金人南下，蒙古人、满人入主中原，无不强迫汉人髡头辫发，而汉人为保护头发代价惨重，其中当属清初的剃发令最为严酷。然而通过研究文献和考古材料，就不难发现其实华夏先民在先秦时代也曾有一段辫发史。

---

① 梁白泉：《南京的六朝石刻》，南京出版社，1998 年，第 144 页。

一、髻、辫与华夷之分

中原汉族的传统发式是"髻"，也称"紒""结"。《仪礼·士冠礼》曰："将冠者，采衣，紒。"郑玄注曰："紒，结发，古文紒为结。"① 《说文解字》十三篇上"系"部"结"条段玉裁注曰："古无髻字，故用此字。"② 九篇上"髟"部"髻"条段注曰："结，今之髻字也。按许书皆作结，郑注经皆作紒。郑依今文《礼》，许依古文《礼》，故系部有结无紒也。卧髻者，盖谓寝时盘发为之，令可不散。"③ 髻是最基本的发式，即使就寝时也会绾髻。

辫发则指先将头发分股再编合的发式。《说文解字》卷十三上"系"部"辫"条曰："辫，交也。从糸，弁声。"段注曰："分而合也，故从弁，形声中有会意也，频犬切。"④ 辫，也作编。《汉书》卷六十四下《终军传》曰："众支内附，示无外也。著此之应，殆将有编发，削左衽，袭冠带，要衣裳，而蒙化者焉。"颜师古注曰："编读曰辫。"⑤ 《孔子集语》卷六"尚书大传"条曰："武丁内反诸己，以思先王之道。三年，编发重译来朝者六国。"⑥ 编发，即辫发，因为夷狄辫发，故文献中多将辫发作为夷狄代称。

历史上曾在中国大地上生活过的四方民族，其俗各异。《礼记正义》卷十二《王制》篇曰："中国戎夷五方之民皆有性也，不可推移。东方曰夷，披发文身，有不火食者矣；南方曰蛮，雕题交趾，有不火食者矣；西方曰戎，披发衣皮，有不粒食者矣；北方曰狄，衣羽毛穴居，有不粒食者矣。"⑦ 中原华夏与四方夷狄自古以来风俗相异，发式习俗亦不相同，这种差异究其原因

---

① 《仪礼注疏》卷二《士冠礼》，《十三经注疏》，中华书局影印本，1980年，第95页。
② ［汉］许慎撰，［清］段玉裁注：《说文解字注》十三篇上，上海古籍出版社，1981年，第647页。
③ ［汉］许慎撰，［清］段玉裁注：《说文解字注》九篇上，上海古籍出版社，1981年，第427页。
④ ［汉］许慎撰，［清］段玉裁注：《说文解字注》十三篇上，上海古籍出版社，1981年，第647页。
⑤ 《汉书》卷六十四《终军传》，中华书局，1962年，第2817页。
⑥ ［清］孙星衍等辑，郭沂校补：《孔子集语校补》卷六《尚书大传》，齐鲁书社，1998年，第113页。
⑦ 《礼记正义》卷十二《王制》，上海古籍出版社，1990年，第246～247页。

与其各自的居住环境密切相关，吕思勉先生认为："毛发可以御寒，故北族披发，南人断发，中原敛发，亦各适其地也。"① 四方夷狄之披发、断发乃是他们适应寒冷和炎热气候的结果。

辫发多为游牧民族的发式，《汉书》卷九十五《西南夷两粤朝鲜传》曰："西南夷君长以十数……西自桐师以东，北至叶榆，名为巂、昆明，编发，随畜移徙，亡常处，亡君长……"② 这些西南夷过着"随畜而移徙"的游牧迁徙生活，居无定所，他们的发式为编（辫）发。历史上其他的游牧民族几乎都有辫发风俗，《晋书》卷九十七《四夷传》吐谷浑条曰："其男子通服长裙，帽或冪篱。妇人以金花为首饰，辫发萦后，缀以珠贝。"③《南齐书·魏虏传》曰："披发左衽，故呼为'索头'。"④《资治通鉴》魏文帝黄初二年（221 年）司马光论曰："南谓北为索虏，北谓南为岛夷。"胡三省注曰："索虏者，以北人辫发，谓之索头也。"⑤《南史》卷六十九《夷貊传》高昌国条曰："（高昌国）面貌类高丽，辫发垂之于背……女子头发，辫而不垂，著锦缬璎珞环钏。"⑥《北史》卷九十四《百济传》曰："（百济）女辫发垂后，已出嫁，则分为两道，盘于头上。"⑦《大金国志》卷三十九《男女冠服》曰："金俗好白衣，辫发垂肩，与契丹异……妇人辫发盘髻。"⑧ 河南焦作西冯封金墓曾出土数件人俑，其发式为头梳双辫，垂于胸前、肩下或脑后（见图 5-6）⑨。虽然关于契丹辽人发式的史料不多，但考古资料表明契丹男女皆有辫发之俗。内蒙古库伦旗前勿力布格第六号辽墓壁画中的契丹男子，其发式为在颅两侧留出两缕头发，结辫垂肩（见图5-7）⑩。契丹女子的发式较为复杂，内蒙古巴林左旗滴水壶辽墓，墓室北壁上绘

① 吕思勉：《中国民族史》，中国大百科全书出版社，1987 年，第 192 页。
② 《汉书》卷九十五《西南夷两粤朝鲜传》，中华书局，1962 年，第 3837 页。
③ 《晋书》卷六十七《四夷传》，中华书局，1974 年，第 2538 页。
④ 《南齐书》卷五十七《魏虏传》，中华书局，1972 年，第 983 页。
⑤ 《资治通鉴》卷六十九《魏纪一》，中华书局，1963 年，第 2186 页。
⑥ 《南史》卷六十九《夷貊》，中华书局，1975 年，第 1983 页。
⑦ 《北史》卷九十四《百济》，中华书局，1974 年，第 3119 页。
⑧ ［宋］宇文懋昭：《大金国志校正》卷三十九《男女冠服》，中华书局，1986 年，第 552 页。
⑨ 河南省博物馆、焦作市博物馆：《河南焦作金墓发掘简报》，《文物》，1979 年第 8 期，第 1 ～ 17 页。
⑩ 李逸友：《契丹的髡发习俗》，《文物》，1983 年第 9 期，第 15 ～ 17 页。

有一辫发的女子形象，其发辫由前额绕于脑后，发辫上垂下两条飘带，并在前额扎额子带（见图5-8）。[①] 这种发式与内蒙古察右前旗豪欠营第六号辽墓发现的契丹女的发式相似，后者发式为额前髡发，脑后散发，而分颅左侧一缕头发编成发辫，绕经前额上方再盘回颅顶（见图5-9）[②]。

图 5-6　河南焦作西冯封金墓人俑

图 5-7　内蒙古库伦旗前勿力布格第六号辽墓壁画契丹男子发式

① 巴林左旗博物馆：《内蒙古巴林左旗滴水壶辽代壁画墓》，《考古》，1999 年第 8 期，第 53 ～ 59 页。

② 乌兰察布盟（今乌兰察布市）文物工作站：《察右前旗豪欠营第六号辽墓清理简报》，《文物》，1983 年第 9 期，第 1 ～ 8 页。

　　蒙古人亦有辫发之俗，宋郑思肖《心史·大义略叙》曰："靼主剃三搭、辫发。……云三搭者，环剃去顶上一弯头发，留当前发，剪短散垂，却析两旁发，垂绾两髻。……或合辫为一，直拖垂衣背。"①赤峰元宝山元墓壁画"墓主人对坐图"，其中男主人头戴圆顶帽，双耳后垂有发辫（见图5-10）。②

图 5-8　内蒙古巴林左旗滴水壶辽墓女子发式　　图 5-9　内蒙古察右前旗豪欠营第六号
　　　　　　　　　　　　　　　　　　　　　　　　　　　　 辽墓女子发式

图 5-10　赤峰元宝山元代壁画人物发式

---

① ［宋］郑思肖：《心史》，广智书局，清光绪三年（1877 年）。
② 项春松：《内蒙古赤峰市元宝山元代壁画墓》，《文物》，1983 年第 4 期，第 140～146 页。

上述这些游牧民族，早先居无定所，逐水草而居，其发式皆为辫发。辫发十分适应游牧生活，因为编发比较牢固，在游牧过程中不会散乱，故不会妨碍行动。辫发若不适宜游牧迁移生活，也便不会长期为各个游牧民族所世代传承。游牧民族即使日后定居下来，仍保持着辫发的传统，这种发型已经成为一种美观的装饰和民族精神的象征，并不因生活方式的改变而捐弃，足见辫发传统对其影响深刻。

夷狄对于头发的打理不外辫发、髡发或断发，对于头发亦不甚保养清洁，这与华夏民族的传统大相径庭。

首先，华夏之民视绾发为髻为礼法，头发绝对不可毁伤，至于披发则被视为疯癫之举。《孝经·开宗明义》曰："身体发肤，受之父母，不敢毁伤，孝之始也。"[1] 绾发为髻，珍视头发本质就是"孝"的表现，而断发或剪发是对身体的毁伤，被视为不孝之举。头发还关乎个人荣辱，古有"髡刑"，即剃去囚徒之发以示惩戒。与割裂肌肤、残害肢体的肉刑相比，髡刑虽看似无伤，却带有极大的侮辱性质，而这正利用了人们珍视头发的心理所创立的刑罚。曹操曾煞有介事地"割发以置地"[2]，正是自罚"髡刑"，无论居心为何，此举本身却称得上执法峻刻。华夏民族亦视披发之人为狂颠，《史记·宋世家》曰："（箕子）披发佯狂。"[3]《越绝书》卷七《越绝外传记范伯》曰："（范蠡）披发佯狂，不与于世。"[4] 披头散发若非违背礼法的疯狂举动，箕子、范蠡也不会如此装疯佯狂。此外，因为披发是夷狄风俗，故也被视为夷狄乱华的征兆，《抱朴子外篇》卷二十七《刺骄篇》曰："昔辛有见披发而祭者，知戎之将炽。"[5]《宋书·五行志》亦曰："晋惠帝元康中，贵游子弟相与为散发裸身之饮……盖胡、翟侵中国之萌也。"[6] 披头散发被视为夷狄乱华的先兆，被斥为"貌不恭"，这同样说明散发有悖华夏礼法。

---

[1]《孝经注疏》卷一《开宗明义章》，中华书局，1936 年，第 43 页。

[2]《三国志》卷一《武帝纪》注引《曹瞒传》，中华书局，1982 年，第 55 页。

[3]《史记》卷三十八《宋微子世家》，中华书局，2003 年，第 1609 页。

[4]《越绝书》卷七《越绝外传记范伯》，上海古籍出版社，1985 年，第 49 页。

[5]［晋］葛洪著：《抱朴子外篇》卷二十七《刺骄篇》，上海古籍出版社，1992 年，第 152 页。

[6]《宋书》卷三十《五行志一》，中华书局，1974 年，第 883 页。

其次，华夏之民对于头发的清洁也异常重视，一般是三日一沐发，《礼记·内则》曰："五日则燂汤请浴，三日具沐。"① 《礼记·玉藻》曰："日五盥，沐稷而靧粱，栉用樿栉。"孔颖达疏曰："取稷粱之潘汁，用将洗面沐发，并须滑故也，然此大夫礼耳，又人君沐靧皆粱也。"② 贵族男子以稷、粱汁水沐发，而女子更以"膏"沐发，《诗经·卫风·伯兮》曰："自伯之东，首如飞蓬，岂无膏沐，谁适为容。"③ "膏沐"在洗发的同时兼具润发的功效，所以经过这样的护理滋养，必能"长发曼鬋，艳陆离些"④。

由此可知，华夏之民对头发的珍视与保养如此精心，难怪会对辫发、髡发或断发的夷狄不屑，对日后金、元、清的强令剃发感到天大耻辱而强烈地排斥和抗拒。

二、生活方式对发型的影响

中原地区史前时代便出现了绾髻发式，陕西神木县（今神木市）石峁山客省庄二期文化遗址中曾出土一件玉雕人像，其发式为先总发于头顶再绾成高髻（图5-11）⑤。绾发成髻又多以簪固定，考古发掘多次发现各种材质的发簪也能说明华夏先民的绾发风俗。华夏先民选择绾发这种发式的初衷，虽无直接的文献资料加以证明，但却能通过其他史料间接推知。《汉书》卷九十五《西南夷两粤朝鲜传》曰："西南夷君长以十数，夜郎最大。其西，靡莫之属以十数，滇最大。自滇以北，君长以十数，邛都最大。此皆椎结，耕田，有邑聚。"西南地区自滇以北的邛等民族，过着"邑聚"的定居生活，从事农业生产，其发式为"椎结"。椎结亦是绾发而成，因外形似椎，故称为"椎结"。颜师古注曰："椎音直追反。结读曰髻。为髻如椎之形也。"⑥ 云南晋宁石寨山

---

① 《礼记正义》卷二十七《内则》，上海古籍出版社，1990年，第518页。
② 《礼记正义》卷二十九《玉藻》，上海古籍出版社，1990年，第546页。
③ 《毛诗正义》卷三《卫风》《伯兮》，十三经注疏，上海古籍出版社，1990年，第139页。
④ ［宋］洪兴祖撰，白化文等点校：《楚辞补注》卷九《招魂》，中华书局，1983年，第210页。
⑤ 戴应新：《陕西神木县石峁龙山文化遗址调查》，《考古》，1977年第3期，第154～157页。
⑥ 《汉书》卷九十五《西南夷两粤朝鲜传》，中华书局，1962年，第3837页。

滇人墓中出土许多青铜器，器盖上有许多椎结的青铜人像，其中一件器盖上的人像清楚地表现了椎髻的形状（见图5-12）[1]。另在四川凉山昭觉、西昌等地汉墓中出土的男、女俑都梳类似的椎结，可见它是一种不分男女的通用发式。西南地区的邛都等部"耕田椎结"，以农耕为主，所以选择绾发为髻，而同处西南的巂、昆明等部却"辫发迁徙"，他们的生活方式与之截然不同，发式亦相异。上文论述辫发是适合游牧民族的发式，所以绾发为髻应是人们适应其定居生活和农耕生产方式的结果。

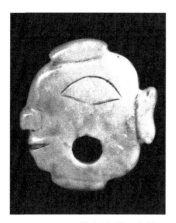

图 5-11　石峁山绾髻玉人像

图 5-12　晋宁石寨山青铜器盖椎髻人像

可以设想，倘若游牧民族绾发为髻而农耕民族辫发垂肩，那么后果是严重影响各自的生活。绾成的发髻不如辫发那般牢固，很容易在策马奔腾时散乱，可是人们在马背上不断地迁徙，哪里有闲暇总是停下来梳理凌乱的头发？再者，对于生活在酷寒北地的游牧民族来说，发辫垂后可以御寒，而发髻则将头发全部束于顶，便丧失了御寒的作用。同样地，辫发垂肩又不如发髻那样利落，发辫在弯腰劳作时垂在身畔造成不便。故辫发适合纵马驰骋，绾髻将头发收拢于顶适合躬身犁耕，这是先民们适应自然的结果，是在实际生活中总结出的经验，并世代传承。西南夷族虽与华夏相异，但通过分析他们的生活习俗总能看到华夏先民的一些影子，他们将头发收拢固定于头顶，

---

[1]　张增祺著：《晋宁石寨山》，云南美术出版社，1998年，第20页。

以方便农耕劳作，与邛都等部的情形何其相似。

值得注意的是，无论在夷狄还是中原地区，都曾流行"椎髻（结）"。除上文所述的西南夷人椎结外，《后汉书·梁鸿传》曰："梁鸿妻为椎髻，着布衣。"[1] 梁鸿和孟光同为扶风平陵人，居住在中原腹地，故孟光的"椎髻"应为中原民女的发式。《史记·陆贾传》曰："尉他魋结，箕倨见陆生。"服虔注曰："魋音椎。今兵士椎头结。"《索隐》曰："谓为髻一撮似椎而结之，故字从结。且按其'魋结'二字，依字读之亦得。谓夷人本披发左衽，今他同其风俗，但魋其发而结之。"[2] 尉他所绾"魋结"其实就是"椎结（髻）"，服虔是东汉末人，既言魋结就是当时兵士的椎结头，就应该是实情，故可证明中原汉人也是普遍绾椎结（髻）。此外，《吴越春秋》载吴王寿梦曰："孤在夷蛮，徒以椎髻为俗。"[3] 可见，吴人也有椎髻风俗。

三、华夏早期的辫发

华夏先民绾髻的初衷是为了方便农耕劳作，其后又制定了一系列关于头发的礼法，并遵循恪守，而对于夷狄披发、辫发及髡发之俗则强烈排斥，故绾发和辫发一直被视为区分华夏和夷狄的一种标志。然而，华夏民族在特定的历史背景下也曾经有过辫发，桑原隲藏先生研究中国人的辫发史，认为"中原内地汉人存留辫发之事，则是金代以来的事情"[4]。这是汉人被迫髡头辫发的屈辱的开端，是民族矛盾的反映，而本篇所要探究的辫发问题却是在此之前华夏之民曾经有过的一段近乎被忽视的辫发史。

《礼记·内则》曰："三月之末，择日剪发为鬌，男角女羁。"孔颖达疏："《正义》曰：夹囟曰角者，囟是首脑之上缝。故《说文》云：十其字象小儿脑下不合也，夹囟两旁当角之处留发不剪。云午达曰羁者，按《仪礼》云：

---

① 《后汉书》卷八十三《梁鸿传》，中华书局，1965 年，第 2766 页。
② 《史记》卷九十七《陆贾传》，中华书局，2003 年，第 2697～2698 页。
③ 周生春撰：《吴越春秋辑校会考》卷二《吴王寿梦传》，上海古籍出版社，1997 年，第 18 页。
④ ［日］桑原隲藏著，钱婉约、王广生译：《中国人辫发的历史》，《东洋史说苑》，中华书局，2005 年，第 117 页。

度尺而午。注云：一纵一横曰午，今女剪发留其顶上纵横各一相交通达，故云午达。不如两角相对，但纵横各一在顶上，故曰羁。"[1] 沈从文先生认为此说明，孩童剪发，男孩顶门两旁留一小撮，把发梳理之后，结成小丫角。女孩顶正中留一小撮，编成小辫（俗名"冲天炮""一抓椒"）以示区别。"到稍长大，发不再绞剪，男的总成椎髻，加上冠巾，如《释名》说的'士冠，庶人巾'。"[2] 礼制虽规定成人身体发肤不得毁伤，但对未成年的孩童则要求适当地剪发，此外女孩还要辫发以与男孩区别，似乎违背了"身体发肤不得毁伤"之条，但其中却反映出华夏早期的先民存在辫发这一事实。

除文献外，大量的考古资料也能证实这一点。安阳殷墟妇好墓出土好几件有辫发发式的玉、石人雕像，其中标本371和372比较具有代表性，鲜明地表现出辫发发式。标本371头梳长辫一条，辫根在右耳后侧，往上盘至头顶，由头顶绕至左耳后侧，又由左耳侧伸向右耳，辫梢与辫根相接，头上另戴"頍"用以束发（见图5-13）。标本372头顶中心梳小辫一条，下垂至颈（见图5-14）[3]。其他标本的辫发与之相似，由此可见殷人辫发习以为常，中原地区很早便有辫发。根据文献和殷人卜辞的记载，殷人最早也是游牧迁徙，后来逐渐向定居农耕过渡，但仍保留早期的辫发发式。

图 5-13　戴"頍"玉人像

图 5-14　梳辫玉人像

① 《礼记》卷二十八，《十三经注疏》，中华书局，1980 年，第 1469 页。
② 沈从文：《中国古代服饰研究》，上海书店出版社，2002 年，第 72 ～ 73 页。
③ 中国社会科学院考古研究所：《殷墟妇好墓》，文物出版社，1980 年，第 152 ～ 153 页。

与商代玉、石人的辫发发式简单朴素相比，秦始皇陵兵马俑将士的辫发则繁复得多。标本 T1G3:7 为扁髻，将头发编成六股宽辫上折反贴脑后，将发折叠贴于脑后，形状扁平如长方板形或梯形（见图 5-15）。圆锥髻，将头发拢于头顶右侧绾成圆锥形发髻，另将后脑及两鬓的头发各辫成一根三股小辫，交互盘结脑后（见图 5-16）。① 秦人辫发与其秦人起于西戎密不可分，当时中原已进入礼乐时代，秦人先民尚以游牧畜养为生。《史记·秦本纪》曰："造父以善御幸于周缪王……徐偃王作乱，造父为缪王御，长驱归周，一日千里以救乱。"又曰："非子居犬丘，好马及畜，善养息之。犬丘人言之周孝王，孝王召之使主马于汧渭之间，马大蕃息。"② 秦人长期在西戎之地徘徊，又于戎人杂处和战，故其风俗戎化，且无定居。直至襄公助平王迁都有功始国，《史记·秦本纪》曰："襄公以兵送周平王。平王封襄公为诸侯，赐之岐以西之地。……襄公于是始国。"足见秦人历史进程远远落后于中原，而秦人文化更逊于华夏，《史记·秦本纪》又曰："文公十三年，初有史以纪事，民多化者。"③ 至此方才"有史纪事""民多化者"，则不难想象之前秦人"未化"时，本质上实在是与戎人无异。西戎"披发"与华夏绾髻之俗相异，但戎人"披发"却实为辫发披于身后。孔子曰："微管仲，吾其披发左衽矣。"皇侃疏曰："披发，不结也。礼，男女及时，则结发于首，加冠笄为饰，戎狄无此礼，但辫发披之体后也。"④ 故秦人辫发乃是受西戎"辫发披后"风俗的影响。然而，秦人发式不单是"辫发"，而是辫发和绾发的结合，梳发方法一般是先辫发后将发梢及余发归总而绾成发髻，绾髻又是华夏风俗，故秦人发式是在综合了西戎与华夏风俗基础上形成的既不同于西戎，又不同于华夏的特殊的发式。

洛阳金村战国墓出土青铜人物立像，其发式双辫垂肩（见图 5-17）⑤。从人物身着短衣、襞褶，足蹬革靴的形象来看，似为胡人。但其腰带悬挂组佩，却是中原人的传统习俗，故很可能是胡服装扮的中原人，这与战国时代赵武

---

① 陕西省考古研究所始皇陵秦俑坑发掘队：《秦始皇陵兵马俑一号坑发掘报告》（1974—1984），文物出版社，1988 年，第 122～126 页。
② 《史记》卷五《秦本纪》，中华书局，2003 年，第 177 页。
③ 《史记》卷五《秦本纪》，中华书局，2003 年，第 179 页。
④ ［清］刘宝楠注：《论语正义》卷十七《宪问》，上海书店，1993 年，第 314 页。
⑤ 周锡保：《中国古代服饰史》，中国戏剧出版社，1986 年，第 75 页。

灵王"胡服骑射"的影响不无关系。而人物双辫发式，也应是受胡人辫发传统影响的结果。

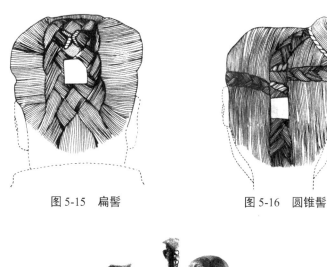

图 5-15 扁髻   图 5-16 圆锥髻

图 5-17 洛阳金村战国墓青铜人像

四、结语

秦代以后中原地区鲜有关于辫发的记载，但萧梁时宫中有"羊车小史"之职，隋唐亦因其制度。《五代史志》曰："羊车，以名辇，其上如轺，小儿衣青布袴褶，五辫髻，数人引之。时名羊车小史。"①《旧唐书·舆服志》曰："平巾五辫髻，青袴褶，青耳属，羊车小史服之。"②《新唐书·车服志》亦曰："羊车小史，五辫髻，紫碧腰襻青耳属。"③"羊车小史"一职是由童子数人担任，他们的发式称为"五辫髻"，其式今虽不可考，但据上文《礼记·内则》所述之"羁"，很有可能是其孑遗，是一种辫发而成的孩童发式，史书称其为"五辫髻"，或许类似秦俑发式中的"扁髻"，即将头发编成五股宽辫，再在上折后反贴脑后，最后将发梢部分绾成发髻而成，是一种将辫发和绾髻相结合而成的发式。

通过如上论述可以肯定，尽管辫发被长期视为夷狄发式，但华夏先民也曾有一段辫发史，当时的辫发与宋元以后的辫发有本质不同，不带任何征服和强迫的性质。当礼制成熟后，束发加冠逐渐取代了辫发，故史料中少有关于华夏先民辫发史的记载，索性在人们的生活中仍遗留辫发的痕迹，帮助后人追溯。不过，华夏先民也曾有辫发这一事实，也许会让后来为捍卫头发而在"留发不留头"剃发令下舍生取义的悲壮之士始料不及。

第四节　汉代"天禄蛤蟆"鎏金兽形砚盒
——兼论中西物质交流

自汉代以来，中外物质文化交流绵延不绝，并通过具体的文物直观表现——器物的造型、工艺、材质、功能等无不表现出历史上中外交流的痕迹。汉代文献所载"天禄蛤蟆"虽是古人想象的神兽，但却取材自域外狮兽原型，以此为题材制作而成的各类器物，集中地反映出古代物质文化交流的相关问题。

---

① 《隋书》卷十《礼仪志五》，中华书局，1973年，第192页。
② 《旧唐书》卷四十五《舆服志》，中华书局，1975年，第1946页。
③ 《新唐书》卷二十四《车服志》，中华书局，1975年，第522页。

一、汉代的砚盒

砚是中国古老的文房用具之一，专门用以研墨。《释名·释书契》曰："砚，研也，研墨使和濡也。"[1] 早在新石器时代即发现带有颜料痕迹的石质研磨器，或认为这是初民进行彩陶绘画的工具。三代已降，带有颜色残痕的研磨器和调色器偶有出土；战国墓葬中常见的笔、墨以及墨书简帛，均直接或是间接证明了砚的使用及演变历程。

及至两汉，古砚制作愈发精进，考古所见汉砚实物大多形制规整，做工考究，甚至发展出专门用来盛砚石的砚盒。山东临沂金雀山西汉墓（M11），曾出土一件漆砚盒。砚盒木胎，盒盖与盒身各长 21.5 厘米，宽 7.4 厘米，厚 0.9 厘米，盒盖里外髹漆，内有长方形凹槽可扣住石板砚，方形凹槽可扣住研石。研石长宽各 2.5 厘米，厚 0.2 厘米，胶合在一块长宽各 2.5 厘米，厚 1.1 厘米的坛形木块上。此外，同墓另出土一件竹笔。石砚及毛笔均残留墨痕，推测是墓主人日常所用文具（见图 5-18）[2]。

图 5-18　山东临沂金雀山西汉墓（M11）出土漆砚盒

江苏邗江姚庄西汉墓（M101）也曾出土两件砚盒[3]。其一为漆砚盒，整体近似马鞍形，椭圆盒盖带盝顶。木胎漆砚（M101∶11）平面呈风字形，由砚盒和砚池两部分组成，长 19 厘米，前宽 9.8 厘米，后宽 8.2，高 6.6 厘米。砚面与砚盒之间有三角形的泄水孔，塞一木雕羊首形栓（见图 5-19）[4]。博山饰木

① ［汉］刘熙：《释名疏证补》卷六，上海古籍出版社，1984 年，第 296 ~ 297 页。
② 临沂市博物馆：《山东临沂金雀山周氏墓群发掘简报》，《文物》，1984 年第 11 期，第 41 ~ 58 页。
③ 扬州博物馆：《江苏邗江姚庄 101 号西汉墓》，《文物》，1988 年第 2 期，第 22 ~ 25 页。
④ 傅举有：《中国漆器全集 3 汉》，福建美术出版社，1998 年，第 156 页。

砚（M101：82）分砚池和砚盒两部分，砚池为桃形，砚盒作博山形，雕刻羽人、瑞兽。砚盒和砚池之间有一长方形孔相通，长 12 厘米，宽 5.5 ～ 7 厘米，高 4.6 厘米。

图 5-19　江苏邗江姚庄西汉墓（M101）出土漆砚盒

　　汉代砚盒除漆木质外，另有青铜鎏金质地。徐州土山东汉彭城王墓曾出土一件鎏金兽形铜砚盒（见图 5-20：1）[1]。砚盒由盒盖、盒身子母扣合组成，通长 25 厘米，宽 14.8 厘米，高 10.2 厘米。整体作伏兽状，遍体鎏金，遍布云气纹并镶嵌有绿松石、青金石、珊瑚等多彩宝石。盒内中空，内含石砚并附圆形研石一枚。需要书写时，别取墨丸于砚堂内研磨，即成蘸取之墨。盒盖正中尚有一桥钮，方便提盖揭取。这件国宝级文房用具，用料上乘，工艺精良，其艺术价值远胜实用功能[2]。

　　安徽博物院也收藏有一件形制类似的鎏金兽形砚盒，这件砚盒于 1957 年安徽省肥东县大孤堆出土（见图 5-20：2）[3]，为分体式伏兽状砚盒，内置一块砚石作磨墨的砚堂。盒为青铜质，分上下两部分，长 12.5 厘米，宽 7 厘米，高 6.5 厘米，整体看似蟾蜍形，但头部有双角，身有双翼，短尾，吻部前伸，四足伏地，呈起扑状。盖顶有一小铜环，用于手拎开盖。盒内嵌入一块随形石片作为砚面。砚盒全身鎏金，嵌入绿松石、青金石等各色宝石，形态生动，富丽堂皇。

① 南京博物院：《徐州土山汉墓发掘简报》，《文博通讯》十五，1977 年，第 20 页。
② 孙机：《汉代物质资料图说》，上海古籍出版社，2008 年，第 278 ～ 279 页。
③ 《肥东、霍邱县发现汉墓》，《文物》，1959 年第 10 期，第 86 页。

1   2

图 5-20　汉代鎏金兽形砚盒

1 江苏徐州土山出土　　　2 安徽肥东大孤堆出土

汉代的嵌宝鎏金兽形铜盒砚极为罕见，其主体作伏兽状，头生双角，肩生双翼，面目似狮，匍匐而卧，与中原固有神兽迥异，由此推测乃是域外神兽造型本土化过程中的产物。同时，鎏金兽形铜盒砚，镶嵌的彩色宝石大多为域外珍宝，也是汉代中外物质文化交流的重要见证。

二、伏兽的原形及其反映的中外物质文化交流

东汉彭城王的砚盒，以伏地神兽作为主体造型，伏兽四足蹲伏，貌似蟾蜍，同时头生双角，肋生羽翼，瞠目龇牙，与中国固有神兽形象完全不同，由此推测其原型或许源自域外猛兽，而学界大多认为与狮子有关。

（一）狮子入华与汉代神兽

狮子源产非洲，分布区沿地中海南岸，延伸于伊朗高原和印度西部，北及阿富汗。狮子在亚洲的扩散路线主要由伊拉克传伊朗、伊朗传阿富汗、阿富汗传印度[1]。亚述浮雕和拼镶壁画中常见国王猎狮主题图像，说明狮子在古代中亚地区普遍存在。

狮子于我国，属于外来物种，两汉书所载狮子均来自西域。《汉书·西域

---

① 李零：《波斯笔记》，生活·读书·新知三联书店，2019 年，第 457 页。

传》曰："（乌弋山离国）地暑热莽平……而有桃拔、师子、犀牛。"① 乌弋山离国在今阿富汗之赫拉特。②《后汉书·西域传》曰："（条支国）土地暑湿，出师子、犀牛、封牛、孔雀、大雀。"③ 条支大约在今叙利亚一带④。而中原汉庭豢养的狮子，均源自这些西域国家。《博物志》记载："大宛之北，胡人献狮。"《汉书·西域传》记载："巨象、师子、猛犬、大雀之群食于外囿。殊方异物，四面而至。"自张骞通西域后，汉庭中大有来自西域的珍禽猛兽。东汉时，西域诸国先后献狮，《后汉书·章帝纪》卷三载：章帝元年"月氏国献师子。"又载：（章帝二年）"安息国遣使献师子、扶拔。"《后汉书·和帝纪》载：（永元十三年）"安息王献师子"。《后汉书·顺帝纪》记载：（阳嘉二年）"疏勒国献师子、封牛"。

　　两汉时期自西域传入中原的狮子，属于波斯亚种（Panthera leo persica）亚洲狮⑤。《东观汉记》对狮子形貌有较为具体的描述：（顺帝阳嘉中）"疏勒王盘遣使文时诣阙，献师子、封牛，师子形似虎，正黄，有髯耏，尾端茸毛大如斗。"⑥ 这基本符合现存的亚洲雄狮的体貌特征，毛发蓬松稠密，尾端毛球丰厚。"狮子"这一命名，语源上分析，源自西域月氏国吐火罗语⑦。早期一名"狻麑"，谢弗认为"狻麑"是公元前传入我国的印度词汇，读音相当于suangi⑧。《尔雅》释"狻麑"曰："如虦猫，食虎豹。注曰：即狮子也，出西域。汉顺帝时，疏勒王来献封牛及狮子。《穆天子传》曰：狻麑日走五百里"⑨。由此可见，汉代人描述狮子这一外来物种，往往参照本土固有的猛兽，于是体形近似的虎成为最匹配的参照物。不但在文字描述上有拟虎的倾向，以狮

① 《汉书》，中华书局，1983年，第3889页。
② 冯承钧原编，陆峻岭增订：《西域地名》，中华书局，1980年，第3页。
③ 《后汉书》卷八十八《西域传》，中华书局，1983年。
④ 黄时鉴：《解说插图中西关系史年表》，浙江人民出版社，1994年，第45页。
⑤ 李零：《波斯笔记》，生活·读书·新知三联书店，2019年，第457页。
⑥ ［汉］刘珍等撰，吴树平校注：《东观汉记校注》卷三《敬宗孝顺皇帝》，中华书局，2008年，第112页
⑦ ［美］谢弗著，吴玉贵译：《唐代的外来文明》，中国社会科学出版社，1995年，第191～195页。
⑧ ［美］谢弗著，吴玉贵译：《唐代的外来文明》，中国社会科学出版社，1995年，第191页。
⑨ 《尔雅》，《汉魏古注十三经》（下），中华书局影印版，1998年，第107页。

子为主题的各类艺术形象也均有刻意虎化的趋势。

自战国以来至魏晋南北朝流行的有翼神兽，即以真实的狮子为原型，并在此基础上增加了双翼、犄角塑造而成的神奇动物。有翼神兽的祖形源自西亚神兽格里芬，其最典型的形象就是翼狮。现藏巴黎卢浮宫出自苏萨大流士宫的彩釉砖画上即有诸多作翼狮形象的格里芬图像（见图5-21）[1]。格里芬影响深远广泛，形象遍及西亚、地中海、欧亚大陆等广大区域。我国的有翼神兽亦与之有不解之缘，如驱邪辟晦、祈福迎祥的瑞兽天禄、辟邪即如此。

图 5-21　苏萨大流士宫彩釉砖画格里芬图像

两汉时期，天禄、辟邪是十分常见的艺术形象，既有作为陵墓石刻的大型雕塑，也有材质多样、作为赏玩之物的小饰件。前者以现藏南阳汉画馆四川雅安高颐墓前石辟邪、洛阳关林石刻艺术馆藏宗资墓石辟邪、洛阳孙旗屯出土石辟邪为代表，这些神兽均是基于狮子形象塑造而成。自东汉以来，以天禄、辟邪守护阙门和神道蔚然成风，开魏晋南北朝陵墓前石刻之先河。而后者则多作为日常器物的常用器型，或是宝石类装饰品。

---

[1] 李零：《波斯笔记》，生活·读书·新知三联书店，2019年，第417页。

值得注意的是，无论是大型石刻还是小型器物，抑或是微型装饰品，这些源自狮子的神兽，在塑造的过程中均有很大程度"虎化"的趋势。而究其原因，主要是狮子作为动物本体或是艺术形象从其源生地向外传播的过程中，输入地区对狮子艺术形象的理解和再塑造，往往与当地固有的艺术模式相结合，在这一过程中不可避免地产生了误读。对于外来物种的塑造往往是基于本国本土原产类似或相近动物形象基础上的再加工。早期，我国狮子的艺术形象往往是基于部分写实基础的再加工，造型艺术中模仿西方狮子传统，以有翼神兽的面貌呈现于世。

（二）汉代的"天禄蛤蟆"

汉代还有一类有翼神兽，同样源自狮子原型，但姿态又与常见的天禄、辟邪式神兽大有不同。其形匍匐昂首，状若蟾蜍，李零先生认为这就是《后汉书》中所载"天禄蛤蟆"[①]。《后汉书·灵帝纪》记载：中平三年"复修玉堂殿，铸铜人四，黄钟四，及天禄、蝦蟆。"注曰："天禄，兽也。时掖庭令毕岚铸铜人，列于仓龙、玄武阙外，钟悬于玉堂及云台殿前，天禄蝦蟆吐水于平门外，事具《宦者传》。"[②]《后汉书·张让传》亦载："又铸天禄蝦蟇（蛤蟆），吐水于平门外桥东，转水入宫。"[③] 文献所载"天禄蛤蟆"或认为是一物，或认为是二物，从逻辑上分析，似乎理解为一物更妥，即一类做匍匐式蛤蟆状的天禄神兽。

日本泉屋博古馆藏一件汉代鎏金嵌宝铜兽镇，其形整体作一狮首独角、昂首俯身的翼兽，装饰方法与土山砚盒类似，表面鎏金并镶嵌红宝石、绿松石等多彩宝石珠饰（见图5-22：1）[④]。这件铜兽镇被判定为西汉遗物，由此李零先生认为文献中的"天禄蛤蟆"乃西汉时期自天禄、辟邪式有翼神兽分化出来的器型[⑤]。东汉时期，匍匐状"天禄蛤蟆"成为较为常见的器型主题，现藏四川省博物馆出自雅安点将台东汉墓的一件石器座，器型为"天禄蛤蟆"

---

① 李零：《论中国的有翼神兽》，《入山与出塞》，第 116 ～ 117 页。
②《后汉书》卷八《灵帝纪》，中华书局，1973 年，第 353 页。
③《后汉书》卷七八《宦者传》，中华书局，1973 年，第 2537 页。
④ 李零：《入山与出塞》，文物出版社，2004 年，第 141 页。
⑤ 李零：《入山与出塞》，文物出版社，2004 年，第 141 页。

（见图 5-22:2）[①]。其形整体作一昂首匍匐的神兽，瞠目张口、身披髭毛的外形明显带有狮子的特征；同时肩生双翼、四足匍匐的形态又与文献中"天禄蛤蟆"的特征吻合。此外，四川彭山汉代崖墓中也曾出土一件伏兽形插座，原报告中定名为"蛙形插座"，虽然整体轮廓大致与蛤蟆类似，但其额顶生角，双肋饰羽，应该也属于"天禄蛤蟆"（见图 5-22：3）[②]。

1   2   3

图 5-22　天禄蛤蟆兽

1 日本泉屋博古馆藏一件汉代鎏金嵌宝铜兽镇
2 四川雅安点将台东汉墓出土东汉石器座
3 四川彭山汉代崖墓出土伏兽形插座

汉画像石中也有类似的"天禄蛤蟆"，1956 年徐州铜山县（今铜山区）小李村苗山汉画像石墓（M1）出土了一批画像石[③]，其中一方原位于前室南壁门西的画像石，高 1.05 米，宽 0.54 米，厚 0.18 米（见图 5-23:1）[④]。对于画面内容的解释，一直以来众说纷纭，或认为这是表现炎帝升仙的场景：画面右上方刻满月玉兔、蟾蜍；左上方刻炎帝，头戴斗笠，身披蓑衣，一手持耒耜，一手牵凤凰，图下方刻神牛衔草[⑤]。或认为图像表现硕兔、蟾蜍、日以及羽人、孔雀和麒麟[⑥]。还有人认为图像是《神人画像》[⑦]。

① 傅天仇主编：《中国美术全集·雕塑篇2》，人民美术出版社，1985 年，第 98 页。
② 南京博物院：《四川彭山汉代崖墓》，文物出版社，1991 年，第 120 页。
③ 王德庆：《江苏铜山东汉墓清理简报》，《考古通讯》，1957 年第 4 期，第 37 页。
④ 江苏省文物管理委员会编著：《江苏徐州汉画像石》，科学出版社，1959 年，第 44 页。
⑤ 徐毅英：《徐州汉画像石》，中国世界语出版社，1995 年，第 34 页。
⑥ 王德庆：《江苏铜山东汉墓清理简报》，《考古通讯》，1957 年第 4 期，第 37 页。
⑦ 中国画像石全集编辑委员会编：《中国画像石全集》第四卷《江苏安徽浙江汉画像石》，山东美术出版社、河南美术出版社，2000 年，第 37 页。

对于画面最下方的神兽，各方观点也大不相同，有神牛、麒麟等多种解释。然而，仔细观察神兽的外形特征，其头生双角、肩生双翼、瞠目龇牙的形态，接近汉代天禄、辟邪的基本特征（见图5-23：2）；同时，其脊背高耸、昂首俯立的姿势与前文土山彭城王墓以及肥东大孤堆出土的鎏金铜砚盒塑造出的神兽近似。只不过金属工艺和石刻工艺由于材质不同，以及工匠创作过程中的个人差异，造成了表现同一主题纹饰中存在个体的差异。由此判断，汉画像石中的神兽与土山砚盒神兽均为文献所载之"天禄蛤蟆"。

1   2

图 5-23   铜山小李村苗山汉墓出土画像石

1 汉画像石全图   2 "天禄蛤蟆"图像

三、彩色宝石与中外物质文化交流

青铜器上宝石镶嵌技术起源久远，偃师二里头早商遗址即出土镶嵌绿松石的青铜泡，发展至两汉达到鼎盛[1]。出土于徐州土山汉墓鎏金镶嵌兽形铜砚

---

[1] 叶小燕：《我国古代青铜器上的装饰工艺》，《考古与文物》，1983 年第 4 期，第 84～85 页。

盒，表面装饰异常精美，除通体鎏金、满布云气纹外，还镶嵌有各色宝石：双目处镶嵌一对橄榄形绿松石，周身则镶嵌绿松石、青金石和红珊瑚材质的珠饰。在器物上镶嵌彩色珠饰是汉代较为常用的工艺，亦称"青碧闵瑰饰"①。所谓"青碧"，指镶嵌的绿色石珠，多为绿松石或是青金石。而"闵瑰"即玫瑰，指粉红或是红色的宝石类，如玛瑙、珊瑚之类。"青碧闵瑰饰"是汉代高品质金属制品中常用的装饰风格。用于镶嵌的宝石材料来源广泛，既有境内出产也有境外输入，反映出汉代中外物质文化交流的基本内容。

（一）青金石及其反映的中外交流

青金石属于铝硅酸盐矿物，石色深沉雅静，间有金屑（成分为二硫化铁）闪烁其中，自古以来即视为珍宝②。作为自然界罕见的矿藏，青金石世界范围内现有三大矿产区，主要集中在俄罗斯的帕米尔高原和贝加尔湖附近、南美的智利安第斯山脉以及地处中亚的阿富汗东北巴达克山的考噶羌山谷中的萨雷格散③。其中犹以阿富汗萨雷格散所产质量最佳，其他两地则质量稍逊。晚近时期，又在加拿大、美国东海岸以及意大利等地发现青金石矿藏。

青金石在古代东方被奉为珍稀宝石，美索不达米亚的皇家王陵常出土镶嵌青金石的装饰品。如叙利亚马里（Mari）遗址出土一件狮头鹰雕像，其双翅即由青金石制成（见图 5-24），据考证这很可能是皇室成员或是大祭司佩戴的吊坠，价值等同黄金，更是权威的象征④。此外，埃及尼罗河下游的涅伽达文化、印度半岛北部哈拉帕文化等均有青金石装饰品出土。

青金石在我国同样珍稀，汉代又名"碧琳""璆琳""壁瑠璃"。司马相如《上林赋》曰："玫瑰碧琳，珊瑚丛生。"⑤"碧琳"即"璆琳"，据章鸿钊先

---

① 孙机：《东周、汉、晋腰带用金银带扣》，《中国圣火：中国古文物与东西万花交流中的若干问题》，辽宁教育出版社，1996 年，第 77 页。

② ［美］乔治·E. 哈洛、［美］安娜·S. 索菲尼蒂斯著，郭颖等译：《宝石与晶体》，重庆大学出版社，2017 年，第 205 ～ 233 页。

③ 谢尔盖（Sergey La teff）：《公元前三千纪至公元前一千纪西有商品贸易网络中的中亚》，《海洋史研究》十三辑，2019 年，第 4 ～ 5、8 页。

④ 谢尔盖（Sergey La teff）：《公元前三千纪至公元前一千纪西有商品贸易网络中的中亚》，《海洋史研究》十三辑，2019 年，第 6 ～ 7 页。

⑤ ［梁］萧统编，［唐］李善注：《文选》卷八，上海古籍出版社，1986 年，第 368 页。

生考证，或指青金石，或指青玉或碧玉，而其名最初即指青金石，其发音也与波斯语名Lazuward接近[1]。同时，考虑到汉赋中多是描述上林禁苑中陈列的域外奇珍，由此推断"碧琳"应该正是指青金石。《汉书·西域传》曰："（罽宾）出封牛、水牛、象、大狗、沐猴、孔爵、珠玑、珊瑚、虎魄、璧流璃。"[2]"璧流璃"据《说文》释"琊"曰："石之有光者，璧琊也，出西胡中。"段玉裁注曰："三字为名胡语也。"[3]章鸿钊先生进一步考证，其出自梵语吠努离耶，初亦指青金石[4]。

图 5-24　叙利亚马里遗址出土青金石狮头鹰雕像

　　然而，中国境内不产青金石，古代的青金石主要是通过丝绸之路由境外输入。地理位置距离相对较近的青金石产地当属阿富汗萨雷格散（Shortughai），此处青金石矿产量丰富，质量上乘。文献和考古材料显示，萨雷格散的青金石开采已有 9000 年的历史[5]。学界认为中国境内早期出现的青金石即源自阿

_____

① 章鸿钊：《石雅·宝石说》，上海古籍出版社，1993 年，第 3 页。
② 《汉书》卷九六《西域传》，中华书局，1983 年，第 3885 页。
③ ［汉］许慎撰，［清］段玉裁注：《说文解字注》，上海古籍出版社，1988 年，第 374 页。
④ 章鸿钊：《石雅·宝石说》，上海古籍出版社，1993 年，第 4 ～ 5 页。
⑤ 谢尔盖（Sergey Lapteff）：《公元前三千纪至公元前一千纪西有商品贸易网络中的中亚》，《海洋史研究》十三辑，2019 年，第 4 ～ 5 页。

富汗的传入物品。阿富汗出产的青金石向东经新疆喀什、叶城、和田等地输入中原，成为价值连城的域外珍宝；再经过切割、打磨、抛光等一系列加工，被制成用于镶嵌的"青碧"。而土山出土的鎏金兽形砚盒上的青金石就是历经如此繁复的运输过程和加工工艺，最终成为东汉彭城王随葬身侧的文房用具。

（二）珊瑚及其反映的中外交流

珊瑚是深海中的珊瑚虫经过长期石灰质骨骼化形成的有机物，其质地细密坚实，主要成分为方解石和碳酸钙。珊瑚色彩丰富，尤其是红珊瑚最为珍贵，又以资源有限，采捞困难，故倍加珍稀。从世界范围来看，珊瑚主要分布于赤道附近的太平洋、大西洋、印度洋、红海、地中海等海域[①]。

自汉晋至明清，文献所载大多以珊瑚为世间奇珍，其值等同金玉。西汉初年，占据岭南地区的南越王赵佗曾向朝廷进献名为"烽火树"的名贵珊瑚。《西京杂记》卷一"积草池中珊瑚树"条记载："积草池中有珊瑚树，高一丈二尺，一本三柯，上有四百六十二条。是南越王赵佗所献，号为烽火树，至夜，光景常欲燃。"[②] 天然珊瑚整体呈树状，枝杈纷呈，故有"珊瑚树"之称，而所谓"烽火树"当为红珊瑚树丛，因色彩艳丽故以烽火为喻。司马相如《上林赋》曰："玫瑰碧琳，珊瑚丛生。"[③] 班固《两都赋》曰："珊瑚之树，上栖碧鸡。"[④] 均是对珊瑚自然形态的描述，而这些珊瑚与上林苑中"烽火树"一样，是西汉皇家陈列的珍奇，珍稀程度不言而喻。

史籍记载，汉代的珊瑚或源自域外朝贡及贸易，或自南海采取。《汉书·西域传》曰："罽宾出封牛、水牛、象、大狗、沐猴、孔爵、珠玑、珊瑚、虎魄、璧琉璃。"[⑤] 罽宾自汉武帝始与汉庭交通，并遣使奉献，包括珊瑚在内的各色物产由此辗转传入中原汉地。而西域罽宾国，即今克什米尔地区，其地处内陆，显然不产珊瑚，由此推测这些珊瑚应该源自地中海或印度洋的

---

① 赵全鹏：《中国古代社会对珊瑚的消费及南海珊瑚开采》，《南海学刊》2016年第1期，第68～69页。

② ［汉］刘歆、葛洪：《西京杂记》卷一，上海：上海古籍出版社，1991年，第50页。

③ ［梁］萧统编，［唐］李善注：《文选》卷八，上海古籍出版社，1986年，第368页。

④ ［梁］萧统编，［唐］李善注：《文选》，上海古籍出版社，1986年，第3885页。

⑤ 《汉书》卷九六《西域传》，中华书局，1983年，第3885页。

周边国家。地中海沿岸的罗马出产优质珊瑚,《后汉书·西域传》曰:"大秦……土多金银奇宝,有夜光璧、明月珠、骇鸡犀、珊瑚……"[1] 同时,罗马贵族对我国的丝绸钦慕不已,于是丝绸和珊瑚成为东西方贸易的大宗。查尔斯沃思(M. P. Charlesworth)在《古代罗马与中国印度陆路通商考》一文中论述:"在塔斯克干(Tashkurgan)境外,中国商人等候西方之经纪,河岸之上,满布生丝、丝线及丝服,用以交换罗马生产之宝石、琥珀、珊瑚之类。"[2] 而作为丝绸之路上的东西交通要道,新疆尼雅地区的汉晋时期墓葬中多有珊瑚饰件出土,这些珊瑚就很可能来自地中海[3]。由此可见,自张骞通西域后产自地中海的珊瑚在西域诸国周转,通过进贡或贸易间接进入中原。

此外,我国南海也分布有珊瑚,前文西汉初年南越国所献珊瑚树极有可能产自南海。《史记·武帝纪》又载:"(元封二年)郁林郡献瑞珊瑚。"郁林在今广西桂平西,秦汉时代是华南沿海郡县与中原地区的交通要地,南海物产多汇聚于此,由此推测郁林所献珊瑚即产自南海。马援平交趾,南海向光武帝献珊瑚。

2001年,广州先烈中路99号大院工地发掘的八座汉—南朝墓葬,其中一座西汉晚期贵族墓中出土有各色玛瑙、琉璃、珊瑚珠饰,虽经历千年埋藏,仍灼然艳丽(见图5-25)[4]。这些珠饰分大小两堆,出土时位于棺木位置,推测应该是随葬的珠串类装饰品,或许类似手串。这些珊瑚珠饰或许就是采自南海又经加工成珠饰的珍宝。而珊瑚除以原生树状形态作为陈设外,也会被加工制成珠宝。人们挑选珊瑚体中质地细密的部分进行加工,经过清洗、切割、打磨和抛光,制成珠饰佩戴或是镶嵌宝石。

① 《后汉书》卷八十八《西域传》,中华书局,1983年,第2919页。
② 查尔斯沃思著,朱杰勤译:《古代罗马与中国印度陆路通商考》,《食货半月刊》第4卷,1936年第2期,第6页。
③ 吴勇:《新疆尼雅遗址出土的珊瑚及相关问题》,《西域研究》,1998年第4期,第48～54页。
④ 《广州发现8座两千年古墓 玛瑙珊瑚灿如新》,《广州日报》,2010年8月17日,第B1版。

1   2

图 5-25　广州汉墓出土珠饰

汉以后，文献中记载南海出产珊瑚的相关资料逐渐丰富，说明随着人们对南方地区的开发，对南海资源的认知逐渐丰富。南海自然而然成为后世珊瑚的重要产地。

汉代稀有宝石的使用，体现了贵族王侯的特权和财富；更重要的是，反映出汉代中外物质文化交流的重要问题，自西汉张骞通西域以来，中亚、西亚的装饰艺术的原材料不断传入中原，丰富了中原物质文化。以鎏金兽形砚上镶嵌的各色宝石为代表，不但满足了东汉诸侯王的猎奇心理，同时也是汉代中外物质文化交流的见证。

四、后世影响

自有翼神兽分化出的"天禄蛤蟆"，不但是两汉流行的神兽主题，更是后世神兽造型的重要器型。汉玉中不乏"天禄蛤蟆"形小件，1966年陕西咸阳西汉渭陵遗址出土一件玉器，或认为是玉辟邪（见图5-26）[①]。但通过观察其四肢伏地、张口露齿，头生角、肩生翼的外形，判断应该正是"天禄蛤蟆"。此外，六朝时代的青瓷水滴也取自"天禄蛤蟆"主题，如南京仙鹤观 M6 出土鎏金异兽衔杯铜砚滴，其异兽衔杯的造型也取材自"天禄蛤蟆"。

---

① 古方主编：《中国出土玉器全集》，科学出版社，2005年，第164页。

第五节　汉代"内史省印"考释

徐州土山汉墓封土中先后发现约 4500 枚封泥，所承载的历史信息内涵丰富，其中带有"内史省印"的封泥较为罕见，文献中关于王国内史的史料寥寥可数。而对土山"内史省印"封泥的分析，为探求西汉王国内史的设置、执掌、佐吏等相关问题，提供了珍贵的考古资料。

一、土山"内史省印"封泥概述

土山封泥中较为完整或是虽然残缺但仍能根据印文文字辨识出带有"内史省"或内史文字的封泥，目前收集计 48 枚。其中印文完整，显示出"内史省印"四字的封泥，共计 9 枚，其余封泥尽管印文残缺，但根据仍能辨识及保留的部分印文文字，推测原印文应为"内史省印"[①]。

根据封泥印文显示信息，以上封泥均为"官署印＋私印"联钤的组合模式，即"内史省印"＋人名私印。这种组合是完整封泥中的固定格式，其余虽残损不完整的封泥，但仍能从残存的部分发现这一规律。内史省是西汉楚国的官署，长官内史大权独揽，执事繁多，属官人众，故在执行内史省事务中，需在缄封文书时钤印经办的官吏私信，以明确职责。

二、战国—秦汉内史的演变

内史一职的设置由来已久，《周礼·宗伯》载："内史掌王之八枋之法，以诏王治。"职掌册命诸侯、任用官员、掌赞天子等礼仪性活动。战国时代，秦国设内史以执掌全国经济大权。秦统一全国，内史执掌则专治京师，仅存管理畿内之事，后为西汉因袭。王国亦设内史以治国民。可见其在秦汉国家构造过程中占据重要地位。

---

① 土山出土"内史省印"详细材料现存徐州博物馆，相关信息蒙耿建军研究员赐教，在此致谢！

（一）战国—秦内史的权责变迁

战国时期内史执掌全国财政经济，《云梦秦简》中专有一章《内史杂律》，记录库房、钱粮、园囿等事宜，可见内史主要掌管秦国国内经济财政事务。（秦）内史下设平列的大内、少内和少府，具体分工依次为主管物资（粮食、衣服、器用）、财货及园林。

秦统一全国，内史职位因袭不废，但其执掌发生变化，《三辅黄图》卷一"三辅沿革"记载："秦并天下，置内史以领关中。"《汉书·百官公卿表》载："内史，周官，秦因之，掌治京师。"[①] 而原来的内史执掌又一分为二，成为内史和治粟内史。由此，内史不再执掌全国财经事务，而成为关中的行政长官。

此外，内史也有地理上的意义，秦实施郡县制，内史即与郡并列。《史记·秦始皇本纪》注引《集解》载："凡三十五，与内史为三十六郡。"秦统一天下，分三十六郡，内史与其余三十五郡并列，但处京师，故又高于郡。由此可知，内史管辖的关中是指咸阳周围未置郡的区域。

（二）西汉中央的内史

汉初仍保留内史之职，作为中央职官，执掌与秦较为一致。张家山汉简《二年律令·秩律》载："御史大夫、廷尉、内史、典客……秩各二千石。"可见内史官秩为二千石，仅次于御史大夫和廷尉，地位较高。

景帝后将内史又分为左、右内史，《汉书·百官公卿表》载："景帝二年分置左右内史。右内史武帝太初元年更名京兆尹，属官有长安市、厨两令丞，又都水、铁官两长丞。左内史更名左冯翊，属官有廪牺令丞尉。又左都水、铁官、云垒、长安四市四长丞皆属焉。"[②] "武帝太初元年，更名（主爵中尉）右扶风，治内史右地。属馆有掌畜令丞。又（有）[右] 都水、铁官、厩、庖厨四长丞皆属焉，与左冯翊、京兆尹是为三辅。"[③] 从内史至三辅的变化，反映出西汉王朝逐渐由草创到稳固发展的过程，而三辅制度的稳固，也体现出中央集权的强化。

---

① 《汉书》卷十九《百官公卿表》，中华书局，1983 年，第 736 页。
② 《汉书》卷十九《百官公卿表》，中华书局，1983 年，第 736 页。
③ 《汉书》卷十九《百官公卿表》，中华书局，1983 年，第 736 页。

左、右内史的主要属官均掌各类具体经济事务，其下也必然有各级佐吏，但囿于史料缺载，不得确知。严耕望《秦汉地方行政制度》研究认为内史等同于郡守，则其佐吏应该相似，或许有功曹、五官、督邮、主簿、列曹掾史等。同时，内史所辖乡、县之长官也应为其属吏。而对照西汉中央内史官署的设置也能从中探求诸侯王国内史官署的相关问题。

（三）两汉的王国内史

西汉王国内也设置内史。《史记·吕后本纪》载齐王有"齐内史士"，《史记·楚元王世家》载楚元王"其相建德、内史王悍"。说明诸侯国在西汉建朝之初即置内史。《汉书·百官公卿表》载："诸侯王，高帝初置……有太傅辅王，内史治国民……"①《汉旧仪》亦载："国中汉置内史一人，秩二千石，治国如郡太守、都尉职事，调除隶职。"②王国内史与汉内史同，均为官秩两千石的治民高官，但内史的任命权却在汉中央。

七国之乱后，汉中央加强对诸侯王的控制，取消王国置吏权，王国内史也因此变化。《汉书·百官公卿表》载："景帝中五年令诸侯不得复治国，天子为置吏，改丞相曰相，省御史大夫、廷尉、少府、宗正、博士官、大夫、谒者、郎诸官长丞皆损其员。武帝改汉内史为京兆尹，中尉为执金吾，郎中令为光禄勋，故王国如故。……成帝绥和元年省内史，更令相治民，如郡太守，中尉如郡都尉。"③经此改革，以王国丞相改相为代表，包括内史在内的各级官吏已然不及以往，地位尊宠逊于中央官吏，直至成帝绥和元年（前8年），王国内史彻底被王国相取代。

东汉亦置内史，建武元年（25年）光武帝复置王国内史"秩皆二千石，皆银印青绶"，内史的任免权仍属中央。唯邓太后时，"特听清河王置中尉、内史，赐什物皆取乘舆上御"，这属于特例。随着皇权渐强而诸侯王权日衰，内史原有的职权也逐渐被相取代，地位也逐渐变得微乎其微，故东汉时罕见

① 《汉书》卷十九《百官公卿表》，中华书局，1983年，第741页。
② ［清］孙星衍等辑，周天游点校：《汉官旧仪二卷补遗一卷》，中华书局，1990年，第47页。
③ 《汉书》卷十九《百官公卿表》，中华书局，1983年，第736页。

有关王国内史的记载。

有关王国内史属吏，散见于文献，概而言之，有丞、史、卒史、书佐、掾、吏若干①。

1. 丞

王国内史有丞一人，秩六百石。《汉旧仪》记载："中尉及内史令置丞一人，皆六百石。"②《后汉书·百官志》载："凡中二千石，丞比千石。真二千石，丞、长史六百石。比二千石，丞比六百石。"③ 由此可知，王国内史秩两千石，则内史丞秩六百石。《临淄封泥文字叙目》录有"齐内史丞"封泥，即为齐国内史丞之职官印；土山封泥中也曾发现"楚内史丞"封泥，即楚国内史丞之职官印④。

2. 史

内史另有史一人，秩六百石。《史记·汲黯列传·集解》："律，太守、都尉、诸侯内史史各一人，卒史书佐各十人。今总言丞史，或以为择郡丞及史使任之。"⑤

3. 卒史、书佐

据上条史料，内史另有卒史、书佐各十人，与"史"可统称为"丞史"。其秩应低于丞、史。

4. 掾

内史有掾。《史记·张汤传》载：张汤曾"给事内史，为宁成掾"。⑥ 宁城是武帝早年的内史，故张汤所任正是内史掾。王国制同中央，由此类推，王国内史应该也有掾若干人。武帝时期广川王刘去不好学而逐师，内史却举荐其师为掾⑦。可见，王国内史有掾，且内史有任免属掾的权利。

① 参见于春雷：《秦汉内史研究》，西北大学硕士论文，2008年，第56～58页。
② ［清］孙星衍等辑，周天游点校：《汉官旧仪二卷补遗一卷》，中华书局，1990年，第48页。
③ 《后汉书·志》二十七《百官四》，中华书局，1983年，第3613页。
④ 相关资料现藏于徐州博物馆。
⑤ 《史记》卷一二十《汲黯传列》，中华书局，2001年，第3106页。
⑥ 《汉书》卷七六《张敞传》，中华书局，1983年，第3216页。
⑦ 《汉书》卷五三《广川惠王传》，中华书局，1983年，第2431页。

5. 吏

《汉书·酷吏传》咸宣为左内史，中废为右扶风，坐怒其吏成信①。咸宣是武帝后期的左内史，因故免官，迁怒其吏成信，可见左内史有吏若干，成信则是其中之一。由此类推，王国内史也同样置吏若干。

王国内史掌治民，必然有一系列大小佐吏具体实施，但史料却缺载不全，不得其全貌。

三、"内史省印"相关问题

传世封泥也保留有王国内史的相关材料，《封泥考略》录有"赵内史印章""淮阳内史章""甾川内史""六安内史章"等封泥。《续封泥考略》录有"齐内史印""泗水内史章"两枚封泥。《再续封泥考略》录有"长沙内史""真定内史章"两枚封泥。

（一）"印"与"章"之别

汉代官印，称谓有差，《汉书·百官公卿表》载："凡吏秩比二千石以上，皆银印青授。光禄大夫无。秩比六百石以上，皆铜印黑绶，大夫、博士、御史、谒者、郎无。其仆射、御史治书尚符玺者，有印绶。比二百石以上，皆铜印黄绶。"颜师古注："《汉旧仪》云：银印背龟钮，其文曰章，谓刻曰某官之章也"，"六百石、四百石至二百石以上皆铜印鼻钮，文曰印"②。一般而言，比二千石以上称"章"，比六百石以下称"印"。这一区分在居延汉简中非常普遍，如地位较高的居延太守、张掖太守、居延都尉、广德内史、酒泉大尹等，均称"章"，而地位较低的居延令、酒泉库令、昭武丞等，皆称"印"。土山封泥中亦发现数枚"楚内史印"，成帝绥和元年（前8年）省王国内史，可知以上封泥必然早于此时。而根据汉代官印使用原则，比二千石以上称"章"，或许说明此时的楚内史官秩低于比两千石，故文曰"印"。前文土山所见"内史省印"是否也遵循以上用印原则，尚有待进一步研究。

---

① 《汉书》卷九十《酷吏传》，中华书局，1983年，第3661页。
② 《汉书》卷十九《百官公卿表》，中华书局，1983年，第743页。

（二）"省"

"内史省印"之"省"，应为西汉楚国的内史官署。王国内史掌治民，权利盛大、公务冗繁，以内史为中心，下有丞、史、卒史、书佐、掾、吏等各级佐官，逐渐形成专门的官署机构，即"内史省"。"省"通指官署，《新唐书·百官志》曰："其官司之别，曰省、曰台……"，故"内史省印"＋私印的联钤封泥，这既表明办事官署为内史省，也表明执行具体事务的经办官吏职责非常明确。私印显示的具体人名，如徐市、陈固等，应该出自丞、史、卒史、书佐、掾、吏等内史佐吏。

此外，史料中罕见东汉诸侯王内史的记载，或许是时王国逐渐衰落，内史一职也逐渐废除。由此也能从侧面说明土山封土中所见内史省印封泥的年代应该不会晚于东汉初年。

四、余论

王国内史辅佐王治民，随着皇权日渐增强而诸侯王权力逐渐被削弱，内史原有的职权也逐渐被相取代，因此地位也逐渐变得微乎其微。从汉中央内史的变迁来看，内史职权逐渐被三辅取代，国王内史虽然仍有保留，但东汉时已罕见有关王国内史的记载，也正是体现出皇权加强这一不可抗拒的趋势。

第六节　徐州地区考古所见汉代的酒器

汉代人将酒誉为"天之美禄"，饮酒者在满足了口腹之享的同时，对盛放美酒的各式容器也务求精妙上乘。徐州汉文化特色中酒文化占据重要地位。高祖刘邦好酒，千古《大风歌》就是畅快酒酣后吟就，著名的鸿门宴也是刀光剑影的酒场。我国的酿酒历史悠久，饮酒过程也遵循特定的程式，不但是一种饮食行为，更是一种礼法仪式。同时，我国饮食文化中的"食不厌精，脍不厌细"的精神也延续到饮酒程式中，对酒器的选择和使用也颇有深意。

饮酒方式反映文化领域的变革，汉代的饮酒方式与现代的斟酒完全不同：饮酒时，需要先将酒从钟或钫内倒入尊中，再以勺从尊中舀酒，逐一向嘉宾杯中挹酒。王侯贵族的饮酒器通常为耳杯，但是徐州楚王的玉耳杯却异常奢华，是用白玉整体雕琢而成。此外，还有玉卮、玉杯等珍贵异常的酒具，反映出楚王的特权和豪奢。

一、汉代的盛酒器

徐州地区汉墓考古常见一种称为"钫"的大型储酒器，《说文解字》释"钫"，为"方钟也"。其形制如狮子山楚王墓出土的鎏金铜钫，通体鎏金，腹两侧有对称铺首衔环，器物底下有方形圈足，有覆斗形方盖，器身以子母口扣合，盖上立四只凤鸟钮（见图5 26）[①]。徐州东甸子汉墓M1出土彩绘陶钫3件，束颈鼓腹，腹对称有2个铺首衔环，圆底，矮圈足，上有覆斗形盖，上有红、白、黄三色彩绘图案。1970年徐州白云山西汉墓出土彩绘漆陶钫，高34厘米，腹宽19厘米，通身髹黑漆，钫盖以朱漆绘云气纹，肩颈部以朱、黄漆绘三角纹、卷云纹（见图5-27）[②]。

图 5-26　狮子山出土的鎏金铜钫　　图 5-27　白云山西汉墓出土的彩绘漆陶钫

① 徐州狮子山楚王陵发掘考古队：《徐州狮子山西汉楚王陵发掘简报》，考古，1998年第8期，第4～33页。
② 徐州博物馆：《古彭遗珍：徐州博物馆藏文物精选》，国家图书馆出版社，2011年，第27页。

　　九里山汉墓（M2）出土两件陶钫，盝顶盖上有墨书"酒上尊"三字①。"上尊"二字在汉代考古资料中十分常见，河北满城中山靖王刘胜夫妇墓曾出土一个大酒缸，上有朱书"黍上尊酒十五石"②，说明"上尊"是以黍酿造之酒。《汉书·平当传》记载有："上尊酒十石。"唐颜师古注引如淳之言曰："律，稻米一斗得酒一斗为上尊，稷米一斗得酒一斗为中尊，粟米一斗得酒一斗为下尊。"③汉人以谷物为原料酿酒，先将谷物蒸熟后，再加入酒曲发酵酿造，如淳认为以稻米、稷米和粟米，可酿造出上、中、下三种等级的美酒。但颜师古却并不认同："且作酒自有浇醇之异为上中下耳，非必系之米。"认为汉代美酒等级划分并非以酿酒原料来区分。考虑到汉代酿酒尚未出现蒸馏技术，故所酿之酒均为低度酒。因此，余英时先生认为，汉代酒的等级是由度数决定的，度数越高，则质量越好④。因此"上尊"酒其实是泛指由粮食酿造、质量上乘、度数相对较高的酒。

　　钟，也是汉代贮藏美酒的大型容器，外形腹大颈小。《说文解字》释"钟"曰："酒器也。"清段玉裁注曰："古者此器盖用以宁酒，故大其下，小其颈，自钟倾之而入于尊，自尊勺之而入于觯。"徐州狮子山楚王墓出土的一件铜钟，高47.4厘米，腹径35厘米，侈口鼓腹，上腹部对称附两铺首衔环，平底矮圈足。铜钟颈腹之间镌刻有"十斗六升"和"楚糟"等刻铭（见图5-28）⑤。《说文解字》"糟"条，段玉裁注曰："古则未沛带滓之酒谓之糟。"⑥可见，"糟"是指未经过滤去渣的酒，也称"醪"，或许与先秦时代的"醴齐"相近。《周礼·天官·酒正》"醴齐"郑玄注曰："成而汁滓相将，

---

① 徐州博物馆：《江苏徐州市九里山二号汉墓》，《考古》，2004年第9期，第45～50页。
② 中国社会科学院考古研究所、河北省文物管理处：《满城汉墓发掘报告》，文物出版社，1980年，第126页。
③《汉书》卷七一《平当传》，中华书局，1983年，第3051页。
④ 余英时：《汉代的饮食——人类学和历史学的透视》，《汉代的贸易与扩张》，上海古籍出版社，2005年，第213页。
⑤ 中国国家博物馆、徐州博物馆编：《大汉楚王——徐州西汉楚王陵墓文物集萃》，中国社会科学出版社，2005年，第190页。
⑥［汉］许慎撰，［清］段玉裁注：《说文解字注》卷七，上海古籍出版社，1981年，第332页。

如今恬酒矣。"[1] 醴齐是酿一宿而熟的酒，微甜仅有酒味而已，酒浆未经过滤，故其中掺杂米滓，类似如今市面上出售的酒酿，酒汤中混有米粒。汉制 1 升合今 200 毫升，则此件铜钟容积约合今 21.2 升。 1982 年徐州东洞山二号楚王后墓也出土"明光宫"铭铜钟（见图 5-29），[2] 高 44 厘米，口径 15.9 厘米，腹径 33.5 厘米，侈口鼓腹，腹部近肩处有对称的两个铺首衔环，圈足上镌刻"明光宫赵姬钟"铭文。此器体积、容积与狮子山楚王墓铜钟相近，都属于大容量的储酒器。

图 5-28 狮子山楚王墓出土的铜钟　　图 5-29 东洞山楚王后墓出土的铜钟

徐州西汉楚王及王后墓中均出土体积巨大的铜钟，直接反映出汉代贵族嗜酒好饮的特点。通过以上简析可知，汉代徐州地区酿酒多采用传统的以五谷为原料酿造，质量各有上下，既有质量上乘的"上尊"酒，也有味甜带滓的"楚糟"酒。而当时酿酒多为发酵酒，度数大多不会超过 10 度，属于低度酒，因此也无怪乎汉代历史上会出现酒量惊人却又千杯不醉的酒徒了。

汉代的饮酒方式与现代的斟酒完全不同：饮酒时，需要先将酒从钟或钫内倒入尊中，再以勺从尊中舀酒，逐一向嘉宾杯中挹酒。尊是汉代重要的盛

---

① ［汉］郑玄注，［唐］贾公彦疏：《周礼注疏》卷五，《十三经注疏》，上海古籍出版社，2007 年，第 668 页。

② 中国国家博物馆、徐州博物馆编：《大汉楚王——徐州西汉楚王陵墓文物集萃》，中国社会科学出版社，2005 年，第 189 页。

酒器，《说文解字》"尊"条，段玉裁注曰："凡酒必实于尊以待酌者。"徐州博物馆藏一件铜尊，外呈筒形，高 17.5 厘米，宽 17.3 厘米，下有三足，腹身两侧有铺首衔环（见图 5-30）。徐州地区出土的汉画像石多有表现宴饮题材的图像，由此可一窥汉代贵族饮酒的具体情形，如铜山台上出土的《仙人六博饮酒图》汉画像石，两人对坐，中有食案，上置一酒尊，尊内有勺，地面上有两耳杯。从尊中舀出的美酒分挹于两杯后便可开怀畅饮（见图 5-31）[①]。

汉代贵族饮酒也有一定的禁忌，《风俗通义·佚文》记载："坐不移尊。俗说：凡宴饮者，移转樽酒，令人讼争。"[②] 汉代人认为酒尊在宴饮中是不能轻易移动的，否则会让人产生纠纷。这种禁忌看似荒诞不经，不过推测其真实的原因，或许因为美酒佳酿难得，倘若移动酒尊，很可能会不慎洒溅，那岂不是大扫酒兴？

图 5-30　徐州博物馆藏汉代铜尊　　图 5-31　铜山台上出土《仙人六博饮酒图》汉画像石

二、汉代的饮酒器

汉代最常用的饮酒杯是耳杯，整体呈椭圆形，口沿处对称有弧形双耳，故名"耳杯"，多以漆器为之，但王侯贵族使用的耳杯材质更加珍贵，徐州狮子山楚王墓出土的一批玉质饮器，其中就有的玉耳杯。耳杯呈椭圆形，两侧

---

① 中国画像石全集编辑委员会编：《中国美术全集》卷四《江苏、安徽、浙江汉画像石》，山东美术出版社、河南美术出版社，2000 年，第 43 页。
② ［汉］应劭撰，王利器校注：《风俗通义校注》，中华书局，1981 年，第 565 页。

沿有桥耳，长 14.3 厘米，宽 11 厘米，厚 3.8 厘米，通体素面抛光，以整玉雕琢而成，反映出楚王的奢侈与豪富（见图 5-32：1）[①]。另有玉卮，同样由整玉雕琢而成，质为半透明青白玉，高 11.8 厘米，口径 6.7 厘米，分为器身和盖两部分，器身呈筒形，直壁平底，器身外雕刻精美纹饰，口沿及底边各有一圈卷云纹饰带，其间遍布勾连雷纹，下有三兽头形足。子母口盖，盖面微凸，盖上凸雕三枚柱状涡纹，中间立雕一朵五瓣翻卷花饰，设计精妙，雕工上乘（见图 5-32：2）[②]。考古所见玉卮主要集中在西汉时期，且质地工艺俱佳如此件者屈指可数，因此尤为珍稀。此外，狮子山楚王陵还出土有玉杯，高 10.8 厘米，口径 4.5 厘米，上大下小，直壁，下有喇叭形圈足，形制与现代酒杯近似（见图 5-32：3）[③]。

图 5-32 狮子山楚王墓出土玉饮器

1 玉耳杯   2 玉卮   3 玉杯

三、汉代的挹酒器

汉代仍延续先秦时代的行酒方式，以勺酌酒。挹酒勺或偶作鸭凫形，如

---

① 徐州博物馆：《古彭遗珍：徐州博物馆馆藏文物精选》，国家图书馆出版社，2011 年，第 185 页。

② 徐州博物馆：《古彭遗珍：徐州博物馆馆藏文物精选》，国家图书馆出版社，2011 年，第 187 页。

③ 徐州博物馆：《古彭遗珍：徐州博物馆馆藏文物精选》，国家图书馆出版社，2011 年，第 188 页。

徐州韩山东汉墓（M1）也出土两件形制尺寸相同的灰陶鸭形勺，长15厘米，高5.7厘米，柄弯曲作曲径状（见图5-33）。[①]类似的陶勺在州东甸子西汉墓、奎山西汉墓等考古发掘中也都有出土。

图 5-33　韩山东汉墓出土的陶鸭形勺

　　汉画像石宴饮图像中也常见类似的鸭形勺，被置于酒尊内，作注挹使用。徐州铜山汉王乡东汉元和三年（86年）墓出土的一方宴饮图画像石，图像中酒勺浮于酒尊内，形制与徐州汉墓中出土的陶勺类似，勺面椭圆，勺柄弯曲，整体形似小鸭（见图5-34）[②]。铜山台上村出土的六博画像石也有相似的图像，图中两人对坐，中置酒尊，尊旁置二杯，尊内浮一勺，或许为了表现尊中满盛美酒，也说明酒勺应该是质地轻巧的木器或漆器（见图5-31）[③]。

图 5-34　铜山汉王乡东汉元和三年墓出土的画像石

① 徐州博物馆：《徐州市韩山东汉墓发掘简报》，《文物》，1990年第9期，第74～82页。
② 徐州博物馆：《徐州发现东汉元和三年画像石》，《文物》，1990年第9期，第64～73页。
③ 图像为笔者拍摄于徐州汉画像石艺术馆。

文献中将挹酒用的酒勺称为"蒲勺"。《仪礼·士冠礼》载："勺、觯、角
柶。"郑玄注曰："勺，尊斗也，所以剩酒也。"[1] 说明勺是舀酒的工具，从各
类盛酒器中取酒后注入杯中，一如《楚辞·招魂》："瑶浆密勺，实羽觞些。"
注曰："勺，挹酒器。"[2] 先秦时代，作为礼器的"蒲勺"，勺作鸭头柄，用于
行酒注挹，将盛酒器中的酒舀至杯中。《礼记·明堂位》记载："其勺，夏后
氏以龙勺，殷以疏勺，周以蒲勺。"郑注曰："龙，龙头也。疏，通刻其头。
蒲，合蒲如凫头也。"孔疏引皇氏云："蒲谓合蒲，当刻勺为凫头，其口微开，
如蒲草，本合而末微开也。"[3] 是故前文徐州铜山汉王乡东汉元和三年（86年）
墓画像石、铜山台上村出土的六博画像石所表现的酒尊内浮之勺以及汉墓中
出土的陶质鸭形勺，均属酌酒时使用的注挹器。

美器与美酒相得益彰，徐州地区出土汉代的酒器，既是西汉王侯使用的
高规格实用器，更是精美绝伦的工艺品，历经两千年沧桑岁月，无声地向后
人展示昔日的光华。

第七节　徐州汉画像石上的汉代饮食

晋人张华《博物志》记载："东南之人食水产，而北人食陆畜。……食
水产者，龟蛤螺蚌以为珍味，不觉其腥臊也；食陆畜者，狸兔鼠雀以为珍味，
不觉其膻也。"[4] 地处南北要津之徐州，在饮食口味上兼容南北特点，既有北
方地区的鲜咸之味，亦有南方水产之好。

一、食鱼

徐州水泽众多、水产丰富，考古资料中常见鱼骨、螃蟹、鱼子酱等水产

---

[1] ［汉］郑玄笺，［唐］贾公彦：《仪礼注疏》，《十三经注疏》，上海古籍出版社，2007年。
[2] ［宋］洪兴祖：《楚辞集注》，中华书局，2012年，第306页。
[3] ［汉］郑玄注，［唐］孔颖达等正义：《礼记正义》，《十三经注疏》，上海古籍出版社，2007年。
[4] ［晋］张华撰，范宁校正：《博物志校正》卷一，中华书局，1980年，第12页。

类食物资料，证明地方饮食中常以鱼、蟹等河鲜为重要食材。以鱼为代表的河鲜是两汉时期重要的食材，徐州地区出土的表现庖厨场景的汉画像石，能够给人以最直观、生动的景象。1986年铜山县（今铜山区）汉王乡东沿村发现的东汉元和三年（86年）汉画像石，第一层《庖厨图》表现膳夫准备盛筵的场景，在罗列众多的食材中很醒目地悬挂着两条鱼，显然是待烹饪的食材。贾汪青山泉子房征集的一方东汉时期画像石，案桌上，三只鱼分盛三盘内依次排开，与现代菜肴别无二致（见图5-35）①。

图5-35　徐州贾汪青山泉子房《鱼盘图》汉画像石

　　徐州汉墓考古发掘也常见鱼类骨骼，狮子山楚王墓、翠屏山刘治墓、小金山西汉墓、奎山西汉墓等都曾发现鱼骨②，说明王侯贵族嗜好食鱼。鱼既能熟食又可生啖，熟制之法主要有炙、羹、蒸、炖等火熟法，也有脯、腊、熏、酢等腌渍法③。生食法则为"鱼脍"，是汉代的珍馐佳肴，汉乐府《羽林郎》

① 中国画像石全集编辑委员会编：《中国画像石全集》卷四《江苏、安徽、浙江汉画像石》，山东美术出版社、河南美术出版社，2000年，第67页。
② 发掘报告依次见徐州博物馆：《江苏徐州市狮子山西汉墓的发掘与收获》，《考古》，1998年第8期，第1～20页。徐州博物馆：《江苏徐州市翠屏山西汉刘治墓发掘简报》，《考古》，2008年第7期，第11～24页。徐州博物馆：《徐州小金山西汉墓清理简报》，《东南文化》，1992年第2期，第191～196页。徐州博物馆：《江苏徐州奎山汉墓》，《考古》，1974年第2期，第44～56页。
③ 王仁湘：《美味图景读汉代画像中的鱼纹》，《中国饮食文化》，2018年第2期，第77～114页。

载："就我求珍肴，金盘脍鲤鱼。"①《礼记·内则》载："鱼脍芥酱。"② 食用鱼脍通常要搭配芥子酱，既能提鲜又能中和生鱼片的腥冷之气。

二、食犬

先秦时代，国人已有屠犬食用之例，"狡兔死、走狗烹"可谓人尽皆知的典故。《淮南子·修务训》记载了楚人佯制狗羹的故事："人有烹猴者，召其邻人，以为狗羹也。"2010 年 11 月陕西西安咸阳机场二期考古工地发现战国时代秦国墓，其中出土一件青铜鼎，鼎内有骨头汤，经过对其中残留的骨骼进行分析，推测为雏狗骨骼③。先秦时代已经开始饲养专供食用的"食犬"，《礼记·少仪》"守犬、田犬"，孔颖达疏曰："犬有三种，一曰守犬，守御宅舍也；二曰田犬，田猎所用也；三曰食犬，充君子庖厨庶羞用也。"④ 同时，也出现了以屠狗为业者，《史记·刺客列传》载，聂政家贫"客游以为狗屠"⑤。汉高祖刘邦的开国功臣樊哙微时，也以屠狗为业，《史记·樊哙列传》载："舞阳侯樊哙者，沛人也。以屠狗为事，与高祖俱隐。"⑥ 也许正是因为这位开国功臣的名头太大，时至今日，徐州沛县狗肉闻名全国。

汉代徐州地区食狗之风，可用考古资料佐证。1986 年徐州铜山县（今铜山区）汉王乡东汉画像石墓出土的 10 块画像石，其中第 3 石上栏居左处即有屠夫半跪缚狗的场景（见图 5-36）⑦。徐州汉墓考古中也曾发现犬类骨骼，奎山西汉墓北耳室内出土了完整的小狗骨骼⑧。徐州土山东汉墓（M3）墓道近封

① 徐澄宇选注：《乐府古诗》，春明出版社，1955 年，第 67 页。
② ［汉］郑玄注，［唐］孔颖达等正义：《礼记正义》卷二七《内则》，《十三经注疏》，上海古籍出版社，2007 年，第 1464 页。
③ 详见《长沙晚报》2012 年 12 月 17 日 B4 版"发现古人吃火锅的秘密"相关报道。
④ ［汉］郑玄注，［唐］孔颖达：《礼记正义》卷三五，《十三经注疏》，上海古籍出版社，2007 年，第 1514 页。
⑤ 《史记》卷八六《刺客列传》，中华书局，2003 年，第 2522 页。
⑥ 《史记》卷三十五《樊哙列传》，中华书局，2003 年，第 2651 页。
⑦ 徐州博物馆：《徐州发现东汉元和三年画像石》，《文物》，1990 年第 9 期，第 64～73 页。
⑧ 徐州博物馆：《江苏徐州奎山汉墓》，《考古》，1974 年第 2 期，第 121～122 页。

门外，曾出土一瓮形罐，罐内盛放狗骨[①]。

图 5-36　徐州铜山汉王东汉画像石墓第 3 石拓片

汉代人食狗肉，大多制成羹汤。枚乘《七发》曰："肥狗之和，冒以山肤。"[②] 即用肥美的狗肉熬制的羹汤。但马王堆汉墓出土竹简遣策，对狗肉烹饪的记载则更加丰富。马王堆一号汉墓（以下简称马王堆 M1）[③]，简一九"狗巾羹"，即狗肉水芹羹。简二八"狗苦羹"，即狗肉苦荼菜羹。马王堆三号汉墓（以下简称马王堆 M3）[④]，简八三"狗巾羹一鼎"，简九六"狗苦羹一鼎"。除羹汤外还有炙法，马王堆 M1 简四一"犬其脋炙一器"，马王堆 M3 简二〇八"犬胬脋炙一器"，即炙烤的两膀，马王堆 M1 简四二"犬肝炙一器"，即炙烤的肝脏。文献中"狗"与"犬"各有所指，《尔雅·释畜》："未成豪，

① 南京博物院：《徐州土山汉墓清理简报》，《文博通讯》，1977 年，原报告内无此介绍，转引自刘尊志：《徐州汉墓与汉代社会研究》，科学出版社，2011 年，第 228 页。
② ［梁］萧统编，［唐］李善注：《文选》卷三十四，上海古籍出版社，1986 年，第 1563 页。
③ 湖南省博物馆、中国科学院考古研究所编：《长沙马王堆一号汉墓》，文物出版社，1973 年。
④ 湖南省博物馆、湖南省文物考古研究所编著：《长沙马王堆二、三号汉墓：田野考古发掘报告》，文物出版社，2004 年。

狗。"① 《礼记·曲礼》："效犬者左牵之。"孔颖达疏曰："大者为犬，小者为狗。"② 汉代所谓"狗""犬"实则分别指乌狗与大狗，因此在食材的选择上也有不同：乌狗，多取其肉制羹，如"狗巾羹""狗苦羹"；大狗则因其体型较大，多以其内脏为食材，如"犬菁荔炙""犬肝炙"。

食肆还有狗肉熟食，《盐铁论·散不足》记载有"狗朘"③，即将狗肉熟制后再细切成薄片，很像如今徐州地区狗肉铺子出售的熟食。狗朘也是帝王御膳，《东观汉记·世祖光武皇帝》载："上至邯郸，赵王庶兄胡子进狗朘马醢。"④ 其制作方法或可参考《齐民要术》卷九引《食经》"作犬朘法"："犬肉三十斤，小麦六升，白酒六升，煮之令三沸。易汤，更以小麦、白酒各三升，煮令肉离骨，乃擘。鸡子三十枚著肉中。便裹肉，甑中蒸，令鸡子得干。以石迮之。一宿出，可食。"缪启愉先生认为："这是将肉撕开或切细和进作料蒸熟后，再包起来加以压榨或夹打使紧实，再作冷凝处理，使肉汁凝结成胶冻，然后切成薄片吃，类似肉冻、肴肉。"⑤ 可见，犬朘自西汉至北朝一直是保留菜式。

古人饮食讲求医食同源，食物不单为满足口腹之欲，更是配合养生健体的食疗法。以食用狗肉为例，先秦时期人们对于食犬已讲求膳食的温寒搭配，《周礼·天官·食医》载："凡会膳食之宜……犬宜粱。"贾公彦疏曰："犬味酸而温，粱米味甘而微寒，亦是气味相成。"⑥ 认为狗肉和小米搭配食用可达到温寒相配的结果。传统中医认为狗肉味甘咸酸，性温，有安五脏、轻身益气、宜肾补胃、暖腰膝、壮气力、补五劳七伤、补血脉等功效。现代营养学

---

① ［晋］郭璞注，［宋］邢昺疏：《尔雅注疏》卷十，《十三经注疏》，上海古籍出版社，2007 年，第 2653 页。
② ［汉］郑玄注，［唐］孔颖达等正义：《礼记正义》，《十三经注疏》，上海古籍出版社，2007 年，第 1244 页。
③ 王利器校注：《盐铁论校注》卷六《散不足》，中华书局，1992 年，第 352 页。
④ ［汉］刘珍等撰，吴树平校注：《东观汉记校注》卷一《世祖光武皇帝》，中华书局，2008 年，第 5 页。
⑤ ［北魏］贾思勰，缪启愉校注：《齐民要术校注》，中国农业出版社，1998 年，第 630 ～ 631 页。
⑥ ［汉］郑玄注，［唐］贾公彦疏：《周礼注疏》卷五，《十三经注疏》，上海古籍出版社，2007 年，第 667 页。

分析，狗肉富含蛋白质、嘌呤类、肌肽、钾、钠、氯以及多种氨基酸和脂类。食用后身体可产生较高的热能，为冬令进补佳品。尽管营养丰富，狗肉也不可多食，否则易上火，生痰发渴；凡阳盛、火旺者不宜食用。疯狗、病狗肉绝不可食[①]。

三、食羊

徐州长期以来有伏天吃伏羊的风俗，这或许与古老的伏腊祭祀有关。《诗经·小雅·甫田》："以我齐明，与我牺羊，以社以方，我田既臧，农夫之庆。"郑笺："大腊之时，劳农以休息之也。"[②] 羊是三牲之一，为祭祀土地神及四方神，有保佑地利丰饶、庆祝五谷丰登的深意。汉代仍恪守着类似的祭祀活动，杨恽《报孙会宗书》曰："田家作苦，岁时伏腊，烹羊炰羔，斗酒自劳。"[③] 当然，在伏腊祭祀仪式之后，羊酒的归宿不外成为众人的盘中餐，神圣的祭祀活动，也逐渐演变为民俗，徐州地方民俗伏天吃伏羊的传统，应该与此相关。

"羊酒"是汉代常见的连文，1952 年河北望都汉墓（M1）前室西壁"羊酒图"，绘有一只羊和一只酒瓮，旁题"羊酒"二字[④]。羊酒在汉代生活中影响深远，除伏祭与腊祭奉献羊酒外，还用于慰劳、赏赐及庆贺等活动。史载皇帝亲自下诏赐博士每人一羊，《东观汉记·甄宇传》曰："每腊，诏书赐博士羊，人一头，羊有大小肥瘦。……宇因先自取其最瘦者，由是不复有争讼。"[⑤] 甄宇因此也获得"瘦羊博士"之美誉。《汉书·王莽传上》载王莽犒劳其傅师友："奉羊酒，劳遗其师，恩施下竟同学。"[⑥]《汉书·昭帝纪》载："令郡县常以正

① 余孚：《古代"六畜"之一——狗》，《古今农业》，1995 年第 2 期，第 70 ~ 77 页。
② ［汉］毛亨传、郑玄笺，［唐］孔颖达疏：《毛诗正义》卷十四，《十三经注疏》，上海古籍出版社，2007 年，第 464 页。
③ 《汉书》卷六六《杨恽传》，中华书局，1983 年，第 2896 页。
④ 北京历史博物馆、河北省文物管理委员会：《望都汉墓壁画》，中国古典艺术出版社，1955 年，图版二四。
⑤ ［汉］刘珍等撰，吴树平校注：《东观汉记校注》卷十八，中华书局，2008 年，第 839 页。
⑥ 《汉书》卷九九《王莽传上》，中华书局，1983 年，第 4040 页。

月赐羊酒。"① 则是用于表彰奖励郡国中有义行者。《后汉书·樊英传》载:"帝不能屈,而敬其名,使出就太医养疾,月致羊酒。"② 《后汉书·周燮传》载:"诏书告二郡,岁以羊酒养病。"③ 此为皇帝对有德行之臣赐以羊酒以示慰问关怀。《史记·卢绾列传》载:"卢绾亲与高祖太上皇相爱,及生男,高祖、卢绾同日生,里中持羊酒贺两家。及高祖、卢绾壮,俱学书,又相爱也。里中嘉两家亲相爱,生子同日,壮又相爱,复贺两家羊酒。"④ 则民间百姓以羊酒庆贺,说明羊酒在两汉时期上自政治活动、下至百姓民生,均发挥着重要作用。

马王堆汉墓遣策记载羊肉有多种烹饪方法,可谓丰富多样。需要指出,羊肉对王侯贵族而言是寻常之食,但斗升小民却难得消受,《汉书·货殖传》载:"富者……犬马余肉粟,而贫者……含菽饮水。"⑤ 由此,普通百姓只能在每年的伏腊祭祀时得享口福,也愈发凸显羊肉的珍贵。

四、雉羹

《楚辞·天问》:"彭铿斟雉,帝何飨?"王逸注曰:"彭铿,彭祖也,好和滋味,善斟雉羹,能事帝尧,帝尧美而飨食之也。"又:"言彭祖进雉羹于尧,尧飨食之以寿考。"⑥ 雉,即野鸡,为避汉高祖皇后吕雉名讳,故《汉书·高后纪》注引荀悦曰:"讳雉之字曰野鸡。"⑦ "雉羹"(野鸡汤)可谓有文字记载的最古老的徐州地方美食,因其营养丰富,自古便被视为长寿饮食。

自古以来,雉羹就是王侯贵族的专属美味。《礼记·内则》载:"蜗醢而菰食雉羹。"孔颖达疏曰:人君燕食"以蜗为醢,以菰米为饭,以雉为羹,三者味相宜。"⑧ 即蚌蛤酱、雕胡饭和雉鸡羹三种珍贵食材相搭配的高级饮食。

---

① 《汉书》卷七《昭帝纪》,中华书局,1983 年,第 225 页。
② 《后汉书》卷八二《方术传》,中华书局,1973 年,第 2721 页。
③ 《后汉书》卷五三《周燮传》,中华书局,1973 年,第 1741 页。
④ 《史记》卷九十三《卢绾列传》,中华书局,1973 年,第 2637 页。
⑤ 《汉书》卷九一《货殖传》,中华书局,1983 年,第 3682 页。
⑥ [宋]洪兴组撰,白化文等点校:《楚辞补注》,中华书局,2006 年,第 116 页。
⑦ 《汉书》卷三《高后纪》,中华书局,1983 年,第 95 页。
⑧ [汉]郑玄注,[唐]孔颖达:《礼记正义》卷二七,《十三经注疏》,上海古籍出版社,2007 年,第 1464 页。

雉羹，原料选取野生雉鸡，汉代贵族为能享此美羹，非田猎不能获。邳州东汉彭城相缪宇墓曾出土一方"捕雉图"画像石，其中就有表现网捕雉鸡的场景（见图 5-37）[1]。物以稀为贵，正是雉鸡不易得，方才更加凸显"雉羹"的高端品质。退而求其次，家鸡亦可为原料，徐州汉墓考古也常见包括鸡骨在内的禽类骨骼：凤凰山庄西汉墓、奎山汉墓均出土鸡骨，小金山西汉墓西室出土的陶鼎（XJM：13）内盛放鸡骨，翠屏山刘治墓出土的陶罐（M1：34）内盛大量的鱼骨和一段鸡骨。龟山汉墓第十一室和狮子山楚王墓 E1 出土大量的禽类骨骼，但因朽败不可辨别，推测其中应该包括鸡骨[2]。以上资料证明，鸡是汉代徐州地区王侯贵族最常享用的美食之一。

图 5-37　邳州东汉彭城相缪宇墓出土的画像石"捕雉图"

据马王堆汉墓考古资料，"雉羹""鸡羹"也是轪侯家族食谱上的常例，

① 南京博物院、邳县（今邳州市）文化馆：《东汉彭城相缪宇墓》，《文物》，1984 年第 8 期，第 22 ～ 29 页。
② 发掘简报或报告依次见徐州博物馆：《徐州市凤凰山西汉墓葬》，《中国考古年鉴》，1999 年，第 163 页。徐州博物馆：《江苏徐州奎山汉墓》，《考古》，1974 年第 2 期，第 121 ～ 122 页。徐州博物馆、南京大学历史系考古专业编：《徐州北洞山西汉楚王墓》，文物出版社，2003 年。徐州博物馆：《徐州小金山西汉墓清理简报》，《东南文化》，1992 年第 2 期，第 191 ～ 196 页。徐州博物馆：《江苏徐州市翠屏山西汉刘治墓发掘简报》，《考古》，2008 年第 7 期，第 11 ～ 24 页。

如马王堆 M1 简一五"鸡白羹一鼎瓠菜"（第 132 页），即用鸡、雉加酸菜制成的羹汤[1]。所谓"鸡白羹"即用鸡、稻米熬制的羹汤。坊间一直流传，闻名全国的徐州小吃"饪汤"据传就是源自彭祖的"雉羹"。饪汤，以鸡汤为基，加入麦仁、面筋、胡椒粉等制成，主要原料的选材颇与"鸡白羹"类似，很难否认两者之间的渊源。

五、食蝉

蝉是古老的昆虫，考古资料显示早在新石器时期，人们就已将这种幻化之虫以玉饰件的形式表现出来。湖北石家河罗家柏岭遗址的石家河文化层曾出土玉蝉[2]，良渚文化遗址也曾出土玉蝉。《诗经·豳风·七月》吟诵有："五月鸣蜩。"[3] 每年农历五月，当阵阵蝉鸣回响，便宣告了夏天的开始。蝉是夏季常见的鸣虫，其幼虫生活在土中，经过少则数年、多则十几年的成长后，退皮羽化为成虫。尽管成虫期异常短暂，仅有一个月的时光，却也是天地造化之灵秀。

蝉外形其貌不扬：头部宽扁，复眼突出，身披甲壳，腹有六足，成虫还有两对透明膜质双翅。但古往今来的文人墨客却对其偏爱有加，纷纷歌颂其渴饮清露、居高声远的高洁之志，如唐戴叔伦《画蝉》诗曰："饮露身何洁，吟风韵更长。"虞世南诗曰："居高声自远，非是藉秋风。"

古人捕蝉主要采用"耀蝉"法，如《荀子·致士篇》记载："夫耀蝉者务在明其火，振其树而已。"郝懿行注："耀者，照也。耀蝉者，火必明而后蝉投焉，蝉以阳明为趋也。"[4] 即在夜间树下点燃火堆，然后用力振树，蝉虫受火光的吸引，成群而来，如此捕蝉往往收获颇丰。明代李时珍在《本草纲目》

---

[1] 湖南省博物馆、中国科学院考古研究所编：《长沙马王堆一号汉墓》（上集），文物出版社，1973 年，第 131 页。

[2] 湖北省文物考古研究所、中国社会科学院考古研究所：《湖北石家河罗家柏岭新石器时代遗址》，《考古学报》，1994 年第 2 期，第 225 页。

[3] ［汉］毛亨传，郑玄笺，［唐］孔颖达疏：《毛诗正义》卷八，上海古籍出版社，1997 年，第 390 页。

[4] ［清］王先谦撰，沈啸寰、王星贤点校：《荀子集解》卷九，中华书局，1988 年，第 261 ～ 262 页。

也记载："（蝉）古人食之，夜以火取，谓之耀蝉。"[1]蝉属于趋光昆虫，因此根据其习性，很容易利用火光捕捉，父辈人回忆童年趣事对此依然记忆犹新。

此外，也有用竹竿粘蝉的方法，汉代儿童已经精熟此道。王充《论衡·自纪篇》记载，王充幼年时，同龄的儿童无不喜欢捉雀、扑蝉之类的游戏，但王充却不肯从众。作为汉皇故里的徐州，恰有相关的考古资料：1982年邳州燕子埠东汉彭城相缪宇墓中曾出土一组人物画像石，经专家辨认，图像中正有表现儿童高举竹竿伸向树冠捕蝉的场面（见图5-38）[2]。粘蝉不单是旧日时光的回忆，时至今日，民间仍然保留这项儿童游戏。每年盛夏，孩子们结伴而出，手执一长竿，顶头粘上黏性极强的面筋，看准树上的蝉，轻巧且稳妥地将竿头伸到蝉背后，并迅速地将其粘住。

图5-38　邳州燕子埠东汉彭城相缪宇墓出土捕蝉画像石线图

古人不但捕蝉，更有食蝉传统。据文献记载，古人食蝉的历史可以追溯

---

[1] 李经纬、李振存主编：《本草纲目校注》卷四，辽海出版社，2000年，第1393～1395页。

[2] 南京博物院、邳县（今邳州市）文化馆：《东汉彭城相缪宇墓》，《文物》，1984年第8期，第22～29页。

至先秦时期，《礼记·内则》中罗列各色奉养饮食，其中就有名为"蜩"的动物性食材，而蜩就是蝉。古人食蝉当然不为果腹，而是将其奉为上品美味，《周礼·膳夫》记载周天子燕食的珍馐"百有二十品"，其中就包括蝉。

三国时期陈思王曹植作《蝉赋》，哀叹即将成为人们盘中餐的蝉的命运，曰："有翾翾之狡童，运微粘而我缠。委厥体于膳夫，归炎炭而就燔。"[1]《说文解字注》注解"燔"字为："宗庙火炙肉也。"[2] 说明当时人们食蝉，是以炭火烤后熟食，由此或可以推测，在此之前的自先秦至两汉时期，人们也是采用火烤熟食法。

江苏徐州至今仍保留有古已有之的食蝉习俗，但制法稍异。每年6、7月份，坊间随处可见"炸金蝉"小食，即将未经蜕化的蝉虫用盐水浸泡清洗后，入油锅中烹炸至酥脆。这道地方小吃营养丰富，富含蛋白质、脂肪、氨基酸，还兼有食疗功效，徐州民谚有食蝉明目退翳的说法。

六、结语

汉代饮食文化丰富多彩，在继承先秦饮食传统的基础上又形成其鲜明的特点。通过考古资料结合文献史料所见，徐州汉代食材种类丰富，包括六畜肉类、禽类及水产等。肉食种类多样，鸡、犬、羊、雉等是较为常见的食材。在重视食物美味的同时，也兼顾食材的养生，其中汉代徐州地区食犬、伏羊、雉羹等都是营养丰富的滋补佳品。这几种地方菜不但汉代流行，至今仍有传承：徐州沛县狗肉被视为汉代食犬风俗的孑遗，伏天吃伏羊的传统也与汉代伏腊祭祀有关，而雉羹据传是徐州地方美食饣它汤的原型。

汉代徐州地区的饮食体现出兼容南北饮食特色的特点。北人重咸鲜，南人食水产，前者主要是各种酱类，包括肉酱、芷酱等佐餐物；水产类主要有鱼、蟹、鱼子酱等，其中蟹及鱼子酱是较为高档的食材。汉代徐州地区的食蟹法主要有蟹胥、蟹蟗、蒸蟹，而鱼子酱则是用来濡鱼的贵重材料，体现出徐州饮食自古以来的食不厌精的传统。

---

① ［唐］欧阳询撰，汪绍楹校：《艺文类聚》卷九七，上海古籍出版社，1985年，第1679年。
② ［汉］许慎撰，［清］段玉裁注：《说文解字注》，上海古籍出版社，1981年，第1919页。

下篇

与时俱进的文博探索

第六章 新媒体背景下的徐州文博研究与探索

历史名城徐州，东襟淮海，西接中原，南屏江淮，北扼齐鲁，自然环境优美，文化底蕴深厚，既是群山环抱的历史名城，也是自古英雄辈出的文化胜地，自古及今历来为文人骚客赞颂。元代文人萨都剌曾到过徐州，并赋词一首《木兰花慢·彭城怀古》，道尽徐州往昔、历史峥嵘，其词曰：

"古徐州形胜，消磨尽几英雄？想铁甲重瞳，乌骓汗血，玉帐连空。楚歌八千兵散，料梦魂，应不到江东。空有黄河如带，乱山回合云龙。汉家陵阙起秋风，禾黍满关中。更戏马台荒，画眉人远，燕子楼空。人生百年如寄，且开怀，一饮尽千钟。回首荒城斜日，倚栏目送飞鸿。"①

萨都剌在词中将徐州独特的地理位置和深厚的文化底蕴依次点出，缓缓道来。秦末大乱，群雄纷争，楚汉一决雌雄的纷飞战火仿佛就在眼前；谋士张良楚歌之策，西楚霸王垓下悲歌，凄清之音依稀就在耳边；汉高祖刘邦开疆建业、整合天下的丰功伟绩，传唱千古。

徐州作为彭祖故国、项羽故都、高祖故里，是备受瞩目的汉文化名城，"两汉文化看徐州"是广为流传的口头禅。的确，作为汉文化名城，徐州不仅在历史上享有盛誉，也是新世纪集自然、人文、美学、遗产等多重价值于一身的特殊区域，承载着传承历史、服务当代、惠及子孙的历史使命，同时，在区域经济、文化生活、生态建设等诸多发展中发挥着举足轻重的作用。作为汉文化历史名城，徐州的汉代文化资源储备丰厚，但是也应该看到文化资源价值本身与开发利用程度之间存在着不平衡，表现为文化资源挖掘不足、

---

① ［清］朱彝尊、汪森编：《词综》卷二九《木兰花慢·彭城怀古》，上海古籍出版社，1978年，第668页。

系统开发不够、表现形式单一、认识肤浅等问题。俗话说："酒香还怕巷子深"，如何开发城市资源、取得长足发展，还必须在发展思路、行业规范、文化内涵提升、品牌创新等诸多方面进行相应的建设，提高整体的竞争力，这样才能在国内打响知名度。

第一节　以"汉文化"元素动漫话说徐州城市质态

近年来，新媒体技术逐渐成为文化传播的主要途径。尽管新媒体在我国的应用处于研究与开发的阶段，相对于国外起步较晚，但已初显成效。21世纪初，国家相继出台一系列促进文化产业振兴的规划，2010年"十二五"规划指出：要弘扬中华文化，建设和谐文化，发展文化事业和文化产业，满足人民群众不断增长的精神文化需求，大力发展文化创意、动漫等重点文化产业。这既是国家的重视及肯定，也表明了动漫产业的发展方向，希望借助新媒体的应用来为大众服务，满足观众的需求。

徐州是两汉之乡，汉文化底蕴深厚，但以往对徐州汉文化的宣传尚没有采取动漫的形式。而动漫具有其他文化传播载体无法比拟的优势，充分利用现代媒体的交互和传播方式，将徐州两汉文化向社会公众传播，能达到传统媒体所达不到的特殊效果。

一、动漫宣传的优势和可行性分析

动漫是当下流行文化的重要表现形式之一，其形象引人注目，传播力广泛而深远。将动漫作为新时期文化宣传和展示的有效载体之一，结合徐州地区汉代文化特色，以积极健康的动漫形象引导社会主义核心价值观，倡导文明生活方式，繁荣群众精神文化生活意义重大。

（一）动漫的内涵及价值

"动漫"，主要包括动画和漫画，在我国流行语中将属于印刷品的漫画和属于影视的动画统称为动漫①。一般而言，漫画（comic）是指用简洁而夸张的手法绘制出来的饱含幽默、讽刺、诙谐等丰富情感的图画，具有直观性和通俗易懂的艺术效果。漫画形式不拘一格，既有单格漫画、四格漫画等传统的格式，又有连环画、漫画插图等新颖的格式。动画（aniamtion）则是以图画表现人物形象、故事情节和作者构思的影片，采用逐格拍摄的方法将一系列动作连贯的图画整合成活动自如的电影作品。随着动画制作技艺、电脑技术日臻成熟，动画形式突破传统，出现了 3D、flash 动画等新形式。电子游戏、网络游戏以及在动漫基础上衍生出的各类玩具、文具、服装、日用品等纷纷出现，如今"动漫"已经不单纯是动画和漫画的简单叠加，而逐渐成为一种合成概念。国外研究动漫文化，用 ACG 三个英文单词表示"动漫"的内涵，A 代表动画（animation）、C 代表漫画（comic），而 G 则代表（game / goods），指动漫衍生出来的网络游戏以及周边商品，至于动漫外延则包括所有带有动漫形象的事物及文化现象②。由于外延宽泛、形式多样，以致于目前业界及学界对"动漫"尚无准确定义，但作为一种新型的文化载体和表现形式，动漫以可视化的形象和通俗的特征向大众传达信息，以多样的方式参与人们的社会文化生活。

动漫产业是文化创意产业中的重要分支，具有无法取代的经济价值和文化价值。从全球范围来看，美国和日本的动漫产业早已发展为成熟且庞大的支柱产业，拥有各自完整畅通的产业链，涵盖动漫生产、发行、放映、版权、衍生品等各个方面。动漫产业蕴含巨大商机，当前全球动漫产业产值 2000 亿～5000 亿美元③，2015 年美国动漫产品和衍生产品年产值约 2000 多亿美元，占其文化产业总值的近 1/3，而日本的动漫产业链则是以漫画为基点，动漫周边产品几乎涵盖了日常生活的各个领域，达到了盈利的最大化，漫画产业则是其经济的三大支柱产业之一④。尽管我国的动漫产业尚未形成有效的生态系统和格局，但目前中国动漫产业正处成长期并快速走向成熟期的阶段，发展

---

① 张慧临：《二十世纪中国动画艺术史》，陕西人民美术出版社，2002 年。
② 谭玲、殷俊：《动漫产业》，四川大学出版社，2006 年，第 4 页。
③《从统计数据看美日动漫产业发展状况》，《中国文化报》，2011 年 5 月 4 日，第 08 版。
④ 臧剑、赵雯：《2015 年美国动画电影产业发展报告》；牛兴侦、卢斌、郑玉明：《中国动漫产业发展报告（2016）》，社会科学文献出版社，2016 年，第 187 页。

空间很大。据相关数据显示，2015 年，我国动漫产业总值已突破 1000 亿元，其规模还将进一步扩大①。

　　除了巨大的经济利益和产能以及娱乐功能外，动漫的教育和文化传播功能同样具有重要价值②。作为文化产业，动漫不仅是追求经济效益的手段，更为重要的是，应积极承担社会教育和文化宣传的重大责任，在文化传播、宣传教育以及审美培养等方面发挥其特殊的价值，因此动漫被称为能够引起受众文化共鸣的"软媒体"③。动漫本身是动漫作品和受众之间的媒介，小到日常生活中的人际交往，大到国家政府形象，都能通过动漫形象得以直观表达。2006 年日本外相麻生太郎就提出来"动漫外交"的策略④，更是将经典动漫形象哆啦 A 梦申请作为 2020 年东京夏季奥运会的形象大使。我国 2008 年举办的第 29 届奥运会吉祥物 5 个福娃也是可爱灵动、寓意丰富的漫画形象。当今社会，动漫无处不在，与动漫相关的游戏、服装、玩具、食品、文具用品、主题公园、游乐场、日用品、装饰品等，体现在日常生活的方方面面。

（二）动漫宣传的可行性

　　图像是人们认识和感知事物最常见的方式，以图像来进行信息传播，超越了时空和地域的界限，具有不可替代的优势。现代社会已然进入了所谓的"读图时代"，包括动漫文化在内的各类文化活动纷纷借助直观图像呈现在观者面前，给人以前所未有的视觉感受。动漫形象生动、情节通俗、内容清新，随着新媒体技术的发展，构成了新时代阅读的主要内容之一，并潜移默化地影响和改变着人们的日常生活和行为习惯。据统计，全球动漫迷的数量已超过 6 亿，其中青少年所占比例相当高⑤。自 2002 年各地政府相继颁布一系列鼓

---

① 《2016—2020 中国动漫产业投资分析及前景预测报告》，https://wenku.baidu.com/view/ef52d841bceb19e8b9f6ba49/html。
② 《动漫对基础教育所起的特殊作用》，《光明日报》2009 年 6 月 7 日，第 06 版。
③ ［日］竹内长武 李斌译：《战后漫画 50 年史》，南京大学出版社，2010 年，第 9 ～ 10 页。
④ 赵全胜：《日本外交政策辩论和大国博弈中的中日关系》，《日本学刊》，2016 年第 1 期，第 70 ～ 89 页。
⑤ 《动漫对青少年成长的影响与对应策略》，江西大学硕士学位论文，2015 年。

励和扶植动漫产业发展的相关政策，促进动漫事业积极有序蓬勃发展。现今，我国拥有广阔的动漫市场，各地动漫产业发展趋于规模化，纷纷将自己打造成为"动漫之都"。在这种契机下，动漫播出平台、动漫作品及其衍生产品的跨文化传播迅猛发展，我国动漫已渗透到影视、广告、游戏、娱乐等领域，对人们的吸引力和影响力也日益明显。

同时，新媒体也为动漫的传播提供了更加迅捷的技术手段和传播途径，动漫内容的传播渠道日益互联网化。在高新技术的支撑下，动漫的传播介质和呈现方式发生了变化，数字格式 + 网络传输 + 多种终端呈现成为主流[①]。动漫以"润物细无声"的方式将文化形态、价值观念、意识形态等通过各种现代传媒广泛传播。在国家、民族层面，动漫是传承本民族文化、传播核心价值观念、培养民族认同感、增强文化创造力的重要载体；在文化宣传层面，动漫能够向世界传播文化和价值观念，展现国家和民族形象，增强国家和文化的对外吸引力与影响力。

二、动漫形象设计原则

在徐州汉代文化特色元素动漫化表达方面，可以在分析和借鉴国内外成功动漫宣传形象特点的基础上，结合徐州文化内涵和地方特色，创造性地设计绘制出能够充当徐州汉文化宣传大使的动漫形象。以汉文化元素为契机，以动漫形象为表现方式，带动徐州人文景观的推广，使山水风光与人文古迹相映成趣，实现"三面云山一面湖"的自然态势和汉文化元素完美融合的目的。

（一）动漫形象的设计原则

动漫形象（character），是动漫作品中虚构的人物、动物以及拟人化动物等经过插图化之后而被视觉化的东西。同时，动漫形象也是一种典型的符

---

① 卢斌、郑玉明、牛兴侦：《动漫蓝皮书 2015 年中国动漫产业发展报告》，社会科学文献出版社，2015 年，第 13 ～ 14 页。

号存在，是动漫借以传播的依据①。而符号所传达的信息超越国界，跨越"代沟"，所以作为典型视听符号的动漫足以充当文化传播使者的角色，不但易于接受，而且深入人心。对于动漫形象的设计，主要包括动漫形象头部设定、躯体设定、服装设定、道具设定等，通过动漫形象设定，可以看出角色的年龄、职业、喜好甚至是性格特点。进行形象设定的作用在于，不仅能让创作者理解形象的特征，抓住重点，而且能使观众轻松地辨认出动漫中的所有角色。

动漫形象通过表情神情、衣着体态以及故事情节等直观的表现方式，将更深层次的内涵和意识向受众传达，成为对外宣传的媒介载体和形象代言人。在设计动漫形象过程中需要深思熟虑。一般而言，动漫形象主要有以下几个基本特征。

1. 识别性

识别性也可以称作符号化，要求角色的形体、结构、个性等特征都必须具有鲜明的形象特点，区别于其他的任何造型，如同一个特定的符号，使观众能够一眼就识别出角色。在动漫形象的具体表现形式上，即面部刻画、服饰、色彩、形象个性等细节设定中加以表现。

2. 变形与夸张

变形与夸张是动漫造型的基本特征之一，过于写实或接近自然的动漫形象就会显得索然无味，失去了动漫的艺术特点和存在的必要。因此，对动漫形象采用变形和夸张的手法，可以使形象更加富有特点，个性更加鲜明，造型更具有新颖感。

3. 具有感染力和亲和力

动漫形象其实是对现实生活的一种反射。富有亲和力和感染力的动漫形象能吸引观众，使观众产生一种想亲近的心理。观众自发地从心里接受，才能与动漫形象产生强烈的共鸣，促使观众对动漫形象产生喜爱之情。

一般而言，萌萌的动漫形象是动漫流行文化中的一股清流，相貌可爱、讨人喜欢的动漫形象都属于"萌"的范畴。"萌"本义是指草木之芽，如萌

---

① 李涛：《美日百年动画形象研究》，光明日报出版社，2008年，第7页。

芽①。而动漫爱好者则发挥了"萌"的概念，以此来形容美好可爱的动漫形象。尽管这个形容词比较抽象，但具有"萌"特征的动漫形象在各个年龄层次的人群中极受欢迎。日本动漫大师宫崎骏的动漫作品《龙猫》中的"龙猫"（totoro）就是典型的萌系动漫形象，它胖乎乎、毛茸茸的体态，可爱软萌的表情以及不可思议的神力，早已深入人心（见图6-1）。龙猫也因此成为吉卜力工作室当仁不让的代言人。美国动漫巨头迪士尼公司创作的一系列迪士尼公主，也是世界范围内最具影响力的动漫形象。

从世界动漫发展史来看，各国动漫发展初期的作品大多取材自传统故事题材。美国迪士尼作为历史悠久的动漫巨头，以动漫品牌作为核心竞争力，一直致力于向全世界输出动漫文化。迪士尼公司制作的第一部动漫电影《白雪公主》即取材自《格林童话》中《白雪公主和七个小矮人》的故事，此后迪士尼动漫电影不断从世界各地的传统民间文学中选择题材，如《灰姑娘》《美女与野兽》《阿拉丁》《花木兰》等。其中根据中国北朝民歌《木兰辞》而改编的动漫电影《花木兰》，由600多位迪士尼动画师历时4年制作，从中国水墨画绘画技法和意境中获得灵感，演绎出西方视角的中国风大片（见图6-2）。花木兰造型的设计（包括发型、服饰、道具、背景等），体现出典型的东方色彩，但剧情的推进却赋予了她超越以往古典文学中的传统形象，而成长为努力寻找自我、彰显自我价值的独立女性。《花木兰》不但获得全球票房3.04亿美元的收入，成为迪士尼利润最高的影片之一②，同时更重要的是，它的成功给带有中国元素的动漫形象设计提供了启示和借鉴：中国古典题材故事被西方动画巨头改编，让观众开始关注中国的历史、古典文学等，也让国人以崭新的视角看待如何在现代社会发掘传统文化的价值这一问题。

---

① ［汉］许慎撰，［清］段玉裁注：《说文解字注》卷一（下），上海古籍出版社，2003年，第147页。

② 李涛：《美日百年动画形象研究》，光明日报出版社，2008年，第235～236页。

图 6-1　宫崎骏动漫形象龙猫　　　　图 6-2　迪士尼动漫人物花木兰

（二）徐州汉文化元素与动漫形象

20 世纪以来，随着徐州地区考古工作科学有序展开，一大批高规模的汉代墓葬先后发掘，大量高等级文物重见天日。以徐州博物馆为代表的文博单位，是江苏地区展示汉代丰富文物和文化遗存的综合博物馆，馆藏精品内容丰富，品质精彩，经过几十年的努力，逐渐形成几个重量级的精品展览，其中的馆藏文物精华驰名中外。本篇就是在充分展现徐州博物馆文物精华和文化内涵的基础上，结合动漫形象的设计原则，设计出能够体现馆藏文物珍品特色和地方文化特征的动漫形象，并将其作为宣传该馆精神风貌的文化使者所作的尝试。

徐州博物馆"俑偶华彩"展厅中陈列徐州地区历年来考古出土的汉至明清各类陶俑，其中以西汉驮篮山出土的一组彩绘舞乐女俑最为著名。从全国范围来看，这套彩绘舞乐女俑无论是在造型艺术、工艺水平还是保存状况、研究价值等方面，均堪称同类文物中的佼佼者，由此也成为展示徐州汉文化元素的重要代表，屡次出现在大众传媒和公众视野中。陶俑中的舞俑发梳垂髻、身姿曼妙、曲裾深衣、长袖纷飞，大有《西京杂记》所载汉高祖戚夫人"翘袖折腰舞"的风采（见图 6-3）①。本篇便从这件精美的陶俑获得灵感，设计出西汉古装侍女动漫形象：主体为甜美的"萌妹子"人设，五官着重表现

---

① 中国国家博物馆、徐州博物馆编辑：《大汉楚王：徐州西汉楚王陵墓文物集萃》，中国社会科学出版社，2005 年，第 158 页。

明眸善睐的表情特征；发髻服饰严格依据实物绘制，发型为额前中分、脑后绾髻的样式，服装颜色方面则参考陕西西安阳陵出土的彩绘女俑的服饰色彩，深衣主体颜色为白色，衣领袖缘纯以朱红，体现西汉早期典型的着装风格；人物动作上则突出表现挥袖舞蹈的造型美感，给人静态中不乏动感的视觉体验（图 6-4）[①]。

图 6-3　徐州驮篮山西汉墓出土陶俑　　　　图 6-4　动漫西汉舞人

此外，还借鉴了国外设计师 Shamekh Bluwi 的画景相融的经典创意。约旦建筑师和时装插画师 Shamekh Bluwi，曾将其设计手稿中模特服装的部分裁掉，以城市景色填补镂空部分，让风景成为手绘模特们衣裙上的纹饰（见图 6-5：1、2）[②]。这一设计创意一经发布即刻在网络爆红并广为流传，国内外也纷纷出现了类似的创意设计。本篇参考这一创意，将设计出的汉代动漫舞人形象服饰部分也作了类似的处理，尝试将徐州的自然人文风景名胜和动漫人物相融合，将其作为展示徐州独特自然风光和人文风貌的重要方式，以古典风格展示时尚元素。

---

① 西汉舞人动漫形象作品著作权版权登记号：苏作登字 -2018-F-00132948。
② Fashion Illustrator Completes His Cut-Out Dresses With Clouds And Buildings. https://www.boredpanda.com/paper-cutout-art-fashion-design-architecture-shamekh-bluwi/?utm_source=en.wikipedia&utm_medium=referral&utm_campaign=organic.

1   2

图 6-5　约旦设计师 Shamekh Bluwi 的时尚创意图

（三）动漫形象的具体展示

以动漫人物推荐自然景观，将美景融入华服，是最主要的展示方式。在景观方面，主要选择徐州几个著名的风景名胜地作为展示实例，依次为云龙山、云龙湖和快哉亭，三个集人文历史和风景名胜为一身的文化胜地。

1. 云龙山

云龙山景区位列徐州名胜之冠，是徐州山水文化的代表作之一。云龙山位于市区南郊，海拔 140 米，由九节山头组成。南北逶迤，长约 3 千米。清晨山间云雾缭绕，宛如一条腾飞的巨龙，故名云龙山。山上巨石嶙峋，林壑葱郁；四季更迭，山色斑斓，变换无穷。北宋文豪苏东坡知徐州时，曾赋诗《登云龙山》吟咏，诗曰："醉中走上黄茅岗，满岗乱石如群羊。岗头醉倒石作床。仰看白云天茫茫。歌声清谷秋风长，路人举首东南望。拍手大笑使君狂。"[①] 此诗作于北宋元丰元年（1078 年）九月，当时苏东坡邀王巩、颜复、张天骥等诗友饮酒唱和所作，诗人趁着酒兴结伴登云龙、游黄茅岗，甚至途中醉卧于黄茅岗大石，即后世广为人知的"东坡石床"，今犹可见其遗迹，正位于云龙山西麓，依山自成一处景致。北宋隐士张天骥为人风雅，以养鹤著名，山中犹有与之相关的遗迹，如张山人故居、放鹤亭及饮鹤泉等。苏东坡

---

① ［宋］苏轼著，［清］冯应榴辑注，黄任轲、朱怀春点校：《苏轼诗集合注》卷十一，上海古籍出版社，2001 年，第 852 页。

亦不惜笔墨，分别作《放鹤亭记》《饮鹤泉》及《游张善人园》。至今山中仍有相关遗迹。

云龙山四季景致各有不同，苏东坡曾在《放鹤亭记》中着力描绘山中美景："春夏之交，草木际天，秋冬雪月，千里一色。风雨晦明之间，俯仰百变。"[1] 山中春日则阳光普照、山花烂漫；夏日则绿树成荫、飞鸟云集；秋季山果累枝、枫叶绚丽；至冬则白雪纷飞、银装素裹。本篇主要选择云龙山春光烂漫以及冬雪皑皑两个场景进行展示。借鉴 Shamekh Bluwi 的设计思路，将云龙山春景与冬景作为动漫汉服舞人的衣装纹饰，同时将舞人设计为左右对舞的排列，既突出汉服舞人的舞蹈动态特征，也表现出不同季节的特色（见图 6-6：1、2）。居左的动漫汉服舞人回首挥袖作舞，着交领深衣，有长短两层衣袖，深衣及衣袖部分作镂空处理，填充以云龙山山花烂漫的春景照片，作为深衣特有的花纹。居右的动漫汉服舞人，动作与前者反向，服饰设计与前者类似，只是将深衣及衣袖部分作镂空处理后，填充以云龙山漫山素裹的雪景照片。因为是反向姿态，特别设计为背向观者的形象，表现出汉代女子垂髻的特点。如此对舞的设计，一正一反，既能表现汉代女子的服饰特征，又能展现徐州云龙山春、冬两季的不同山景。

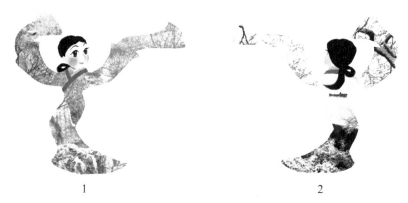

1   2

图 6-6 云龙山景动漫汉服舞人展示

1 云龙山春景动漫舞人   2 云龙山冬景动漫舞人

---

[1] 孔凡礼点校：《苏轼文集》卷十一，中华书局，1986 年，第 360 页。

2. 云龙湖

云龙湖位于徐州市区之南、云龙山之西，三面秀峰环绕，湖光山色相映成趣。旧有"簸箕注"之称，源自簸箕山下有洼，雨水浇注汇集成湖而得名。北宋时称为尔家川，明代称苏伯湖。明代万历年间因湖水经常泛滥成灾，遂用石狗镇水，故又有"石狗湖"别名。云龙湖以其优越的自然美景，成为徐州标志性景点之一，2016年被评为国家5A级景区。云龙湖东岸有杏林百亩，每至初春，则花开三十里，艳若云霞；盛夏则芰荷旖旎，清香袭人；一年四季朝霞暮云，各有神采。本篇即选取云龙湖自然风景进行展示。与云龙山动漫汉服舞人的设计思路类似，将云龙湖秋季色彩斑斓的风景和清晨霞光映湖的景色作为汉服舞人的衣饰，两个舞人左右对舞排列，形象一正一反。居左的动漫汉服舞人回首挥袖作舞，着交领深衣，有长短两层衣袖，深衣及衣袖部分作镂空处理，填充以云龙湖秋叶映照的秋景照片。居右的动漫汉服舞人，姿态与前者反向，将深衣及衣袖部分作镂空处理后，填充以云龙湖一片碧空的晨景照片（见图6-7：1、2）。

1　　　　　　　　　　　　　　　　2

图6-7　云龙湖景动漫汉服舞人展示

1 云龙湖秋景动漫舞人　　　2 云龙湖朝霞动漫舞人

3. 快哉亭

快哉亭是徐州市区闹中取静的公园。唐代徐州刺史薛能曾在徐州城墙上建有阳春亭，因周围有片荷塘环绕，每到夏季凭栏眺望荷叶田田如翠盖，成为阳春观荷的绝佳胜地。《全唐诗》中收录有其诗作《汉庙祈雨回阳春亭有怀》，其辞曰：

"南荣轩槛接城闉，适罢祈农此访春。九九已从南至尽，芊芊初傍北篱新。池中水是前秋雨，陌上风惊自古尘。欲召罗敷倾一盏，乘闲言语不容人。"①

北宋熙宁年间苏轼任徐州知州，友人李邦直在阳春亭旧址建成一新亭，便邀请其登亭游览，苏轼有感于亭中清风怡人、心情畅快，故名之为"快哉亭"，并作《快哉此风赋》歌咏抒怀，辞曰：

"贤者之乐，快哉此风。虽庶民之不共，眷佳客以攸同。穆如其来，既偃小人之德；飒然而至，岂独大王之雄。若夫鹢退宋都之上，云飞泗水之湄。寥寥南郭，怒号于万窍；飒飒东海，鼓舞于四维。固以陋晋人一晪之小，笑玉川两腋之卑。野马相吹，搏羽毛于汗漫，应龙作处，作鳞甲以参差。"②

本篇即选择阳春荷景的风光进行展示，凸显快哉心境的场景作为动漫汉服舞人的衣饰。动漫汉服舞人回首挥袖作舞，着交领深衣，挥舞长短两层衣袖，深衣及衣袖部分作镂空处理，填充以快哉亭盛夏荷塘一片翠盖的照片（见图6-8）。

图6-8　快哉亭阳春荷景动漫汉服舞人展示

以上五个动漫汉服人物展示，将徐州汉代文化精品和自然人文风光合

---

① ［清］彭定求等编：《全唐诗》卷559，中华书局，1999年。
② 孔凡礼点校：《苏轼文集》卷一，中华书局，1986年，第30页。

二为一,既能体现两汉之乡的历史文化风貌,也能更好地表现徐州优越的自然人文风光。驮篮山西汉舞人俑是徐州汉墓出土的代表性彩绘陶俑,经过长期的媒体宣传已经具有较高的知名度,将其动漫化后,仍具有较高的可识别性;而将云龙湖、云龙山、快哉亭这三处徐州著名自然人文景观与动漫人物形象融为一体,以一种新潮的方式展示出来,给人以过目不忘的深刻印象。

三、未来展望

城市的精神文化是城市文化的内核或深层结构。城市的精神文化与狭义的文化概念内涵相一致,是相对于城市物质文化、制度文化的城市精神文明的总和,包括一个城市的知识、信仰、艺术、道德、法律、习俗以及作为一个城市成员的人所具有的其他一切能力和习惯。在城市的精神文化中,又可以分成两部分:一部分是通过一定的物质载体如印刷媒体、电子媒体以及其他有形物质媒体得以记录、表现、保存、传递的文化;另一部分则是以城市市民的思想观念、心理状态等形式存在的。本篇尝试通过动漫这一时尚元素,表现徐州两汉文化以及自然人文风景,在表现方式上仍以定格的动漫图像为主要方式。将来,随着研究的深入和技术手段的成熟,可以尝试制作动画,让静止的动漫形象"活"起来,有语言表达和肢体活动,使其更加精彩生动。

目前对于引入动漫元素宣传徐州汉文化的研究还比较薄弱,缺乏对于动漫形象与宣传教育活动研究的分析、归纳以及探讨未来的发展之路。但是,对于这一方面及时开展相关研究既是必要的也是迫切的,本篇主要通过漫画形象这一新媒体的应用,解决或弥补以往宣传活动中存在的局限性,改变传统的文字、人工宣讲的单一模式,找到与时俱进且与新时代大众精神文化需求相适应的宣教途径,以达到既适合时代发展需求,实现技术与内容高度统一的新型宣传模式,又能使宣教更加人性化、趣味化的目的,最终达到寓教于乐的效果,充分彰显"以人为中心"的理念。

第二节 整合陇海铁路沿线城市旅游资源研究
——以两汉文化旅游资源为中心

徐州号称"五省通衢",地理位置优越,交通四通八达,业已形成以铁路为主的综合性交通体系,京沪、陇海两大铁路干线交汇形成我国三大路网性枢纽之一。便捷的交通为促进城市旅游发展提供了必要的物质支撑。自 1987年被国务院批准为中国历史文化名城以来,徐州经过 30 余年的着力发展和苦心经营,以其丰富历史文化底蕴和旅游资源,逐渐树立起独特的文旅品牌并成为享誉世界的汉文化名城。然而,在新媒体飞速发展的信息时代,再好的金字招牌也要不断面对时代的考验和打磨,才能始终保持生机和活力,收获游客稳定的品牌忠诚,进而促进旅游品牌的可持续发展。

一、"大汉之源"——徐州"两汉"名片的定位

受区域地理条件和历史因素的惠泽,徐州市拥有良好的文化资源和文化产业基础,现代文化产业发展条件优越。徐州素以两汉文化为核心,多年来对汉文化精神的开发和保护成果斐然。两汉文化遗存众多,内涵丰富,对外宣传常年侧重以汉墓、汉画像石、汉兵马俑为代表的"汉代三绝"作为旅游宣传热点和徐州两汉文化名片,在获得海内外声誉的同时也存在一些亟待解决的问题。

(一)徐州汉文化资源丰富

城市旅游品牌的定义,仁者见仁,目前尚无定论,学者大多将其归纳为建构在城市主要景点上,由城市独特的自然环境、人文景观环境、社会环境和物产环境构成的综合地域系统,以城市独特的总体景观、旅游资源、人文底蕴等旅游要素为核心,充分展示城市旅游的良好风貌,在游客心中形成良好意识,从而使其对城市旅游产生向往。由此可见,要准确把握徐州旅游品牌,必须综合考量徐州城市环境、旅游资源、社会经济、人文历史等诸多要素,而要彰显

旅游资源的核心价值，关键是要在综合考量城市旅游功能优势和外部竞争力的基础上，从宏观层面（社会发展和旅游市场需求的角度），明确徐州的核心价值和品牌定位，进而有针对性地提升区域旅游的核心竞争力。

从汉文化资源开发利用角度分析，徐州两汉历史文化遗存丰富，以汉墓、汉画像石、汉兵马俑为代表的"汉代三绝"，长期以来作为对外宣传徐州两汉文化的重点。

徐州汉墓资源丰富，数量可观。截至 2017 年，徐州汉墓数量多达 3000 余座，其中西汉楚王墓 9 处 19 座，东汉彭城（下邳）王墓 2 处 5 座[①]。具有代表性的高等级陵墓包括被评为"1995 年全国十大考古发现"之首，"二十世纪中国 100 项重大考古发现"之一的狮子山楚王陵，有规模巨大、建筑精美、在众多的王侯陵墓中独树一帜的龟山汉墓，以及新近荣获"2020 年全国十大考古发现"的土山东汉彭城王墓。此外，另有刘姓宗室墓、官吏豪强墓等较高规格的墓葬以及大量平民墓葬。

徐州也是中国汉画像石集中分布区域之一，画像石以出现时代早、延续时间长、发现数量多、学术价值高为主要特色，被列为宣传两汉文化"汉代三绝"之一。这些瑰宝集中荟萃于徐州汉画像石艺术馆，该馆也是全国范围内收藏展示汉画像石最多的博物馆。徐州汉画像石馆南馆，陈列的主题是"大汉王朝——石上史诗"，内容分为六大部分，依次展陈汉代陵墓前的大型神道雕刻、汉代祠堂建筑石刻、各类雕刻风格（高浮雕、浅浮雕、阴线刻等）的画像石、画像石墓葬复原、各类题材（牛耕、纺织、车马出行、建筑、宴乐、乐舞、东王公、西王母、历史故事、神话传说等）汉画像石以及刻铭题记。

徐州汉俑数量庞大，是继陕西咸阳杨家湾兵马俑和西安临潼秦始皇兵马俑之后的第三次重要发现，也是继西安之后全国发现汉俑数量最多、种类最丰富、工艺最精湛的地区。汉俑自成功发掘并对外开放以来，短短几十年就以其展现出的"粗犷、雄浑、博大、超越"的大汉精神享誉海内外。列队齐整的狮子山兵马俑、优美典雅的驮篮山舞乐俑、色彩鲜明的北洞山仪卫俑均为全国罕见的汉俑珍品。此外，骑兵、战马、文吏、侍女以及各类生动的动

---

① 梁勇：《徐州汉墓》，江苏凤凰美术出版社，2018 年，第 24 页。

物俑等，均向观者呈现了丰富生动的两汉生活微缩画卷。徐州汉俑绝大多数展陈于云龙山北麓的徐州博物馆。

除以上汉文化资源外，徐州汉玉、汉代封泥等是近年来备受瞩目的新热点。徐州汉玉数量庞大，种类丰富，玉质玉工上乘，无论在数量、质量还是工艺、门类等方面，均代表汉玉文化巅峰，以狮子山楚王陵出土的 200 余件玉器为代表的汉玉珍品均展陈于徐州博物馆天工汉玉展厅，这也是全国首屈一指的汉玉专题展厅。此外，徐州博物馆藏汉代印章封泥数量庞大，总数超过 5000 枚，形制、材质、书体、工艺各具特色，堪称全国翘楚，具有较高的学术价值和观赏价值。

汉代文物承载着恢宏壮阔、醇厚精深的大汉文明，也是历史时空变换过程中给予后人的无价之宝，这些厚重的历史文化资源，是弘扬徐州汉文化精神的得天独厚的物质条件。充分发挥其价值，合理利用，是历史对我们的考验。

（二）汉文化资源开发利用存在的问题

徐州丰富的汉文化资源是历史给予我们的得天独厚的财富，也是打造徐州汉文化旅游品牌至关重要的组成因素，然而虽然拥有这些"禀赋"，我们对资源仍未有深层次的价值挖掘，这直接影响了汉文化旅游品牌发展潜质和未来旅游发展的趋势。

1. 两汉文化定位不足

徐州汉文化遗存众多，资源丰富，但长期以来存在对其价值和意义定位不足的问题①。一直以来，徐州两汉文化始终被定义为地方文化，这便低估了徐州作为两汉文化之源的重要地位和历史价值。

两汉延绵四百余年的历史，均能在徐州找到发展轨迹。大汉王朝的开国之君和建国之臣，大多生于斯，长于斯，地方文化和风土人情早已融入其精神。汉高祖刘邦建都长安（今西安）后尚且建新丰、移故人实之以慰乡愁，足以证明徐州文化与大汉精髓密不可分。两汉期间分封徐州的诸侯王，均为

---

① 刘照建：《徐州打造世界级大汉文化名片的途径探析》，《淮海文汇》，2019 年第 6 期，第 31～37 页。

天子血脉至亲，足见徐州无论是地缘还是血缘关系层面与两汉文化密切关联。

同时，徐州虽不是历史上的两汉都城，但是汉文化遗存深埋地下，绝大多数没有发掘，而徐州在城市现代化建设过程中，汉文化遗存不断涌现，重量级国宝纷纷重见天日。汉代文物承载着恢宏壮阔、醇厚精深的大汉文明。徐州汉文化长期的宣传点是以汉墓、汉玉和汉兵马俑为代表的"三绝"，然而随着徐州考古工作的进一步开展，更多汉代物质文化遗存被发掘出来，比如汉玉、汉镜、汉印、封泥等反映汉代历史文化工艺和细节的文物以及反映汉代百姓日常生活的相关文物和遗存。徐州地区的汉玉、汉代封泥、汉俑、汉画像石等物质文化遗存，在全国范围内首屈一指，其艺术成就、学术价值堪称汉文化的精髓，足以代表大汉风貌的至高地位。

从大汉王朝建立的历史背景和两汉考古资料两方面来看，徐州作为两汉文化之源，代表的汉代物质文化成就的地位不容置疑，更不能屈居地方文化之列。而要打响两汉文化之源的旅游品牌，就需要我们将徐州汉文化向更深层次的发掘和更贴近日常的方面展开，提供新的视角和研究展示角度和宣传主题。

2. 两汉文化宣传特色不鲜明

徐州对两汉文化的推广业已积累了30余年的丰富经验，但与国内同样以汉文化为宣传主题的同级别城市相比，徐州汉文化的宣传仍略显逊色，尚未成为当下热门的旅游打卡地。

《2018年城市旅游度假指数报告》统计，随着居民收入平稳增长，消费能力逐渐提高，居民愿意花费更多成本在高品质的出游上，而休闲度假成为当下旅游重要的目的之一。重庆、苏州、南京、成都、青岛、兰州、西宁、杭州、西安和长沙成为2018年游客增长数量最快的十大"网红城市"[1]。这些网红城市，或者是美食之都，或者是人文之城，或者古迹众多，或者毗邻海景，城市特色鲜明，深入人心，其中不乏历史人文底蕴深厚、现代化建设的古城。

与国内同级别以汉文化为宣传主题的城市相比，徐州两汉文化宣传特色不鲜明，欠缺一分热度。从全国范围来看，以宣传两汉文化为旅游品牌的城

---

[1]《2018年城市旅游度假指数报告》，http://www.chinanews.com/business/2019/01-03/8719073.shtml.

市，诸如太原、宝鸡、汉中、永城等，纷纷发力，均有各自代表性的汉文化品牌。相形之下，徐州虽拥有数量多、规模大的两汉文化遗存，但始终没有因这一独特性而脱颖而出。而独特性又恰是城市旅游品牌的重要支撑，如何能把握"两汉之源"这一定位，全面展示徐州独特的汉文化资源，系统发掘城市文化的深刻内涵，紧密联系当下潮流，更新内容形式，以凸显城市文化底蕴和文化特色，增强文旅市场竞争力和综合实力，是徐州打造"两汉之源"城市旅游品牌的重要一环。

3. 两汉文化资源综合开发利用水平不高

徐州虽然具有得天独厚的汉文化资源优势，但是在对其进行综合开发利用方面尚未达到预期水平。汉文化景点较为分散，多呈单节点、跳跃式分布，没有集中优势，开发较为完整的文旅线路[①]。目前，徐州汉文化旅游路线主要有云龙山—徐州博物馆（土山彭城王墓）—汉画像石艺术馆—云龙湖线路，楚王陵汉文化景区（楚王陵、汉兵马俑博物馆、汉画长廊）线路，以及龟山汉墓—圣旨博物馆线路。这三条线路均以汉墓为主体，与附近风景区、博物馆等单位组成单向线路，这就不可避免地会呈现出线路单一化和重复性的问题。同时，三条路线各景点因隶属关系不同，大多各自经营，很难集中优势呈现出最佳效果。此外，与大汉王朝建立具有决定作用的楚汉争霸有关的景点如九里山古战场、户部山戏马台等旅游景点又较为分散，没有完整地展现大汉建立历程的文化线路。

在宣传技术模式层面，大多数景点采用较为传统的静态展示，给人的文化体验感较为陈旧无新意。仅有少数利用投影、3D、触屏互动等数码设备，以及场景还原、情景表演、自助体验等较为新颖的技术，反映出发展不平衡的问题。

（三）打造徐州两汉文化文旅品牌的重要意义

徐州历史底蕴深厚，文化积淀丰厚，文化资源类型多样，先天优势已为徐州文旅产业的发展奠定了坚实的物质基础。而经过多年来坚持不懈的发展

---

① 刘梦圆、赵媛、李亚兵：《徐州市旅游者空间行为路径分析及旅游发展对策》，《干旱区资源与环境》，2017 年第 1 期，第 207 页。

建设，徐州的文旅产业初具规模，已经成为新的经济增长点，初步确立了支柱产业地位。乘时代之东风，在"一带一路"倡议的指引下，积极打造徐州两汉之源文旅品牌，加强文化产业和文化产品的宣传力度，凸显徐州人文风貌和城市精神，具有主要的创新意义和现实意义。

1. 打造精品文化游览线路，增强徐州"两汉文化之源"宣传力度

结合徐州现代化城市建设，优化文旅品质，整合文旅精品，打造精美的文化旅游线路，为提升城市文化内涵提供支撑。尝试将云龙山、云龙湖、徐州博物馆、汉画像石艺术馆、龟山汉墓、楚王陵、戏马台、九里山等分散的旅游景点，整合串联为完整的文化旅游线路，充分展示汉代历史人文整体风貌。

打造楚王陵—徐州博物馆（土山汉墓）—戏马台—户部山步行街—回笼窝，云龙山—徐州汉画像石艺术馆—云龙湖风景区—珠山风景区—南湖花园，九里山—龟山汉墓—圣旨博物馆—龟山探梅园三条旅游线路。这三条旅游线路排列集中紧凑，交通便利，沿途风景怡人，充分展现汉代历史人文整体风貌。同时，又各有侧重和特色，分别展示两汉文化发展历程、汉代物质文明成就、楚汉争霸历史等内容，满足不同人群的旅游体验，将代表两汉文化历史底蕴的景点、古迹、博物馆、艺术馆等连成一线，其中又穿插特色民风民俗，实现场景的自然切换，形成完美融合且内涵丰富的旅游线路，进而构筑完整统一的整体品牌，不断提升徐州两汉文化旅游的美誉度和引领力。

2. 深入发掘徐州文旅资源，优化精品旅游层次

近年来随着传播手段的丰富，出现许多"网红城市"。根据抖音、头条指数与清华大学国家形象传播研究中心城市品牌研究室联合发布的《短视频与城市形象研究白皮书》指出，2018 年重庆是唯一一个城市形象相关视频播放量过百亿的城市[①]。然而，要保持网红城市的热度，除了依靠网络传播，更重要的是必须顺应时代潮流，"从旅入手，向文挖掘"，深入发掘城市文旅资源，优化旅游品质，彰显城市精神，方能始终保持活力和吸引力。

现代旅行者出行的方式和旅行的目的与以往不同，不再满足于传统的观

———————————
① 范周著：《中国文化产业研究丛书 文化发展研究札记》，商务印书馆，2019 年，第 404 页。

光式旅游，而更偏爱文化内涵深厚、自身体验丰富的目的地。徐州作为人文城市，历史资源丰富，学术成果斐然，但这些成果大多侧重于专业学术，与社会流行文化和大众的接受程度、欣赏水平存在一定差距。而传统的旅游品牌能提供的宣传内容、配套服务与体验又不能有效满足当下游客的心理预期和价值体验。因此从打造"两汉之源"文旅品牌出发，将最新学术成果与历史资源相结合，并有效转换为大众文化，同时及时调整配套服务，借力网络宣传的巨大能量，让徐州在新一轮的"网红城市"中一鸣惊人是优化精品旅游层次的必然途径。

3. 增强徐州两汉文化名城竞争力，促进旅游业的可持续发展

长期以来，徐州旅游业种类较为单一，以观光类型为主要模式。随着时间的推移，最初的宣传热点正逐渐失去新鲜感和吸引力，表现出趋于老化的迹象，缺乏新意，因此，在与全国同类汉文化旅游城市的竞争中，没有占据有利优势，导致旅游客源增长较为缓慢，游客停留时间较短，且故地重游率相对较低，逐渐失去市场竞争力。同时，汉文化的宣传推广内容较为传统，内容上亟待更新，宣传渠道也有待创新和改进。

城市旅游业是一个长期的可持续发展的过程，需要我们始终以饱满的热情去经营完善。鉴于此，徐州积极打造一批紧贴时代文化主题的文旅创意，积极推动舞动汉风文旅战略融合，以汉服、汉乐、汉舞、汉仪等元素为媒介，为游客营造别具一格的沉浸式的汉文化体验。通过对汉文化资源的不断发掘，文旅功能不断完善，构建各有侧重的汉文化旅游路线和汉文化主题的活动，以吸引游客保持游览的忠诚度。同时，借鉴国内同行中的成功案例，如西安大唐不夜城的网红唐装不倒翁小姐姐的宣传模式，借助抖音短视频、头条等网络传播平台，助力舞动汉风系列活动宣传推广，让更多的游客来到徐州体验汉文化。

二、以徐州文旅品牌推动优秀历史文化传承

近年来，随着人们收入平稳增长、消费能力逐年提高、价值审美水平和欣赏眼光不断提升，人们更乐于为文化买单，更倾向于选择高品质、优体验

的出游模式。根据旅游目的的不同，旅游有三种基本的类型，从低到高依次分为基本层次的旅游（包括一切观光活动和游览活动）、提高层次的旅游（休闲度假、娱乐购物等活动）和专门层次的旅游（各类专项活动，如健身、教育等带有专项目的）。近年来，人们开始改变以观光为主的基本层次的游览方式，转而选择各类参与型、体验型的高层次游览模式。在各类应运而生的高品质的旅游模式中，"研学游"（研学＋旅游）逐渐成为其中的亮点。

在教育界，研学游被认为是学校教育的一个重要环节，通过借用社会多方力量，强化校内外教育结合，丰富中小学教育的途径和内涵，是实现课内外、校内外教育与学校、家庭、社会教育相结合的良好载体，充分发挥综合育人、实践育人和活动育人的教育价值，实现立德树人的根本任务[1]。而历史教育是研学游的重要学习内容之一，研学游不同于传统的课堂教育，通过实地参观文物古迹、历史遗迹、观察历史文物等，开阔视野，提升审美力，潜移默化培养学生们的历史学习兴趣，传承优秀历史文化。

2006 年曲阜依托儒家文化资源首次举办研学旅游节，是国内较早开展研学活动的旅游城市之一，将儒家文化精华与当代社会完美结合，相继开发了中华成人礼、开笔礼、晨钟开城、暮鼓关城仪式、入泮礼、过大年民俗体验、背《论语》等若干研学项目，取得了良好的社会反响和经济效益[2]。徐州博物馆在研学游中也发挥了领军者的示范作用，多年来致力于与各级各类学校开展教学合作项目，取得可喜成果，多次被授予科研教学基地称号。定期举办的专家讲坛活动向包括在校学生在内的社会大众宣讲两汉文化知识，收获诸多社会美誉。

近年来，徐州市委、市政府也高度重视汉文化资源的保护传承、开发利用，明确赋予两汉文化在文化建设中的主导地位，以"挖掘汉之源、编创汉之赋、奏响汉之韵"为主要抓手，策划实施"舞动汉风"文化建设工程，全面展现徐州汉文化独特魅力，放大汉文化品牌效应，有力提升徐州城市文化软实力。

---

① 甄鸿启、李凤堂等：《研学旅游教育理论与实践》，旅游教育出版社，2020 年，第 8 页。
② 郎咸国：《儒家文化资源与曲阜研学旅游发展研究》，曲阜师范大学硕士学位论文，2016 年，第 36 ～ 38 页。

习近平总书记指出："城市是一个民族文化和情感记忆的载体，历史文化是城市魅力之所在。"① 可见，历史的传承关乎民族文化和情感记忆，徐州以拥有丰富的历史文化资源而骄傲，将优秀的历史文化资源传承后世，是我们责无旁贷的使命和责任。大力发展文化旅游，充分利用历史文化资源优势，树立徐州"两汉之源"文旅品牌，通过文博教育基地、文物保护单位、历史人文景区等各个单位的多方协作，依托博物馆、艺术馆、图书馆等现有资源和场地，打造适合研学旅游的精品线路，有助于深入发掘传播优秀历史文化精髓。而利用先进的技术手段，多方面展示两汉物质文化成就和独特魅力，将文旅融合作为践行"知行合一"教育理论的重要途径，可以培养孩子们树立唯物史观，了解历史史料，在心中厚植爱国情怀，在此基础上提升徐州城市文化形象和软实力，增强人们的自豪感和文化自信心。

三、以徐州文旅品牌带动城市经济发展

旅游业辐射面广、关联度大，在徐州城市经济发展过程中发挥着举足轻重的作用，整体带动起旅行社、景区、餐饮、文创、休闲服务等多项产业的飞速发展。因此，做优做强两汉精品文旅品牌对徐州城市经济发展和综合实力的提升举足轻重。

随着我国经济发展进入新常态，人民生活水平逐渐提高，消费能力日益增强。据国家统计局发布公告显示，2019 年全国旅游及相关产业增加值为44989 亿元，占国内生产总值（GDP）比重为 4.56%②。而据徐州市统计局发布的《2019 年徐州市国民经济和社会发展统计公报》数据显示，截至 2019 年年底，全市地区生产总值（GDP）达到 7151.35 亿元，其中旅游总收入 854.16亿元。接待入境过夜旅游者 19.32 万人次，其中外国旅游者 15.65 万人次，旅游外汇收入 5711.97 万美元，接待国内游客 6337.14 万人次③。可见，旅游业是

---

① 习近平：《坚定文化自信，建设社会主义文化强国》，《求是》，2019 年第 12 期，第 1 页。
② 陈斌：《2021 旅游商品谁主沉浮》，《中国青年报》，2021 年 1 月 5 日，第 08 版。
③ 徐州统计局：http://tj.xz.gov.cn/xwzx/001004/20200327/9981f6f5-873f-48e5-a882-c1180ab98650.html。

徐州经济发展不可或缺的重要产业。

值得注意的是，在旅游消费方面，人们越来越倾向于具有文化附加值的旅游项目。据中国旅游研究院数据显示，2018 年国庆期间，超过 90% 的游客参与了文化活动，78.3% 的游客花在文化体验的停留时间为 2 天以上[①]。由此可见，随着居民收入平稳增长，消费能力逐渐提高，人们乐于为文化买单。鉴于此，徐州近年来相继开展了一些丰富文旅体验的新项目。据《徐州文旅招商推介项目》信息显示，总投资 265 亿元的大风歌城项目（包括九里山文化休闲区、汉园、汉风商业旅游街区等）、吕梁山风景区休闲度假村项目、汉王镇汉文化景区项目等，纷纷融入徐州全域旅游大格局，打造徐州旅游新亮点[②]。

得区域地理条件和历史因素的惠泽，徐州市自古就拥有良好的文化资源和文化产业基础，现代文化产业发展条件优越，文化产业发展在经济浪潮的推动下也实现了跨越式的发展。但目前，尚未出现高层次的旅游精品线路和高品质的旅游体验，尤其是与研学游相关的线路；同时，徐州地区相关旅游消费所占份额相对较低，与旅游活动相关的休闲、度假、购物等消费类活动均没有达到预期水平，因此存在很大的发掘空间，亟须统筹高效的经营战略体系，引导游客消费，带动当地经济发展。

有得天独厚的历史积淀和地域优势，在当今区域合作平台稳健发展的国际背景下，探讨两汉文化内涵与旅游业的紧密联合，不断推动徐州汉文化产业增值，对打造徐州"两汉文化"名片系统和提升徐州历史文化名城形象，持续推动汉文化产业向更高层次发展，进而带动徐州城市整体的经济繁荣，实现全力打造世界级汉文化传承和旅游目的地，竭诚为广大游客提供更加丰富的文旅体验的宏伟目标，具有积极的推动作用。

四、余论

信息时代的大潮下，文化流行现象瞬息万变，需要不断增加文旅品牌的

---

① 范周著：《中国文化产业研究丛书 文化发展研究札记》，商务印书馆，2019 年，第 402 页。
② 张瑾：《21 个项目增色徐州人的文旅生活》，《徐州日报》，2020 年 10 月 31 日，第 06 版。

新鲜感，顺应潮流，把握趋势。需要不断创新，不断创意，创新无止境，创意无极限。

第三节 二维码技术与博物馆陈列说明文字应用研究

二维码是如今人们日常生活中随处可见的自动识别技术，作为一种通用的信息承载工具，被广泛应用于金融、媒体、交通、物流、商务、旅游等各个领域。近年来，我国网络环境的基本形成和智能手机、平板电脑等移动终端的使用率增长，为二维码的广泛使用和推广提供了较为成熟的契机和庞大的空间。借助二维码信息存储量大的特点，弥补传统纸质说明牌空间有限的缺点，通过丰富文物说明文字的内容、增加文物内涵的说明，从而为观众提供更好的观赏体验。

一、二维码及其优势

我们最常使用的二维码又称为 QR 码（Quick Response Code），外观呈正方形，黑白两色，在四个角落中有三个角落上印有较小的像"回"字的正方形图案，称为定位点，用来帮助解码软件定位，它由数字码字、纠错码字、版本信息和格式信息的编码区域和包括位置探测图形、分隔符、校正图像和定位图形的功能图形组成[①]。

二维码的识别过程简单易操作，只需将安装有扫描软件的智能手机或平板电脑的摄像头作为识读设备，轻松扫码即可获得相关信息，给使用者带来极大的便利（见图6-9）。

---

① 张苗苗、阎俊生、张游杰：《iPhone 手机二维码系统设计与实现》，《电脑开发与应用》，2012 年第 12 期，第 55 ～ 57 页。

图 6-9　智能手机扫描二维码示意图

二维码的广泛使用与互联网的飞速发展以及智能手机和平板等智能终端设备的普遍使用密不可分。据中国互联网网络信息中心（CNNIC）提供的《中国互联网络发展状况统计报告》（2015 年 1 月）统计数据显示，截至 2014 年 12 月，中国网民规模以达 6.49 亿，手机网民规模达 5.57 亿，手机上网使用率为 85.8%，平板电脑成为网民上网的主要设备，使用率达到 34.38%[①]。

二维码本身特点决定了其无可比拟的优势，归纳而言主要有以下六点[②]：

（1）信息容量大，可容纳多达 500 字左右的汉字或 1850 个大写字母或 2710 个数字。

（2）编码范围广，可以将图片、声音、文字、签字、指纹等数字化信息进行编码。

（3）容错能力强，即使因穿孔、污损等局部损坏时，仍可以得到正确识读，损坏面积达 50% 仍可以恢复信息。

（4）可靠性高，误码率不超过千万分之一，比普通条形码错误率的百万分之二还要低。

（5）防伪保密性高。引入加密机制，保护数据信息，以确保在接受解码过程中不受外界干扰。

（6）制作简单、成本低廉。目前最常见的制作二维码的方式主要采用二维码生成器软件。将需要的内容输入后，选择合适的尺寸，仅用 3 到 5 秒的

---

① 中国互联网网络信息中心（CNNIC）：http:// www.cnnic.com.cn/，《中国互联网络发展状况统计报告》（2015 年 1 月）。
② 马晶晶：《二维码技术及其在博物馆中的应用探析》，《文物世界》，2014 年第 2 期，第 68～72 页。

时间就可以生成一个二维码。

鉴于以上优点，现代博物馆也已开始借助二维码进行相关运作。观众免费取票、检票、馆藏陈列器物信息二维码、文物信息管理、文物收藏展示以及文物修复等领域均是二维码的用武之地。

二、二维码在博物馆领域的应用

我国网络环境的基本形成和智能手机、平板电脑的使用率增长，给二维码的使用提供了契机。我国博物馆行业在宣传教育、文化传播、社会服务以及互动领域也适时开展了相关的尝试和创新。比如故宫博物院的全景图导联系统，在故宫范围内基于二维电子地图为游客实现精准定位、路线推荐、景点介绍、语音讲解等服务[1]；苏州博物馆使用二维码语音解读，以方便访客进行浏览[2]；浙江省博物馆在馆内覆盖无线网络，免费提供二维码识别软件，使智能手机成为条码识别的随身便携工具[3]；重庆中国三峡博物馆使用微信智能导览，游客通过扫描二维码或关注博物馆的公共微信账号两种方式，以网络在线的形式借助微信智能导览平台实时了解三峡博物馆的最新展览咨询，还能在参观的同时免费收听语音导览中的音频讲解[4]。

二维码在博物馆藏品陈列说明文字方面也发挥了独特的作用。众所周知，藏品是博物馆的根本，主要通过陈列展览的方式面向社会大众，这也是博物馆发挥文化知识传播、思想道德教育职能的途径。因此，博物馆藏品的说明文字作为特殊的语言，在完成博物馆自身使命的同时，也发挥着不可替代的社会功能，成为沟通博物馆和参观者的工具。

传统的藏品说明主要是以纸质或亚克力材质的说明牌为载体，以单一的

---

① 吴伟如、宫雪、王文毅、赵涵思：《基于智能手机的博物馆导览模式研究与设计——以民间美术馆为例》，《艺术与设计（理论）》，2015 年第 4 期，第 39 页。
② 蒋菡、茅艳：《浅谈二维码识别技术在博物馆中的应用》，《苏州文博论丛》，2012 年，第 217 ～ 220 页。
③ 蒋菡、茅艳：《浅谈二维码识别技术在博物馆中的应用》，《苏州文博论丛》，2012 年，第 217 ～ 220 页。
④ 《三峡博物馆用微信智能导览》，《发展》，2014 年第 6 期，第 27 页。

文字说明为主，主要功能是在相应的位置引导观众参观展品，向观众介绍展品基本信息，如名称、类型、时代、尺寸、发掘时间及地点等。此外，说明牌也包括由展品衍生出来的相关内容（内涵信息），如展品用途、价值、历史地位等。但是大多数说明牌尺寸固定、空间有限，仅介绍展品基本信息，至于内涵信息则很少在说明牌中体现出来。对于级别较高的珍贵展品，其本身蕴含的历史文化信息极其丰富，但要在有限的空间用只言片语是很难描述和解释清楚的，尤其是对于没有专业历史考古背景知识的普通参观者而言，其心中的疑问是显而易见的。同时，还有一种情况就是藏品的内涵说明文字很详细，但是说明篇幅占很大面积，或是文字集中于一块有限的说明牌上，造成文字字号小、间距紧凑，既不美观，也会让观众的辨识造成一定的困难，分散对藏品本身的注意力。而集中式的传播模式，也会造成参观者当时记得住，过后全忘记的尴尬，由此反而达不到说明白、讲清楚的目的。以上两种情况是目前我国各大博物馆文物陈列展览中普遍存在的现象。

三、二维码在陈列说明文字方面的应用

借助二维码体积小、信息存储量大的特点，将博物馆藏品说明文字，包括基本说明和内涵说明转化为小小的二维码，在对应藏品的位置放置。二维码具有唯一性，每件藏品都有相对应的专属二维码，作为文物的身份标识。观众在博物馆进行参观时，仅需扫描藏品二维码，即可获得藏品各自对应的详细信息。

以徐州博物馆陶俑为例。徐州博物馆陶俑展厅特展橱中的北朝彩绘女俑，是该馆最具代表性和知名度的陶俑之一。目前这件彩俑的说明文字仅有一个说明牌，介绍其名称、时代、出土地点等基本信息。因为是彩绘俑，所以观众参观时必须使用关闭闪光的摄像设备进行拍照。观众所获得的信息只有基本信息，而拍摄的照片效果也不理想。因为展橱玻璃很容易反光，而禁止使用闪光灯，也会使照片质量下降［见图6-10（左）］。但是将说明文字二维码化后，情况则大为改观。该彩绘女俑的二维码，既有基本信息也有延伸说明。基本信息主要由陶俑的正、背面高清像素图片及详细的尺寸、时代、出土地点。此外，还有内容丰富的延伸说明，包括彩绘陶俑局部彩绘特

写照片，展示陶俑的发式、面部化妆等细节内容，并附加北朝服饰妆容方面的知识介绍。其次，还提供其他地区出土的同时期同类型的陶俑图片及相关介绍。再次，补充相关历史背景知识，介绍魏晋南北朝时期民族融合背景对服饰文化方面的影响［见图 6-10（右）］。

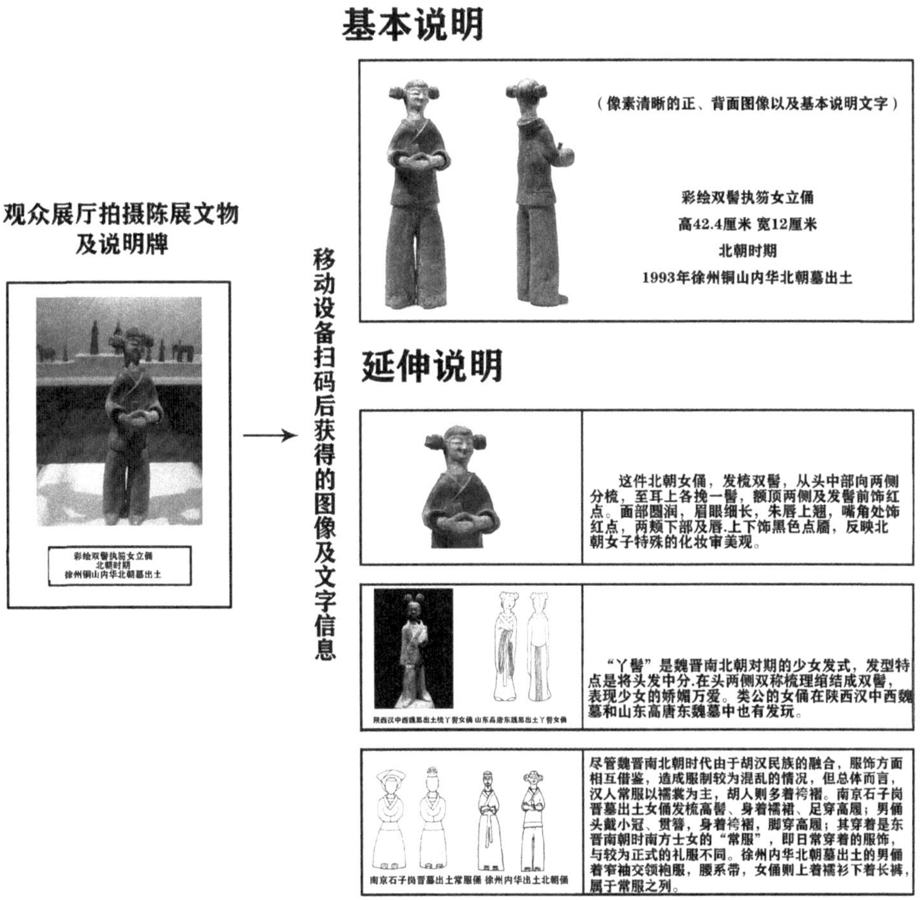

图 6-10　陈列文字二维码化示意图

通过这一事例，可以明显看出将说明文字二维码化之后，观众获得的信息在内容上更加丰富。而将陈列藏品说明文字二维码化具有以下主要优势：

（1）有助于提升参观者的观览体验。这种体验，不仅局限于观众置身于博物馆实体中，而且在参观结束后，仍可以通过保留在移动终端中馆藏文物的信息，观赏到文物的精彩，体会到博物馆的魅力，因此具有延续性。同时由于提供给观众一系列高像素的文物图片，省去其反复拍照的时间，更能集中注意力观赏藏品实物。

（2）有助于维持参观秩序。观众通过二维码免费获得电子化的展品图像及文字信息，弥补现场参观的遗漏，也能在一定程度上缓解观众滞留博物馆时间过长、人流拥挤的问题。同时观众已获得详细的文字说明信息，可通过阅读了解文物相关信息，也能缓解博物馆讲解人员的压力。

（3）有助于藏品保护。博物馆展厅虽禁止使用闪光灯等强光照明设备拍照，但仍难以保证不出现违禁使用闪光灯拍摄造成文物伤害而产生诸多问题。而电子化的展品图像，使观众不用拍照就能免费获得文物高品质的清晰图片，包括各个角度、细节部分的图片，而这些即使现场拍照也不一定能获得同质量的效果，从而达到保护的目的。

（4）有助于提高博物馆的关注度。如今我国社交网络发达，很多网民都会使用社交网络进行信息交流和分享，观众扫描二维码后获得的文物信息，可以通过微博、微信等分享好友的形式实现资源共享，如此也能达到提升博物馆影响力的效果。

如前所述，二维码信息存储量大、制作简单、成本低廉，这是博物馆展陈藏品说明文字二维码化的前提。但在实际操作的过程中却要严格遵循一定的规范和要求，主要体现在以下四点：

（1）准确规范。现代博物馆利用二维码技术传播给观众的知识信息量庞大，势必要求制作二维码时所使用的内容精准。这是慎之又慎的工作，需要极大耐心和精力，也是对博物馆相关人员的艰巨考验。制作每件藏品文物说明文字的二维码时，必须有相关的历史知识，了解文物的历史背景、文化内涵、社会影响等信息。对文字本身也要反复校对以保证准确无误，否则稍不留神便会产生笑话或是不良反应。

（2）详略得当。文物说明文字在前人积累的基础上数量可观。但是考虑到二维码毕竟也有其信息存储限度，因此在制作二维码时必须整合文字、有所取舍，既能将说明文字在深度和广度上达到一定层次，将新发现、新结论、新视角、新见解及时补充更新，又不至于超出存储限度。

（3）独具匠心。馆藏文物说明虽然是描述性文字，但可以增加语言的组织能力，用优美的文字来表述，更能激发参观者的兴趣。通过图文并茂的方式，将枯燥的专业知识以通俗易懂的方式向大众传播，着实是考验博物馆人创造力和想象力的事情。

（4）标准鲜明。为避免复杂凌乱，二维码制作可采用统一标准、颜色、设计风格。同时应该布置在文物附近，位置显著鲜明，以便于游客对应扫码。此外，也可根据博物馆的地方文化特色设计使用一些创意二维码，即富有艺术设计感又独具一格的形式，令人印象深刻。如美国《时代》杂志的创意二维码（见图 6-11）[①]，已不再局限于黑白两色的编码格局，即突出其品牌标志TIME，又增加了漫画效果，使原本单调的二维码立刻生动起来。

图 6-11　美国《时代》杂志创意二维码

四、未来的展望

随着博物馆事业的稳步发展，博物馆的信息传播不再单纯依靠权威机构媒体，借助专业的电视、报纸等媒体进行传播，而转向依靠网络来实现自我

---

① 图片采自 http://www.duidea.com/2013/0507/2000.html.《令人拍案叫绝的 15 个二维码创意设计案例》。

展示和公开的目的。伴随无线互联网的发展和移动终端设备的应用，二维码技术在博物馆领域的应用未来前景令人期待。

群众的教育与服务是博物馆的主要社会职能之一，本着"以人为本"的宗旨，将有助于人的发展和愉悦作为主要任务，向观众进行详细的知识传播以满足其观赏学习的目的。业界同行已经在这一方面有了积极的尝试和有益的反馈，国内各大博物馆体现的"观众本位"的思想和各项服务措施，正是这种宗旨的体现，将陈展文物藏品说明文字二维码化，向观众进行信息传播，也正是在新的时期新技术发展背景下，贯彻这一宗旨的勇敢实践。

二维码技术本身也不断更新，在二维码的基础上还出现了三微码，利用色块的灰度或颜色增加一个数据维度，使信息量成倍增加，能包含一段短视频或是语音说明而无须网络和后台资源的支持[1]。随着二维码技术的发展和应用，将进一步推动数字化博物馆的建设，在保护文物藏品的前提下，更好地为社会公众服务。

遵循循序渐进的原则，有计划、有步骤地逐步实现博物馆展厅展陈文物的二维码化，可以先选着一些具有代表性的文物进行二维码的使用，再依次扩大范围逐渐应用于所有展品。

第四节　徐州地区有关盐文化展览实施的可行性分析

盐是生活中不可或缺的调料，在人类发展历程中意义非凡，然而在物资供给丰富的当代，人们体会不到食盐的重要作用。因此各类盐业文化主题展览，为人们提供一个了解历史的新视角。

一、国内外与盐有关的博物馆概览

盐的开采、提取、运输、贸易反映了人类历史活动的轨迹，盐既是人们

---

[1] 顾秋凡：《二维码：科技博物馆的信息化标签》，《上海信息化》，2013 年第 10 期，第 52～55 页。

生活的必需品，也是历代政府的重要财源，关乎国计民生。盐文化是史学界重要的研究领域，也是博物馆界较为特殊的展览主题。

世界各地遍布大大小小与盐文化有关的专题博物馆，其中著名者如波兰克拉科夫维利奇卡盐矿博物馆（Kopalnia soli Wieliczka），由垂直矿道、楼梯、教堂、湖泊以及大小输出口组成，向人们展示了自中世纪以来采矿技术的发展历程（见图 6-12）①。自 15 世纪以来，维利奇卡便是猎奇者的览胜地，参观路线正是历经各个历史时期的建筑而逐渐成形。

1   2

图 6-12   波兰维力奇卡盐矿博物馆

1 Michalowice 教堂内景   2 盐矿运输场景复原

罗马尼亚图尔达盐矿博物馆（Salina Turda），建在深达 112 米的地下巨型盐矿内，与圆形露天剧场、高尔夫球场等构成一个地下盐矿主题公园（见图 6-13）②，高盐环境使内部环境常年保持恒温恒湿，有效隔绝过敏原和细菌，对过敏性呼吸道疾病的人异常友好，因此也成为热门的旅游打卡地。

---

① 里维兹：《波兰的地下"盐城"——维利奇卡盐矿博物馆》，《文明》，2009 年第 4 期，第 12 页。
② 《巨型盐矿主题公园》，《读者：原创版》，2016 年第 6 期，第 7 页。

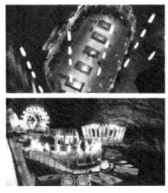

图 6-13　图尔达盐矿博物馆内景

　　日本东京烟草盐博物馆坐落于繁华的涩谷站，展览面积约 1007 平方米，展品内容丰富，通过盐史陈列展示，让人们了解盐的化学知识及作用、日本盐业生产历程、现代制盐科技等相关知识[1]。

　　而在国内，四川自贡盐业历史博物馆是我国成立较早的盐业博物馆，收藏、研究、陈列有以自贡地区为中心的四川井盐生产和发展的历史文物、实物及资料。馆藏的传统钻井工具群、盐业契约、账册、凿井岩口簿等珍贵史料和实物，具有极高的学术价值[2]。河北海盐博物馆，以全国各地的盐业资料为基本展示内容，将文物、图片、模型、雕塑以及多媒体技术相结合，运用三维动漫、影视播放、场景复原等形式，演绎中国几千年的制盐历史沿革、盐区生产生活、盐业化工发展等场景[3]。

　　另有以山西运城"河东盐业博物馆"、浙江舟山岱山县海洋文化博物馆所包含的"海盐博物馆"为代表的行业博物馆，展示了各具地方特色的盐文化发展史[4]。

---

① 梁鹰译：《日本烟盐博物馆》，《盐业史研究》，1992 年第 3 期，第 5 页。
② 《全国博物馆行业专家学者共庆自贡市盐业历史博物馆 60 岁寿诞》，《中国盐业》，2019 年第 21 期，第 11 页。
③ 任海燕：《河北海盐博物馆之盐文化》，《艺术品鉴》，2017 年第 14 期，第 159 ～ 160 页。
④ 国家文物局：《2019 年度全国博物馆名录》，http://www.ncha.gov.cn/art/2020/5/18/art_2318_43812.html。

二、江苏地区内的盐文化博物馆及展览

江苏制盐历史悠久，依托沿海的地理优势和四季分明的气候条件，海盐产量丰富，位列中国四大海盐产区之一。因境内淮河横贯经流，故也得名"淮盐"。近年来，江苏省内盐文化博物馆依次建成。

盐城中国海盐博物馆，收藏陈列我国海盐历史的文物和资料。展示介绍海盐文化的研究成果，博物馆采用蜡像、雕塑、沙盘等演示手法，展现古代"炼卤煎盐""晒海为盐"等海盐生产和盐民生活的多层文化场景。全方位、多角度地收藏、保护和研究中国海盐文化历史资料，集中展示中国海盐文化的优秀成果与时代风采。

仪征中国两淮盐运博物馆，以翔实的两淮盐运历史资料以及珍贵的文物藏品，向人们生动地展示了十二圩作为两淮盐务总栈，承接着淮盐向湘、鄂、赣、皖转销与运输的百余年内所呈现的繁华和喧闹，为人们更加深入地了解、研究中国盐文化、两淮盐文化以及盐运文化提供了良好的场所和平台。

泰州江苏盐税博物馆，主要从盐税的起源、变革、贡献、盐税与江苏历史发展等方面，揭示我国税收从农业税到盐税和工商税的发展演变的历史过程。

此外，有关地方还举办盐文化专题展，扬州个园抱山楼"国脉盐韵——中国淮盐文化文物精品展"，通过展示私人收藏品，反映扬州淮盐发展史①。

以上盐业博物馆及专题展览，均设置在著名的盐业生产、加工、运输地区，为突出地方文化、展示江苏盐业发展历程提供了难得契机。

三、徐州地区盐文化相关内容展示条件分析

江苏省内盐文化相关博物馆及展览次第兴起，相形之下，在非盐业产地，与盐文化相关的展览几乎空白。

以徐州为例，尽管目前徐州是省内的经济文化重镇，在丰县欢口盆地师

① 国内首次大型盐文化文物专题展："国脉盐韵——中国淮盐文化文物精品展"在扬州个园开幕》，上海《文汇报》，2017年11月30日，第09版。

寨乡、史小桥乡和西乡拥有储量高于 20 亿吨的岩盐矿[1]。但在历史上，食盐却一直需由外省借调，且食盐专卖，需要征税和放盐手续，故盐价高昂。从民国报刊反映的问题来看，自外输入的食盐常处匮乏，《谈盐丛报》之《各盐区纪事：徐州之食盐问题》所述："徐州原为鲁盐引地，在昔承平之时，尚无不便之处。迨民元而还，军事叠举，交通阻隔，而食盐遂因之不时缺乏。"[2] 在食盐严控的时期，徐州百姓为缓解食盐匮乏，常自制土盐。

所幸徐州土盐制作图像资料在民国老照片中得以保存。2019 年 2 月 13 日—4 月 14 日，京都大学综合博物馆举办特别展"镜头里 80 年前的中国——京都大学人文科学研究所所藏华北交通写真"，将这批记录了 20 世纪 30 年代末至 40 年代初华北地区人文风貌的照片向社会公众展示。与此同时，通过人文资源开放数据中心（Center for Open Data in the Humanities，CODH）的服务器，公开了全部照片资料数据，以期研究者合理利用档案资源[3]。

在"华北交通写真"图像资源库中，有四幅拍摄于 1941 年 7 月的照片，记录了徐州百姓制作土盐的场景（见图 6-14）。民国时期，徐州仍实行食盐专卖，需要征税和放盐手续，盐价居高。同时，长期遭受水患的黄泛区，土地多盐碱化，而这种土壤条件，正适合就地取材生产土盐，于是百姓通过刮土煎盐而变害为宝。

图 6-14　华北交通写真：徐州土盐生产照片

---

① 江苏省地方志编委会：《江苏省志·盐业志》，江苏凤凰科学技术出版社，1997 年，第 32 页。
② 《各盐区纪事：徐州之食年因问题》，《谈盐丛报》，1931 年第 26 期。
③ "华北交通写真"数据库 http://codh.rois.ac.jp/north-china-railway/。

　　以上四幅照片记录了土盐的制作过程，依次为：取卤、过滤及晒盐，即从盐碱地中筛选碱土，用水淋之制卤；卤水成后，或熬煮或日晒，待水分蒸发，盐结晶成块，即可获得土盐。民间自制土盐历史悠久，自唐五代开始河北、河东一带以及太原府及泽、潞州最盛[1]。土盐生产规模小，技术工具落后，多为家庭私煮，故生产效率低下，成品质次味苦，但因售价低廉、方式灵活等优势，成为贫苦百姓退而求其次的无奈选择，这也反映出徐州民国时期食盐匮乏的社会现实。

　　此外，徐州还保留了百年老盐店旧址。民国张奉明《徐州游览指南》"机关地址"中记载"山东省徐州盐运局 户部山南"[2]。即户部山南麓老盐店，徐州民谣中的"户部山，老盐店，咸的咸，淡的淡"正是此处。随着城市建设飞速发展，老盐店旧址逐渐湮没在现代广厦之中，所幸在劳动巷14号依然保留一处旧址，并在2006年与户部山古建筑群一并列为全国重点保护单位（见图6-15）。

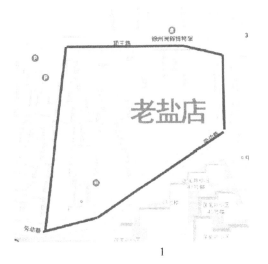

图6-15　徐州老盐店

1 老盐店旧址大致范围　　2 老盐店旧址现状

[1]　郭正忠：《中国盐业史·古代篇》，人民出版社，1997年，第115页。
[2]　张奉明：《徐州游览指南》，转引自李世明《绝对彭城》，第101页。

老盐店不仅是售盐的店铺，还具有管理盐政的功能，其盛衰反映了晚清至民国时期徐州社会发展的坎坷历程，李世明先生曾对此有所论述："老盐店在清光绪年间为'山东省盐业南运局'，辛亥革命后改称'山东省徐州盐运局使署、铜山五属盐务所'；来往顾客多为小贩，人多推搡，被称为'挤盐'。所售之盐有大盐、小盐之分，售价不一。"①

可惜目前对老盐店以及徐州盐文化的研究成果较少，无法开展相关展览。户部山处于徐州繁华地段，已发展成为较为知名的文化商业街区，徐州博物馆、徐州民俗博物馆等文博单位位于其中。民俗博物馆囊括徐州地区明清以来八大家民居院落，既有康熙年间状元李蟠府邸（状元府）、道光年间翰林崔焘的私宅（崔家大院），又有商贾富户之家。这些古建筑依山就势，参差错落，是苏北乃至苏鲁豫皖接壤地区少有的一处古民居建筑群。民居内民俗陈列，复原明清以来徐州社会日常生活的细节，生动展现了徐州地区的人文风貌。

2020 年徐州市第十六届人民代表大会第五次会议上发布的《政府工作报告》指出，为提升城市品质特色，建设"看得见文化、读得出历史"的城市，在年内实施包括户部山历史街区在内的城市提升工程②。乘此东风，依托博物馆地理和空间优势，适时设计出表现徐州地区土盐生产、运输、经营等与盐文化有关的展览，让人们回顾盐业的发展历程，对于丰富户部山文化资源、发掘历史典故、提升徐州城市文化形象意义深远。

四、结语

目前，徐州地区盐业相关问题尚未充分展开，有广阔的研究空间；同时，徐州地区的食盐史也是江苏省内盐运的重要一环，紧扣盐文化主题，由此开展相关研究，对于促进徐州城市文化发展、加强与省内联系、提升区域经济综合竞争力有积极的促进作用。

---

① 李世明：《绝对彭城》，凤凰出版社，2011 年，第 100～101 页。
② 《政府工作报告——2020 年 1 月 7 日在徐州市第十六届人民代表大会第五次会议上》，http://www.iic21.com/21cjjj/index.php?m=Home&c=Articles&a=showart&artid=104316&areaid=21&artcid=41。

第五节　徐州汉文化与博物馆的展示

在智能科技应用广泛的时代，博物馆人从文化创意角度结合自身优势，探寻合理利用馆藏资源的方法，进行合理而有序的发展以增强自身优势和活力，进而实现可持续发展之路。对于地方性博物馆而言，不仅利用最新科技手段得以实现创新，而结合自身展陈藏品的实际，充分发掘地方历史人文特色，对博物馆内部展陈方式进行调整，既是一种更加切合实际且成本低廉的创意形式，又能达到相同的教育宣讲的目的。

一、新媒体对博物馆传统展陈的影响

21 世纪的博物馆，是智能化博物馆。借由网络技术的飞速发展，博物馆从业者开始从文化创意角度探寻合理利用自身馆藏资源的优势，满足各层次观众的心理需求和求知欲，增强自身的优势和活力，进而实现可持续发展。欧美通行的博物馆 3E 职能，即 Education、Entertian、Enrich 的字母缩写，意为教育国民、提供娱乐以及充实人生[1]，很好地诠释了博物馆的社会教育功能和责任。

在这种潮流的影响下，我国的博物馆人也开始探索适合本土博物馆发展的创新之路，利用现代科技将创意理念展现出来。例如，故宫博物院的"石渠宝笈特展"网络版，让观众足不出户，在自家电脑上利用鼠标进行操作，就可以实现全方位虚拟参观。大型博物馆也先后推出与热门展览相关的在线虚拟展览，在国家博物馆官网的"虚拟展厅"页面，就能欣赏到"伏尔加河上的回响""来自肖邦故乡的珍宝""罗丹雕塑回顾展""罗马与巴洛克艺术展""大都会博物馆精品展"等很多已经闭幕的经典展览。首都博物馆还推出了电子版展览图录，进入首博互动社区的页面，有 23 个经典展览的图录可以任意选择浏览[2]。

---

[1] 文化部文物局主编：《中国博物馆学概论》，文物出版社，1985 年，第 27 页。
[2] 《"石渠宝笈特展"登录故宫官网》，《北京晚报》，2015 年 9 月 18 日，第 06 版。

科技和创意的完美结合，需要投入资金设备和人力资源。借助计算机模拟三维环境创建及体现的虚拟计算机系统，利用虚拟现实技术在虚拟场景中完成对展品的展示，是近年广泛应用而新潮的陈列展览方式，这种全三维博物馆虚拟系统，结合二微动画模式完成场景展示，需要相当的资金投入和专业技术人员的设计维护。具备雄厚实力的大型博物馆，已经在使用这种展陈方式。然而，对于地方博物馆米说，这种成本巨大、技术要求极高的展陈方式是否一定适合其发展，似乎值得商榷。

博物馆科技和文化创意的结合，归结到根本，就是利用最新科技手段结合创新思维方式和理念，以实现展示博物馆自身特色的目的。在充分把握博物馆地方文化特色的基础上将博物馆内部展陈方式进行调整，也可以是更加切合实际且成本低廉的创意形式，又能达到相同的教育宣讲的目的。

二、徐州博物馆展陈示例

以徐州博物馆"汉室遗珍"展厅展陈方式为例，展厅内展陈的文物很大一部分是徐州地区汉代考古发掘出的青铜饮食器皿。目前的展陈方式基本是按照传统的分类排列展示，配以简要的说明牌。至于馆藏文物背后隐藏的有关徐州地区源远流长的汉代饮食文化和生动历史，却一直不为社会公众所知。

其实，徐州地区有关汉代饮食文化的考古资料异常珍贵丰富，且在全国范围内都属罕见[1]。2003 年考古人员曾在徐州翠屏山西汉刘治墓中发现一罐螃蟹，刚出土时螃蟹个体清晰可辨，呈金黄色[2]。根据出土时的状况推测，其应该是经过蒸煮加工后随葬，这可视为汉代徐州地区食蟹法的代表。这种看似简单的烹饪方法，反映出汉代质朴的饮食风格，也最大限度地保留了螃蟹的鲜美。食蟹之俗早在先秦已有先例，《周礼·天官·庖人》引郑玄注云："谓

---

[1] 以下关于汉代饮食文化的论述为 2015 年度徐州市社科应用研究课题"徐州两汉饮食文化的发掘与价值研究"（15XSM-057）阶段性成果。

[2] 徐州博物馆：《江苏徐州市翠屏山西汉刘治墓发掘简报》，《考古》，2008 年第 7 期，第 11 ～ 24 页。

四时所谓膳食，若荆州之鲤鱼，青州之蟹胥。"① 所谓蟹胥，据《释名·释饮食》所载之法："取蟹藏之，使骨肉解之，胥胥然也。"② 这应是经过腌制的螃蟹，具体之法或与《齐民要术》中保留的"藏蟹法"类似："藏蟹法：九月内，取母蟹，得则著水中，勿令伤损及死者。一宿则腹中净。先煮薄糖。著活蟹于冷糖瓮中一宿。煮蓼汤，和白盐，特须极咸。待冷，瓮盛半汁，取糖中蟹内著盐蓼汁中，便死，泥封。二十日，出之，举蟹脐，著姜末，还复脐如初。内著坩瓮中，百个各一器，以前盐蓼汁浇之，令没。密封，勿令漏气，便成矣。"③ 将处理干净的新鲜活蟹，整只放入由饴糖、盐、蓼汁熬制的冷汤中，罐装密封。20 天后启封，将姜末填入蟹中，再次入冷汤中密封。此法颇似现代之"醉蟹"，唯不加酒而已。汉代的食蟹之法除蟹胥、蒸蟹外，尚有"蟹蘁"，即螃蟹酱。据《释名·释饮食》记载其制法："去其匡，蘁熟捣之，令如蘁也。"④ 将螃蟹剥壳腌渍后捣碎成酱，经过这番加工，可延长螃蟹的保鲜贮藏期。蟹在汉代可谓难得珍味，"蟹蘁"在两汉时代也是较为高级的美食，《太平御览》卷四七八《人事部》"赠遗"条引汉张敞《答朱登书》曰："登为东海相，遣敞蟹酱。敞答曰：蘧伯玉受孔子之赐，必以及其乡人，敞谨分斯贶于三老尊行者，曷敢独享之。"⑤ 将蟹酱如此珍之重之地作为馈赠，由此不难想象这在时人眼中的重要地位。

"汉室遗珍"展厅同时陈列一批反映汉代饮食特点的精美食器。由于古今饮食文化的区别，今人看待汉代食器已经很难还原出其使用的具体方法，而目前展厅中尚无对此问题的详细说明，令很多前来参观的观众不知所以。例如黑头山西汉刘慎墓出土的一套青铜染器以及狮子山楚王墓出土一件铜炙炉，

① ［汉］郑玄注，［唐］贾公彦疏：《周礼注疏》卷四，《十三经注疏》，上海古籍出版社，2007 年，第 661 页。
② ［汉］刘熙撰，［清］毕沅疏证，王先谦补：《释名疏证补》卷四，上海古籍出版社，1984 年，第 216 页。
③ ［北魏］贾思勰，缪启愉校注：《齐民要术校注》卷八，中国农业出版社，1998 年，第 545 页。
④ ［汉］刘熙撰，［清］毕沅疏证，［清］王先谦补：《释名疏证补》卷四，上海古籍出版社，1984 年，第 216 页。
⑤ ［汉］张敞：《答朱登书》，见《太平御览》卷四七八《人事部》，中华书局影印本，1980 年，第 2192 页。

均属上述状况。

黑头山西汉墓出土的一套染器（包括染炉、染杯以及陶勺），就是濡制菜肴时使用的烹饪工具①。汉代肉食多和以酱汁，这种烹饪方法称为"濡"，《礼记·内则》郑玄注曰："欲濡肉，则释而煎之以醯。"②此法先将肉食熟制，再放入加热的酱汁中煎制，使其滋味变浓，乃可进食。使用时，染杯中盛放佐餐的酱、染炉内置炭火用来加热，当酱汁达到·定温度后，再放入肉食继续烹制，直到肉食与酱汁调和得宜，便可大饱口福。染器由染杯和染炉组成，染炉呈长方形，下有四蹄足，周身共有 12 个长条形算孔。炉身两侧有系，内穿圆环连接提梁；炉身上方设托，连接椭圆形支架，支架承托染杯，其形制与耳杯近似。墓葬中铜染炉出土时，其内还放置两件一模一样的长柄陶勺，应是与染具配套使用，或是在濡肉时用来搅拌，也或许是舀盛染杯内濡制好的食物。

翠屏山刘治墓中与盛有螃蟹的陶罐同时出土的还有三件内盛鱼子的泥质灰陶罐。据考古人员介绍，这些鱼子刚出土时呈有光泽的乳白色圆形颗粒，但脱水后多已变成无光泽的白色粉末③。这些鱼子显然与螃蟹一样，均为徐州汉代饮食中的高级菜品。或许这些鱼子就是文献中记载的"濡鱼卵酱"。先秦时代"濡鱼卵酱"的烹鱼之法，是将鱼肉放入鱼子酱汁中进行濡制。《礼记·内则》曰："濡鱼，卵酱实蓼。"郑玄注曰："凡濡，谓烹之以汁和也。"孔颖达疏曰："卵谓鱼子，以鱼子为酱，濡，享其鱼又实之以蓼。"④由此推测，刘治墓出土的鱼子或许就是"卵酱"。

炙，古老烹饪方法之一，《说文解字》释曰："炙，炙肉也。从肉在火上。"段玉裁注曰："有贯之加火上也。"⑤先秦时代就很盛行这种炙烤肉食的烹饪方

---

① 徐州博物馆：《江苏徐州黑头山西汉刘慎墓发掘简报》，《文物》，2010 年 11 期，第 17 ~ 41 页。

② ［汉］郑玄注，［唐］孔颖达：《礼记正义》卷二八，《十三经注疏》，上海古籍出版社，2007 年，第 1468 页。

③ 徐州博物馆：《江苏徐州市翠屏山西汉刘治墓发掘简报》，《考古》，2008 年第 7 期，第 11 ~ 24 页。《发现徐州》，《都市晨报》，2013 年 9 月 19 日，第 07 版。

④ 孙机：《关于染器——答黄盛璋先生》，《文博》，1995 年第 1 期，第 50 ~ 54 页。

⑤ ［汉］许慎撰，［清］段玉裁注：《说文解字注》卷十下，上海古籍出版社，1981 年，第 491 页。

式。汉承此法，最常见的就是将肉切割成大小均匀的肉块，用烤叉串好后置于炙炉上炙烤。炙烤的重要工具就是炙炉，徐州博物馆"汉室遗珍"展厅展出的徐州狮子山楚王墓出土铜炙炉正是楚王宫廷食官用以加工烤肉的厨具。此铜炙炉，高 16 厘米，口径 45.4 厘米，炉身圆形，下有三兽形足，腹有四个铺首衔环①。具体操作应该如同徐州画像石艺术馆收藏的一幅《庖厨图》中反映炙烤的情景类似。图中的膳夫，面前放置一圆形烤炉，膳夫左手挥扇，左手执两串肉串于烤炉上炙烤，情形与现如今徐州夜市烧烤摊无别，正所谓"古今一也"。

以上考古成果反映出汉代徐州地区的饮食文化和特色，不但在徐州地区属于难得一见的资料，在全国范围内也属罕见。但是如此珍贵的资料目前仅在专业的考古报告及报刊上公布，倘若能在展厅内作为展陈藏品的补充说明，则可提高展览文化内涵的整体效果。尽管不可能在短时间内实现如大型博物馆那种虚拟三维成像的展览方式，但可结合最新研究成果，从社会历史生活的细节入手，借助展厅内已有的硬件设备如多媒体屏幕以及触屏设备，或是补充增加图版和说明牌。若条件许可，也可增加道具模型进行模拟场景复原，以丰富展览内涵，增加趣味性，如中日联合举办的"大三国志展"，其中就有根据安徽博物馆藏三国朱然墓出土的一件漆案正面的绘图而制作成的宴饮场景复原模型②。

三、未来展望

目前，徐州博物馆网站和微信平台的建设逐渐成熟，并成为博物馆向社会公众介绍相关专业、学术研究和艺术欣赏的交流渠道。通过博物馆人齐心协力，充分发掘徐州地区历史文化特色，对馆藏文物进行细致入微的介绍和展示，相信今后会更好地发挥博物馆的社会教育和服务功能。

---

① 中国国家博物馆、徐州博物馆编：《大汉楚王——徐州西汉楚王陵墓文物集萃》，中国社会科学出版社，2005 年，第 204 页。

② 湖北省博物馆编：《千古英雄——"大三国志展"归国汇报展》，湖北人民出版社，2009 年，第 98 页。

参 考 文 献

一、历史文献

1. 《史记》，中华书局，2003 年。

2. 《汉书》，中华书局，1983 年。

3. 《后汉书》，中华书局，1983 年。

4. 《三国志》，中华书局，1973 年。

5. 《晋书》，中华书局，1974 年。

6. 《宋书》，中华书局，1974 年。

7. 《南齐书》，中华书局，1972 年。

8. 《梁书》，中华书局，1973 年。

9. 《魏书》，中华书局，1974 年。

10. 《南史》，中华书局，1975 年。

11. 《北史》，中华书局，1974 年。

12. 《隋书》，中华书局，1974 年。

13. 《旧唐书》，中华书局，1975 年。

14. 《新唐书》，中华书局，1975 年。

15. 《宋史》，中华书局，1978 年。

16. 《辽史》，中华书局，1974 年。

17. 《明史》，中华书局，1964 年。

18. 《金史》，中华书局，1975 年。

19. 《资治通鉴》，中华书局，1976 年。

20. ［宋］宇文懋昭：《大金国志校正》，中华书局，1986 年。

21. ［汉］应劭撰，王利器校注：《风俗通义校注》，中华书局，1981 年 。

22. ［汉］刘熙撰，［清］毕沅疏证，［清］王先谦补：《释名疏证补》，上海古籍出版社，1984 年。

23. ［汉］刘向集录：《战国策》，上海古籍出版社，1985 年。

24. ［汉］刘向撰，向宗鲁校证：《说苑校正》，中华书局，1987 年。

25. ［汉］许慎撰，［清］段玉裁注：《说文解字注》，上海古籍出版社，1988 年。

26. ［汉］史游撰：《急就篇》，岳麓出版社，1989 年。

27. 黄晖撰：《论衡校释》，中华书局，1990 年。

28. ［清］孙星衍等辑，周天游点校：《汉官六种》，中华书局，1990 年。

29. 王利器校注：《盐铁论校注》，中华书局，1992 年。

30. ［汉］王符著，［清］汪继培笺，彭铎校正：《潜夫论笺校正》，中华书局，1997 年。

31. 周春生：《吴越春秋辑校汇考》，上海古籍出版社，1997 年。

32. 张觉校注：《吴越春秋校注》，岳麓书社，2006 年。

33. ［汉］刘珍等撰，吴树平校注：《东观汉记校注》，中华书局，2008 年。

34. ［汉］郑玄注，［唐］孔颖达疏：《礼记注疏》，《十三经注疏》，上海古籍出版社，1997 年。

35. ［汉］郑玄笺，［唐］孔颖达等正义：《毛诗正义》，《十三经注疏》，上海古籍出版社，2007 年。

36. ［汉］郑玄注，［唐］贾公彦疏：《周礼注疏》，《十三经注疏》，上海古籍出版社，2007 年。

37. ［汉］郑玄注，［唐］孔颖达等正义：《礼记正义》，《十三经注疏》，上海古籍出版社，2007 年。

38. ［晋］杜预注，［唐］孔颖达等正义：《春秋左传正义》，《十三经注疏》，上海古籍出版社，2007 年。

39. ［清］郝懿行撰：《尔雅义疏》，上海古籍出版社，1983 年。

40. ［晋］韩康伯注，［唐］陆德明音义，［唐］孔颖达疏：《周易注疏》，上海古籍出版社，1989 年。

41. 周祖谟撰：《尔雅校笺》，江苏教育出版社，1984 年。

42. ［宋］罗愿撰，石云孙等点校：《尔雅翼》，黄山书社，1991 年。

43. 《越绝书》，上海古籍出版社，1985 年。

44. ［汉］王充：《论衡》，上海人民出版社，1974 年。

45. ［汉］刘歆撰：《西京杂记》，中华书局，1981 年。

46. ［清］陈立撰，吴则虞点校：《白虎通疏证》，中华书局，1994 年

47. ［清］王聘珍：《大戴礼记解诂》，中华书局，1983 年。

48. ［清］孙星衍等辑，郭沂校补：《孔子集语校补》，齐鲁书社，1998 年，

49. ［汉］高诱注：《吕氏春秋》，上海书店，1992 年。

50. ［汉］董仲舒撰，钟肇鹏主编：《春秋繁露校译》，山东友谊出版社，1994 年。

51. ［梁］陶弘景辑，［日］吉川忠夫、麦谷邦夫编，朱越利译：《真诰校注》，中国社会科学出版社，2006 年。

52. ［晋］葛洪著：《抱朴子外篇》，上海书店，1992 年。

53. 《国语》，上海古籍出版社，1982 年。

54. ［清］王先谦集解：《庄子集解》，上海书店，1992 年。

55. ［宋］李昉：《太平御览》，中华书局，1980 年。

56. ［宋］李昉：《太平广记》，中华书局，1980 年。

57. ［宋］李昉：《艺文类聚》，中华书局影印本，1980 年。

58. ［宋］郑樵撰：《通志》，中华书局，1987 年。

59. ［明］方以智著：《通雅》，中国书店影印本，1990 年。

60. ［唐］杜佑撰：《通典》，中华书局，1992 年。

61. ［梁］宗懔撰，宋金龙校注：《荆楚岁时记》，山西人民出版社，1987 年。

62. ［唐］徐坚等著：《初学记》，中华书局，1962 年。

63. ［唐］虞世南撰，［清］孔广陶校注：《北堂书钞》，中国书店，1980 年。

64. ［唐］玄奘、辩机原著，季羡林等校注：《大唐西域记校注》，中华书局，1985 年。

65. ［唐］郑处诲、裴庭裕撰，田廷柱点校：《明皇杂录》，中华书局，1994 年。

66. ［宋］沈括撰：《梦溪笔谈》，文物出版社，1975 年。

67. ［宋］高承撰，［明］李果订，金圆、许沛点校：《事物纪原》，中华书局，1989 年。

68. ［宋］张敦颐撰，张忱石点校：《六朝事迹编类》，上海古籍出版社，1995 年。

69. ［宋］吴自牧等撰：《梦粱录》，山东友谊出版社，2001 年。

70. ［宋］郑思肖：《心史》，广智书局，清光绪三年（1877 年）。

71. ［元］陶宗仪著：《南村辍耕录》，中华书局，1980 年。

72. ［元］陶宗仪撰：《说郛》，上海古籍出版社，1988 年。

73. ［元］杨维桢著，邹志方点校：《杨维桢诗集》，浙江古籍出版社，1994 年。

74. ［明］陆深著：《天水冰山录》，北京古籍出版社，2002 年。

75. ［明］方以智：《通雅》，中国书店影印本，1990 年。

76. ［明］顾起元撰：《客座赘语》，中华书局，1985 年。

77. ［明］陆容撰：《菽园杂记》，中华书局，1985 年。

78. 怀效锋点校：《大明律》，辽沈书社，1990 年。

79. ［清］陈元龙撰：《格致镜原》，广陵古籍刻印社，1989 年。

80. ［清］张玉书等编：《康熙字典》，上海书店，1994 年

81. ［清］沈复著：《浮生六记》，江苏古籍出版社，2000 年

82. ［清］徐珂撰：《清稗类钞》，中华书局，1986 年

83. ［清］陈元龙撰：《格致镜原》，广陵古籍刻印社，1989 年。

84. ［宋］洪兴祖撰，白化文等点校：《楚辞补注》，中华书局，1983 年。

85. 逯钦立辑：《先秦魏晋南北朝诗》，中华书局，1982 年。

86. ［南朝］徐陵编，吴兆宜注，穆克宏点校：《玉台新咏笺注》，中华书局，1985 年。

87. ［梁］萧统编，［唐］李善注：《文选》，上海古籍出版社，1986 年。

88. ［唐］欧阳询撰：《艺文类聚》，上海古籍出版社，1982 年。

89. 丁保福编：《全汉三国晋南北朝诗》，中华书局，1959 年。

90. 严可均：《全上古三代秦汉三国六朝文》，中华书局，1999 年。

91. ［南梁］萧绎著，陈志平、熊清元校注：《萧绎集校注》，上海古籍出版社，2018 年。

92. ［唐］李白著，王琦注：《李太白集注》，中华书局，1977 年。

93. ［唐］白居易著，顾学颉校点：《白居易集》，中华书局，1979 年。

94. ［唐］张籍著，李冬生注：《张籍集注》，黄山书社，1988 年。

95. ［唐］元稹撰：《元氏长庆集》，上海古籍出版社，1994 年。

96. ［唐］王建著，尹占华校注：《王建诗集校注》，巴蜀书社，2006 年。

97. ［唐］李商隐著，［清］冯浩笺注，蒋凡点校：《玉溪生诗集笺注》，上海古籍出版社，2007 年。

98. ［唐］杜甫著，［清］钱谦益笺注：《钱注杜诗》，上海古籍出版社，2009 年。

99. 彭定求：《全唐诗》，中华书局，1999 年。

100. 唐圭璋：《全宋词》，中华书局，1965 年。

101. ［清］厉鹗辑：《宋诗纪事》，上海古籍出版社，1983 年。

102. ［宋］苏轼著，［清］冯应榴辑注，黄任轲等点校：《苏轼诗集合注》，上海古籍出版社，2001 年。

103. 孔凡礼点校：《苏轼文集》，中华书局，1986 年。

104. ［宋］郭茂倩辑：《乐府诗集》，上海古籍出版社，1992 年。

105. ［宋］梅尧臣著，朱东润校注：《梅尧臣集编年校注》，上海古籍出版社，1980 年。

106. ［宋］黄庭坚著：《黄庭坚全集》，四川大学出版社，2001 年。

107. ［清］孙默集：《十五家词话》，中华书局，1960 年。

108. ［清］龚自珍著：《龚自珍全集》第九辑，上海人民出版社，1975 年。

109. 李经纬、李振存主编：《本草纲目校注》，卷四，辽海出版社，2000 年。

110. ［清］朱彝尊、汪森编：《词综》，上海古籍出版社，1978 年。

二、历史研究专著和文学著作

1. 中央古物保管委员会编辑委员会：《六朝陵墓调查报告》，中央古物保管委员会，1935 年。

2. ［英］凡伯伦著，蔡受百译：《有闲阶级论》，商务印书馆，1964 年。

3. 鲁迅著：《呐喊》，人民文学出版社，1973 年。

4. 湖南省博物馆、中国科学院考古研究所编：《长沙马王堆一号汉墓》，文物出版社，1973 年。

5. 冯承钧原编，陆峻岭增订：《西域地名》，中华书局，1980 年。

6. 中国社会科学院考古研究所：《殷墟妇好墓》，文物出版社，1980 年。

7. 中国社会科学院考古研究所、河北省文物管理处：《满城汉墓发掘报告》，文物出版社，1980 年。

8. 沈从文：《中国古代服饰研究》，香港商务印书馆，1981 年。

9. 林剑鸣：《秦汉史》，中华书局，1984 年。

10. 沈家本：《历代刑法考》，中华书局，1985 年。

11. 杨荫深编著：《事物掌故丛谈》，上海书店影印，1986 年。

12. 周锡保：《中国古代服饰史》，中国戏剧出版社，1986 年。

13. 赵万里著：《汉魏南北朝墓志集释》（上），新文丰出版公司，1986 年。

14. ［英］弗雷泽著，徐育新、汪培基、张泽石译：《金枝》，中国民间文艺出版社，1987 年。

15. 王树英著：《印度文化与民俗》，四川民族出版社，1987 年。

16. ［德］格罗塞著，蔡慕晖译：《艺术的起源》，商务印书馆，1987 年。

17. ［美］齐默尔·曼著，张霖欣编译，王曾选审校：《希腊罗马神话辞典》，陕西人民出版社，1987 年。

18. 吕思勉：《中国民族史》，中国大百科全书出版社，1987 年，

19. 陕西省考古研究所始皇陵秦俑坑发掘队：《秦始皇陵兵马俑一号坑发掘报告》（1974—1984），文物出版社，1988 年。

20. 南京博物院：《四川彭山汉代崖墓》，文物出版社，1991 年。

21. 瞿兑之：《汉代风俗制度史》，上海人民出版社，1991 年。

22. 周汛、高春明著：《中国历代妇女装饰》，上海学林出版社，1991 年。

23. 刘锡诚、王文宝主编：《中国象征辞典》，天津教育出版社，1991 年。

24. 南京博物院：《四川彭山汉代崖墓》，文物出版社，1991 年。

25. 孟燕著：《耳环·项链·戒指——五彩缤纷的服饰习俗》，四川人民出版社，1992 年。

26. ［美］罗伯特·路威著，吕叔湘译：《文明与野蛮》，生活·读书·新知

三联书店，1992 年。

27. 杨宽：《中国古代都城制度史研究》，上海古籍出版社，1993 年。

28. 伍小东编著：《中国吉祥图案》，广西美术出版社，1993 年。

29. 赵超著：《汉魏南北朝墓志汇编》，天津古籍出版社，1993 年。

30. 章鸿钊：《石雅·宝石说》，上海古籍出版社，1993 年。

31. 黄时鉴：《解说插图中西关系史年表》，浙江人民出版社，1994 年。

32. 甘肃省文物考古所、甘肃博物馆、中国文物研究所、中国社会科学院历
史研究所：《居延新简——甲渠候官》，中华书局，1994 年。

33. 黄时鉴：《解说插图中西关系史年表》，浙江人民出版社，1994 年。

34. 汪受宽：《谥法研究》，上海古籍出版社，1995 年。

35. ［美］谢弗著，吴玉贵译：《唐代的外来文明》，中国社会科学出版社，
1995 年。

36. 李宽双等编：《人生四事》，湖南出版社，1995 年。

37. 杨泓、孙机：《寻常的精致》，辽宁教育出版社，1996 年。

38. 张福清编注：《女诫——妇女的枷锁》，中央民族大学出版社，1996 年。

39. 孙机：《中国圣火：中国古文物与东西万花交流中的若干问题》，辽宁教
育出版社，1996 年。

40. 杨共乐编：《罗马共和国时期》，商务印书馆，1998 年。

41. 梁白泉：《南京的六朝石刻》，南京出版社，1998 年。

42. 张增祺：《晋宁石寨山》，云南美术出版社，1998 年。

43. 吴小强：《秦简日书集释》，岳麓书社，2000 年。

44. 杨鹍国：《符号与象征——中国少数民族服饰文化》，北京出版社，2000 年。

45. 赵春青：《郑洛地区新石器时代聚落的演变》，北京大学出版社，2001 年。

46. ［英］特里锡德著，石毅译：《象征之旅——符号及其意义》，中央编译
出版社，2001 年。

47. 刘东贤：《帛书数术文献探讨》，湖北出版社，2003 年。

48. 李振宏：《居延汉简与汉代社会》，中华书局，2003 年。

49. 李虹主编：《可乐考古与夜郎文化》，贵州民族出版社，2003 年。

50. ［美］罗伊·克雷文著，土镛等译：《印度美术简史》，中国人民大学出

版社，2003 年。

51. 李零：《入山与出塞》，文物出版社，2004 年。

52. 湖南省博物馆、湖南省文物考古研究所编著：《长沙马王堆二、三号汉墓：田野考古发掘报告》，文物出版社，2004 年。

53. ［日］滨本隆志著，钱杭译：《戒指的文化史》，上海书店，2004 年。

54. 宋兆麟等主编：《中国民族民俗文物大辞典》，山西人民出版社，2004 年。

55. 林光明、林怡馨编译：《梵汉大辞典》，嘉丰出版社，2004 年。

56. 李零：《入山与出塞》，文物出版社，2004 年。

57. ［日］曾布川宽著，傅江译：《六朝帝陵》，南京出版社，2004 年。

58. 董莲池：《说文解字考证》，作家出版社，2005。

59. ［日］桑原隲藏著，钱婉约、王广生译：《中国人辫发的历史》，《东洋史说苑》，中华书局，2005 年。

60. 罗新、叶炜著：《新出魏晋南北朝墓志疏证》，中华书局，2005 年。

61. 唐长孺：《南北朝期间西域与南朝的陆道交通》，《唐长孺文存》，上海古籍出版社，2006 年。

62. 孙机：《汉代物质资料图说》，上海古籍出版社，2008 年。

63. 张光直：《中国青铜时代》，生活·读书·新知三联书店，2013 年。

64. ［古希腊］欧里庇得斯著，张竹明译：《古希腊悲剧喜剧全集：欧里庇得斯悲剧·上》，译林出版社，2015 年。

65. ［古希腊］阿里安著，［英］E.伊利夫·罗布逊英译，李活译：《亚历山大远征记》，商务印书馆，2017 年。

66. ［美］乔治·E.哈洛，安娜·S.索菲尼蒂斯著，郭颖等译：《宝石与晶体》，重庆大学出版社，2017 年。

67. 李零：《波斯笔记》，生活·读书·新知三联书店，2019 年。

三、文物图册及图录

1. 北京历史博物馆、河北省文物管理委员会：《望都汉墓壁画》，中国古典艺术出版社，1955 年。

2. 江苏省文物管理委员会编著：《江苏徐州汉画像石》，科学出版社，1959年。

3. 傅天仇主编：《中国美术全集·雕塑篇2》，人民美术出版社，1985年。

4. 《世界博物馆全集：10.罗浮博物馆》，锦绣出版社，1987年。

5. 《中国美术全集》编辑委员会编：《中国美术全集》雕塑篇3《魏晋南北朝雕塑》，人民美术出版社，1988年。

6. 《世界博物馆全集：3.印度国立博物馆》，锦绣出版社，1989年。

7. 浙江省考古研究所、上海市文物管理委员会、南京博物院编著：《良渚文化玉器》，文物出版社、两木出版社，1990年。

8. ［意］乔齐奥·利塞著，陈西中译：《埃及艺术鉴赏》，北京大学出版社，1992年。

9. 章鸿钊：《石雅·宝石说》，上海古籍出版社，1993年。

10. 叶兆信、潘鲁生编：《中国佛教图案》，万里书店、轻工美术出版社，1994年。

11. 徐毅英：《徐州汉画像石》，中国世界语出版社，1995年。

12. 中国美术全集编辑委员会编：《中国美术全集》10《金银玻璃珐琅器》，文物出版社，1997年。

13. 中国古代绘画鉴定组编：《中国绘画全集》卷3《五代宋辽金卷》，浙江人民美术出版社、文物出版社，1997年。

14. 傅举有：《中国漆器全集3汉》，福建美术出版社，1998年。

15. 《世界博物馆全集：6.大英博物馆》，锦绣出版社，1998年。

16. 李炳武主编：《中华国宝：陕西珍贵文物集成：金银器卷》，陕西人民教育出版社，1998年。

17. 中国画像石全集编辑委员会编：《中国画像石全集》卷一《山东汉画像石》，山东美术出版社、河南美术出版社，2000年。

18. 中国画像石全集编辑委员会编：《中国画像石全集》第四卷《江苏安徽浙江汉画像石》，山东美术出版社、河南美术出版社，2000年。

19. 南京市博物馆编：《明朝首饰冠服》，科学出版社，2000年。

20. 刘人岛主编：《中国传世人物名画全集》，中国戏剧出版社，2001年。

21. 张弘苑主编：《世界名画全集》，京华出版社，2001年。

22. ［美］戴尔·布朗主编，张燕翻译：《庞贝——倏然消失了的城市》，华夏出版社，2002年。

23. ［美］戴尔·布朗主编，李旭影译：《爱琴海沿岸的奇异王国》，华夏出版社，2002年。

24. 陕西省咸阳市文物局编：《咸阳文物精华》，文物出版社，2002年。

25. ［美］戴尔·布朗主编，王淑芳译：《波斯人：帝国的主人》，华夏出版社，2002年。

26. ［英］普兰温·克斯格拉芙著，龙靖遥等译：《时装生活史》，东方出版社，2004年。

27. 古方主编：《中国出土玉器全集》，科学出版社，2005年。

28. 于建设主编：《赤峰金银器》，远方出版社，2006年。

29. 张道一、李星明：《中国陵墓雕塑全集》第4卷《两晋南北朝》，陕西人民美术出版社，2007年。

30. 洛阳市文物管理局、洛阳古代艺术博物馆编：《洛阳古代墓葬壁画》，中州古籍出版社，2010年。

31. 黄春和：《汉传佛像时代与风格》，文物出版社，2010年。

32. 中国美术全集编委会编：《中国美术全集》卷25《魏晋南北朝雕塑》，人民美术出版社，2014年。

33. ［意大利］迪雷塔·哥伦布编著，崔娥译《那不勒斯国家考古博物馆》，译林出版社，2014年。

34. 吕章申主编：《罗马尼亚珍宝》，北京时代华文书局，2015年。

35. ［英］玛丽·比尔德著，熊宸、王晨译校：《庞贝：一座罗马城市的生与死》，民主与建设出版社，2019年。

36. 谢尔盖（Sergey Lapteff）：《公元前三千纪至公元前一千纪稀有商品贸易网络中的中亚》，《海洋史研究》（第十三辑），社会科学文献出版社，2019年。

四、外文研究资料

1. E. Douglas Van Buren.Entwined serpents. Archiv für Orient for schung 10. Bd.

(1935—1936), pp. 53-54.

2. Arthur Bernard Cook. A Study in Ancient Religion.Vol.III. Cambridge University Press. 1940. p.189.

3. Helene. J. kantor. The Shoulder Ornament of Near Eastern Lions. Journal of Near Eastern Studies. Vol.6 No.1 (1947) ,p. 267.

4. A. J. Arkell. The Shoulder Ornament of Near Eastern Lions. Journal of Near Eastern Studies. Vol.7, No.1 (1948), p.52.

5. Dorothea. M. A. Bate. The "Shoulder Ornament" of Near Eastern Lions. Journal of the Eastern Studies. Vol.9, No.1(1950), pp.53-54.

6. E. Douglas van Buren. An additional note on the hair whirl. Journal of Near Eastern Studies. Vol. 9, No. 1 (Jan., 1950), pp. 54-55.

7. Joachim K. Bautze. Some Notes on the "Shoulder Ornament" in the Art of Northern India. Silk Road Art and Archaeology 2. 1991/92, p.219.

8. Unpubilished Greek Gold Jewelry and Gems. American Journal of Archaeology. Vol.57. No.1 (1953), Plate.30.

9. Anne Vollgraff-Roes. The lion with body markings in oriental art. Journal of Near Eastern Studies. 1953, pp. 43-46.

10. André Godard.The Art of Iran. Fredeerick A. Praeger.1965, pp.207-208. fig.121.

11. Filippo Coarelli. Greek and Roman Jewellery . Hamlyn, 1970, pp.104-105.

12. Coenelius c. Vermuule III. Greek, Etruscan, Roman gold and Siler II:Hellenistic to Late Antique Gold and Silver. The Burlington Magazine. Vol.113, No.020 (1971), p397. fig.41.

13. Elizabeth Trimble Buckley.A Set of Archaic Greek Jewelry. The J. Paul Getty Museum Journal.Vol. 1 (1974), p.31. fig.15.

14. John Richardson. From the lands of the Scythian.Ancient Tressures from the Museum of the U.S.S.R. 3000B.C.-100B.C. The Metropolitan Museum of Art, The Los Angeles County Museum of Art. 1975, pp.91-92.

15. John Chadwick. The Mycenaean World . Cambridge University Press. 1976,

p.87.

16. Barry Till. Some Observations On Stone Winged Chimeras At Ancient Chinese Tomb Sites, Artibus Asiae. Vol.42,No.4(1980), p.273.

17. Reynold Higgins. Minoan and Mycenaean Art. New York and Toronto Oxford university press. 1981,pp.34-35.

18. Acquisition/ 1984，The J.Paul Getty Musuem Journal. Vol 13(1985), p.172.

19. The Metropolitan museum of Art. Pompeian Frescoes in the Metropolitan museum of Art. The Metropolitan museum of Art Bulletin. Winter. Vol XLV. No.3(1987/88), p.30.

20. The Met ropolitan Museum of Art. Greece and Rome. New York. The Metropolitan Museum of Art. 1987, p.83.

21. Katsumi Tanabe. A Discussion of One Kushano-Sasanian Silver plate and Relation to Grandharan Art. 1989,p.61.

22. Joachim K. Bautze. Some Notes on the "Shoulder Ornament" in the Art of Northern India. Silk Road Art and Archaeology 2. 1991/92, pp.216-225.

23. Rodney Castleden.Life in Bronze Age Crete. Routledge. 1993, pp.124-125.

24. Nanno Marinatos. Minoan religion: Ritual, image, and symbol. The University of South Carolina Press.1993, p. 72.

25. Angelos Delivorrias, Dionisis Fotopoulos , Greece at The Benaki Musuem ,Bemaki Musuem.1997,p.162.

26. D.V. Grammenos. The Archeaeological Museum of Thessaloniki .Olkos.2001, p.170 .

27. Despina Ignatiadou, Alexandra Chatzipanagiotou. Jewellery used and symbolism from the Geometric to Roman period. The countless aspects of beauty in ancient art. 2018, pp.273-275.

28. Beth Cohen. The Colors of Clay Special Techniques in Athenian Vases . The J.Paul Getty Museum. 2006,p.218.

29. Oliver Taplin. Pots &Plays interactions between Tragedy and Greek Vase-painting of thr Forth Century B.C. The J. Paul. Getty Museum. 2007,pp.221-

222.

30. Richard A.Bauman,Women and Politics in Ancient Rome. London. 1992, pp152-158. Second Editon.

31. Cornelius C. Vermeule, III. Greek Estruscan Roman Gold and Silver II. The Burlington Magazine, Vol.113,No.820(1971), p.825.

32. Antigoni Zournatzi. Inscribed Silver Vessels of the Odrysian Kings: Gifts, Tribute, and the Diffusion the the Forms of Acheamenid Metalware in Htrace. American Journal of Achaeology. Vol104(2000), p.684.

33. Michael Pfriommer, Elana Towne Markus. Greek gold from Hellenistic Egypt. The J. Paul Getty Trust. 2001, p.6.

34. The Year One of the Ancient World East and West. The Metropolitan Museum of Art. Yale University Press. 2001, pp.94-97.

35. Walker and Higgs. Cleopatra of Egypt: From History to Myth. The Brithish Museum 2001, p.334.

36. The Metropolitan Museum of Art .The Year One of the Ancient World East and West. Yale University Press. 2001, pp.96-97.

37. Bettina Bergmann. Final Hours: Victims of Vesuvius and Their Possessions. American Journal of Archaeology. Vol110(2006), p.497.

38. The Year One of the Ancient World East and West. The Metropolitan Museum of Art. Yale University Press. 2001,pp.97-97.

39. St John Simpson and Sveliana Pankova. Scythians Warriors of Ancient Siberia. The Brithish Museum.2007, pp.60-68.

40. Nikolaos Kaltsas. The National Archaeological Museum. Latsis Public Benefit Foundation.2007, p.399.

41. Augusra Mcmahon. The lion the king and the cage: Late chalcolithic iconography and ideology in northern Mesopotamia. Iraq. 2009, p.121.

42. Mary Beard. A History of Ancient Rome. 2016, Plate.17.

五、期刊

1. 王德庆：《江苏铜山东汉墓清理简报》，《考古通讯》，1957 年第 4 期，第 33 ～ 38 页。

2. 冯汉骥：《记唐印本陀罗尼经咒的发现》，《文物参考资料》，1957 年第 5 期，第 48 ～ 51 页。

3. 白冠西：《安庆市棋盘山发现的元墓介绍》，《文物参考资料》，1957 年第 5 期，第 52 ～ 54 页。

4. 江西省文物管理委员会：《江西南城明益庄王墓出土文物》，《文物》，1959 年第 1 期，第 48 ～ 52 页。

5. 《偃师县酒流沟水库宋墓》，《文物》，1959 年第 9 期，第 83 ～ 84 页。

6. 《肥东、霍邱县发现汉墓》，《文物》，1959 年第 10 期，第 86 页。

7. 无锡市博物馆：《江苏无锡市元墓中出土一批文物》，《文物》，1964 年第 12 期，第 52 ～ 60 页。

8. 《陕西省耀县柳林背阴村出土一批唐代银器》，《文物》，1966 年第 1 期，第 46 ～ 47 页。

9. 徐州博物馆：《徐州十里铺汉画像石墓》，《考古》，1966 年第 2 期，第 66 ～ 83 页。

10. 辽宁省昭乌达盟文物工作站、中国社科院考古研究所：《宁城县南山根的石椁墓》，《考古学报》，1973 年第 2 期，第 27 ～ 39 页。

11. 贵州省博物馆考古组：《贵州平坝马场东晋南朝墓发掘简报》，《考古》，1973 年第 6 期，第 345 ～ 355 页。

12. 南京博物院：《江苏丹阳胡桥南朝大墓及砖刻壁画》，《文物》，1974 年第 2 期，第 44 ～ 56 页。

13. 徐州博物馆：《江苏徐州奎山汉墓》，《考古》，1974 年第 2 期，第 121 ～ 122 页。

14. 田广金：《桃红巴拉匈奴墓》，《考古学报》，1976 年第 1 期，第 131 ～ 144 页。

15. 戴应新：《陕西神木县石峁龙山文化遗址调查》，《考古》，1977 年第 3 期，第 154 ～ 157 页。

16. 辽宁省博物馆文物工作队：《辽宁朝阳魏营子西周墓和古遗迹》，《考古》，1977 年第 5 期，第 306 ～ 309 页。

17. 福建省博物馆：《福州北郊南宋墓清理简报》，《文物》，1977 年第 7 期，第 1 ～ 17 页。

18. 南京博物院：《徐州土山汉墓发掘简报》，《文博通讯》十五，1977 年，第 19 ～ 23 页。

19. 河北文管处：《河北景县北魏高氏墓发掘简报》，《文物》，1979 年第 3 期，第 17 ～ 31 页。

20. 河南省博物馆、焦作市博物馆：《河南焦作金墓发掘简报》，《文物》，1979 年第 8 期，第 1 ～ 17 页。

21. 南京博物院：《江苏丹阳县胡桥、建山两座南朝墓葬》，《文物》，1980 年第 2 期，第 1 ～ 17 页。

22. 南京市文保会、南京市博物馆：《明徐达五世孙徐俌夫妇墓》，《文物》，1982 年第 2 期，第 28 ～ 33 页。

23. 尚振明：《孟县出土北魏司马悦墓志》，《文物》，1981 年第 12 期，第 279 ～ 281 页。

24. 沈锡元：《湖羊毛流的初步观察》，《经济动物学报》，1982 年第 3 期，第 15 ～ 17 页。

25. 南京市博物馆：《南京幕府山宋墓清理简报》，《文物》，1982 年第 3 期，第 28 ～ 30 页。

26. 李逸友：《契丹的髡发习俗》，《文物》，1983 年第 9 期，第 15 ～ 17 页。

27. 乌兰察布盟文物工作站：《察右前旗豪欠营第六号辽墓清理简报》，《文物》，1983 年第 9 期，第 1 ～ 8 页。

28. 项春松：《内蒙古赤峰市元宝山元代壁画墓》，《文物》，1983 年第 4 期，第 40 ～ 46 页。

29. 陕西省博物馆：《西安西郊出土唐代手写经咒绢画》，《文物》，1984 年第 7 期，第 50 ～ 52 页。

30. 徐州博物馆：《徐州石桥汉墓清理报告》，《文物》，1984 年第 11 期，第

22 ～ 40 页。

31. 南京博物院、邳县文化馆：《东汉彭城相缪宇墓》，《文物》，1984 年第 8 期，第 22 ～ 29 页。

32. 临沂市博物馆：《山东临沂金雀山周氏墓群发掘简报》，《文物》，1984 年第 11 期，第 41 ～ 58 页。

33. 贵州省博物馆等：《赫章可乐发掘报告》，《考古学报》，1986 年第 2 期，199 ～ 251 页。

34. 陈晶、陈丽华：《江苏武进村前南宋墓清理纪要》，《考古》，1986 年第 3 期，第 247 ～ 260 页。

35. 王鲁豫：《河北内丘石雕神兽考察小记》，《美术研究》，1987 年第 4 期，第 86 ～ 87 页。

36. 湖南省博物馆：《湖南临湘陆城宋元墓清理简报》，《考古》，1988 年第 1 期，第 63 ～ 65 页。

37. 扬州博物馆：《江苏邗江姚庄 101 号西汉墓》，《文物》，1988 年第 2 期，第 19 ～ 43 页。

38. 法门寺考古队：《扶风法门寺唐代地宫发掘简报》，《文物》，1988 年第 10 期，第 1 ～ 28 页。

39. 徐州博物馆：《徐州发现东汉元和三年画像石》，《文物》，1990 年第 9 期，第 64 ～ 73 页。

40. 徐州博物馆：《徐州市韩山东汉墓发掘简报》，《文物》，1990 年第 9 期，第 74 ～ 82 页。

41. 《偃师县南蔡庄乡汉肥致墓发掘简报》，《文物》，1992 年第 9 期，第 37 ～ 42 页。

42. 徐州博物馆：《徐州小金山西汉墓清理简报》，《东南文化》，1992 年第 2 期，第 191 ～ 196 页。

43. 徐州博物馆：《徐州后楼山西汉墓发掘简报》，《文物》，1993 年第 4 期，第 29 ～ 45 页。

44. 徐州博物馆：《徐州西汉宛朐侯刘埶墓》，《考古》，1997 年第 2 期，第 4 ～ 21 页。

45. 吴勇：《新疆尼雅遗址出土的珊瑚及相关问题》，《西域研究》，1998 年第 4 期，第 48 ～ 54 页。

46. 徐州博物馆：《江苏徐州市狮子山西汉墓的发掘与收获》，《考古》，1998 年第 8 期，第 1 ～ 20 页。

47. 徐州狮子山楚王陵发掘考古队：《徐州狮子山西汉楚王陵发掘简报》，《考古》，1998 年第 8 期，第 4 ～ 33 页。

48. 徐州博物馆：《徐州内华发现南北朝陶俑》，《文物》，1999 年第 3 期，第 19 ～ 24 页。

49. 徐州博物馆：《徐州市凤凰山西汉墓葬》，《中国考古学年鉴》，1999 年，第 163 页。

50. 徐州博物馆：《徐州东甸子西汉墓》，《文物》，1999 年第 12 期，第 4 ～ 18 页。

51. 巴林左旗博物馆：《内蒙占巴林左旗滴水壶辽代壁画墓》，《考古》，1999 年第 8 期，第 53 ～ 59 页。

52. 湖北省文物考古研究所等：《湖北钟祥明代梁庄王墓发掘简报》，《文物》，2003 年第 5 期，第 4 ～ 23 页。

53. 徐州博物馆：《江苏徐州市九里山二号汉墓》，《考古》，2004 年第 9 期，第 45 ～ 50 页。

54. 扬之水：《北魏司马金龙墓出土屏风发微》，《中国典籍与文化》，2005 年第 3 期，第 34 ～ 41 页。

55. 徐州博物馆：《江苏徐州市翠屏山西汉刘治墓发掘简报》，《考古》，2008 年第 7 期，第 11 ～ 24 页。

56. Benoy Behl，陈晓曦译：《随阿旃陀而来的智慧之美——印度稀世壁画》，《文明》，2008 年第 11 期，第 121 ～ 133 页。

57. 马健：《黄金制品所见中亚草原与中国早期文化交流》，《西域研究》，2009 年第 3 期，第 50 ～ 64 页。

58. 徐州博物馆：《江苏徐州黑头山西汉刘慎墓发掘简报》，《文物》，2010 年 11 期，第 17 ～ 41 页。

59. 赵全鹏：《中国古代社会对珊瑚的消费及南海珊瑚开采》，《南海学刊》，2016 年第 1 期，第 67 ～ 72 页。

后　记

　　在童年时期的记忆中，有一部古早的欧美剧集《吉姆汉森的说书人》，印象非常深刻。该剧紧凑短小，内容丰富，与众不同，其中的经典片段和故事情节时常浮现在我的脑海，记忆犹新。故事以一个面目丑陋、语气低沉的年迈说书人开场，自此欧洲大陆上铁血凯尔特、荆棘日耳曼以及壮阔俄罗斯等各个民族的古老故事，便展现在观众面前。

　　所谓"说书人"（the storyteller），在西方文化中有多重含义，既是指讲故事的人，也指创作故事的人，也专指童书的讲述者以及逸事的传述者。与之对应的，"讲故事的人"在我国专有"说书先生"这一称谓。而无论是"说书人"还是"说书先生"，想要将故事讲得妙趣横生、引人入胜，并非易事。

　　中华文明灿烂悠久、博大精深，党的十八大以来，习近平总书记一再强调要讲好中国故事，传播好中国声音。通过讲述中国故事——中国特色社会主义的故事、中国梦的故事、中国人的故事、中华优秀文化的故事、中国和平发展的故事，向世人揭示中国道路的历史渊源和现实基础、中国梦的背景和内涵、中国和平发展的理念和主张，进而展现真实、立体、全面的中国，不断提高国家文化软实力。

　　感谢家人们始终如一的信任和支持，陪伴我走到今天！

　　我也希望通过这本书，成为一个会讲故事的人，将中国的历史故事和民族精神向大家娓娓道来。